宁波大学宁波帮研究中心
镇海区文化与广电旅游体育局 编
上海大学宁波商人研究中心

宁波商人研究丛书
NINGBOSHANGRENYANJIUCONGSHU

李瑊 主编

船王时代风云录

包玉刚史料选辑

孙善根 执行主编

上海辭書出版社

世界船王包玉刚(1918—1991)

总序一

近代上海的宁波商帮崛起之逻辑

近代上海是中国最发达的工商业经济中心，更是一个移民城市，曾被称为“客帮垄断的舞台”。[①]在上海的众多移民中，宁波移民群体占有最为引人注目的地位，也可以说是最成功的移民群体。首先宁波移民中商帮群体数量庞大，清末已达40余万，20世纪20年代后几达百万之谱，[②]产生了众多的著名工商经济界人物，其中有不少的所谓“大王”，如“五金大王”叶澄衷、“火柴大王”刘鸿生、“医药大王”项松茂等，在各自行业中都成为顶尖的头面人物。在代表上海工商业者利益的团体组织中，宁波人同样扮演着重要角色。清光绪二十八年（1902年）成立的上海商业会议公所，此后历经改组为上海商务总会和上海市总商会，从创立开始到1929年总商会被改组的27年间，共换届18次，其中宁波籍的严信厚、李厚祐、周金箴、朱葆三、宋汉章、虞洽卿、傅筱庵7人共14次当选总理（会长），总任职年限达23年。[③]

19世纪末20世纪初这一段时期内，上海20多个客籍商帮人数总和中，宁波帮人数占到七成，广东帮约占一成，其他各帮合占两成。[④]

近代宁波商人之所以能在上海崛起与成功，三大因素为其他商帮不突出或不具备。首先是宁波商帮在上海建立了强大的以地缘、血缘和业缘为中心的同乡组织，能够有效地动员、组织一些有成效的活动，这些活动反过来进一步使得宁波商帮成员更加团结，也更有活力和实力。其次是在经济经营活动中充分发挥了金融的力量和作用，使金融成为工商企业的有力后盾，彼此间又相互渗透和互助共同发展。第三是依靠上海位居中西交汇的地利之变，充分发挥引进、吸收进而创新的经

① 【日】根岸佶：《上海的行会》，日本评论社1951年版，第15页。

② 宁波政协文史委员会编，孙善根执编：《〈申报〉宁波帮企业史料》，宁波出版社2012年版，“前言”。

③ 陶水木：《浙江商帮与上海经济近代化研究》，上海三联书店2000年版，第234页。

④ 据当时设在上海的日本东亚同文书院调查资料。东亚同文会编：《支那经济全书》第7辑，第158页。转引自丁日初主编：《上海近代经济史》第一卷，上海人民出版社1994年版，第659页。

济后发优势，在自身成功的同时也推动了上海和中国的发展。这些因素的综合和相互影响相互推动，是宁波商人在近代上海取得明显成功的前提和保障。以下分而述之。

一、同乡组织：四明公所与宁波商人旅沪同乡会

张让三在其《上海四明公所缘起》一文中说："宁波之为郡，背山面海，地狭人稠，往往出外贸易，兼营航海之利。风帆浪舶，北至辽沈，南迄闽广，中入长江，而以上海为集市居货之地。概甬人之旅沪，自明至清数百年于兹矣。嘉庆二年丁巳，乡人念客地人众，疾病死亡，旅榇寄殡，苦于无所，爰有费元圭、潘凤占、王秉刚诸君，创捐一文善愿。凡旅沪者，每人岁输三百六十文，由首事钱君分投劝捐。陆续购置上海坐落廿五保四图改字民地，建造厂屋，停寄柩棺，而以空地为丛冢。八年癸亥，复建正殿，供奉关帝，因额曰'四明公所'。"[①]从中可以看出：第一，宁波人出外谋生有传统，足迹遍布沿海南北各地和长江沿岸，而长期以来均以上海为集市居货的中心。第二，宁波人的地缘组织源远流长，清嘉庆二年（1797年）就设立了客居上海以地缘为中心的同乡组织四明公所，成立所需的经费是以广大宁波人每人每天捐一文钱的方式凑集，是"集众人钱办众人事"而成立的组织。第三，用凑集的钱在上海购地建造厂屋，用作"停寄柩棺，而以空地为丛冢"，中心事务是客居沪上人口去世后柩棺的处理。这种状况长期延续，直到1919年四明公所修订章程时，仍然以"建丙舍、置义冢、归旅榇、设医院等诸善举为宗旨"。也因此，由广大宁波人凑钱成立的四明公所自然成为旅沪宁波人在外的活动中心和庇护中心，是宁波人心中的自己的组织。广大旅沪宁波人对其维护之心自然十分强烈，这也就是同治十三年（1874年）法租界开马路，侵入四明公所冢地时引发旅沪宁波人的强烈反弹，以至于付出死亡七人的代价进行保卫的原因。[②]当光绪二十四年（1898年）法国人又一次谋划侵入时，再一次引发上海"南北市同盟罢工，势将酿成重案"，后经"南洋大臣特派按察使来沪查办"，并经"各国出而和解"，才使得"法人让步，重造围墙，明定界址"，解决了问题。两次迫使法国人让步，惊动清政府高层并使得各国出来调解，在沪宁波人如果没有四明公所这样的组织居中调度、组织动员和调动

① 张让三手撰：《上海四明公所缘起》，《档案与史学》，1996年第6期，《上海四明公所档案选（一）》。
② 具体情况可参见《第一次四明公所血案档案史料选编》，载《档案与史学》，1997年第1期。

安排等一系列活动，是难以取得这种成功的。

20世纪初，在原有四明公所的基础上，上海宁波旅沪同乡会成立，该会与此前四明公所相比出现一个大的变化，这就是在组织力、境界和活动内容等方面都上了一个新的台阶。宁波旅沪同乡会以“集合同乡力量，推进社会建设，发挥自治精神，并谋同乡之福利”[①]为宗旨，经费来源为会员所交会费和同乡捐助，活动的中心是团结同乡、服务同乡、增进同乡福利、促进家乡建设等方面。

宁波旅沪同乡会的活动主要集中在社会救助和推进办学教育两大方面。社会救助方面一是开展无息借贷，1911年6月成立了免利借钱局，借以救济和扶助同乡失业、无业和流离上海者。此后并增设职业贷金，有专会组织和司理其事。其次是救助和资助无钱返回原籍者。1911年辛亥革命期间撤退武汉居留的宁波人；1922年撤退日本东京、横滨地震同乡回籍；1931年长江大水灾，汉口危难，组成急救汉灾会，派轮载被难同乡，直放宁波，并派出医士赴汉口进行救护工作；1932年“一·二八”淞沪抗战、1937年八一三抗战发生，同乡会都设专会办理救护、收容、遣送被难同乡的善后工作。其三是在救济、救护、救灾之外的赈济和施诊施药。1911年9月，宁属各县水灾，同乡会募集五万元以赈济家乡灾民。1915年8月，宁绍水灾，即联合绍兴七邑同乡会，设“浙江宁绍义赈分事务所”募款赈济。“平时也对贫病同乡，进行施诊施药或受施主委托代办施衣等事宜”。[②]

在推进办学教育方面，宁波旅沪同乡会投入了大量财力物力和精力，包括设立和推进小学、中学教育，设置各种奖学金等。1927年在上海设立的小学已有十所，学生在抗战前人数最多时达到3 460人。另外，宁波旅沪同乡会在推进家乡建设特别是道路和水利等方面也做了不少工作。如“1926年起为建造灵桥筹款；1930年为筑鄞慈镇公路筹款；1929年参加‘协浚曹娥江委员会’；1946年组织‘宁波整理东钱湖协赞会’，请恢复梅湖，以保障鄞、奉、镇三县之水利；同年7月拨款协助鄞、镇两县防疫等”。[③]

作为一个地域性的商帮，近代上海的宁波移民数量多，以地缘、血缘和业缘为中心形成各种小团体，四明公所和宁波旅沪同乡会作为核心又居于这些小团体中联络和组织，成为大的有核心能够同进退的社会组织。在这种组织面前，成员的贫

① 浙江省政协文史资料委员会编：《宁波帮企业家的崛起》，浙江人民出版社1989年版，第43页。
② 同上书，第43—44页。
③ 同上书，第45—46页。

富和所居的社会层次反而在某种程度上退居其后，发挥核心作用的是血缘关系，发挥持久和广泛作用的凝聚力是地缘和业缘关系，而大家都以宁波这个地缘因素为纽带团结在一起，共同争取自己的利益和权利的特点十分突出。

以宁绍轮船公司维持会的成立为例。20世纪初，由于经济贸易的发展，上海和宁波间的客货贸易已渐有规模，再加上宁波人移民上海日渐增多，宁波至上海间的交通益显重要。

虞洽卿等宁波商人出面组织宁绍轮船公司，这一举动得到了各阶层宁波商人的支持。光绪三十四年7月6日《申报》刊载文章称，宁绍商轮公司5日在四明公所开会，宁绍两帮到会者四千余人。会议"推李薇庄君为临时议长，宣布发起人(初六日止)已认股洋四十八万七百元，并声明由发起人中按照认股权数投票公举暂时经理五位，当举定虞洽卿、严子均、李薇庄、叶又新、方樵苓五人"。在随后举行的同乡演说中，有多人发表意见，其中有"愿各同乡各抱此志，勿使我宁绍人失自立之资格"的演说；有"提议订造轮船宜大宜坚者"；"提议先租合宜商轮驶走者"；"提议他日股东会议事权需定五股为一权者"等各种演说发表。该日还有兆丰、会余、和康、宏大、瑞丰各钱庄"缴到代收股款三千八百五十一股，每股收四成，计收现洋七千七百零一元，此外又继认股份七万余元"，"众情极为踊跃"。至会议结束后，认股缴股者仍然纷纷不散，"计前经认定股洋及已收者共得洋五十七万元有奇"。①

宁绍商轮公司于光绪三十四年设立后，在马尾造船厂购了1只2 641吨的轮船，定名"宁绍"，在上海宁波间往来。

要在已被英商、法商和中国轮船招商局垄断势力的航线上分一杯羹，难度可想而知。在宁绍公司的创设和发展过程中，充满着外资轮船公司的排挤和倾轧。当时上海黄浦江沿岸设置码头的较好地段，都已被外商占尽，宁绍公司成立时，虞洽卿在租用码头时连遭日商、法商等拒绝，历尽艰难才在南通企业家张謇的帮助下租用到大达码头。宁绍轮开航时，在船上立了一块牌子，上写"立永洋五角"，表示永不涨价，②得到华商热烈拥护。但洋商为挤倒宁绍，凭借雄厚资力，把票价从1元跌至3角，太古还以送乘客毛巾、肥皂等来招揽客人。在这种困难的局面下，广大旅沪宁波人爆发出惊人的团结力，宁绍商帮下属各行业团体纷纷开会表态并订立守则支持宁

① 《宁绍商轮公司开会情形》，《申报》1908年7月6日。

② 孙筹成、黄振亚等：《虞洽卿事略》，载《浙江籍资本家的兴起》，浙江人民出版社1986年版，第116页。

绍商轮公司，同时组织“航业维持会”，支持宁绍商轮公司与外商轮船公司竞争。

光绪三十五年8月宁绍商帮绸缎顾绣衣业同人，为维持宁绍商轮起见开会集议，订立支持宁绍轮船公司条规五条，分别为：一、各店朋友往返沪甬者均趁同乡宁绍轮船。二、一应货物亦均装宁绍轮船不得私装某轮。三、同业往来信客或有趁某船者，概不与他寄带信件。四、各店逐年预先买存宁绍船票以备往返所需。五、各朋友如有欲贪贱船价者，可照廉之价向店主领票，各店主自愿津贴。在同一天里，宁绍商帮中的书业团体和豆米业团体也分别召开同行会议商量支持宁绍轮船公司。正因为有这些广大的宁绍旅沪群体同人的支持，宁绍商轮公司不仅获得宁绍航业维持会的十多万元捐助，站稳了脚跟，还在宣统二年（1910年）八月，以三万九千五百两白银购定前太古之通州轮，加以修理及添置各件，“遂得以有甬兴轮”，[①] 与宁绍轮“两船一来一往逐日无间”。[②]

如此种种带来的结果之一，就是宁波人建立在团结心和凝聚力基础上的活动必然进一步扩大自身的影响力，进而使该组织具有更大的威望和号召力。

二、金融与工商企业的相互渗透及互助

金融是经济发展的血液，重要性不言而喻。宁波商人在上海的发展和成功，金融在其中同样发挥了无法替代的关键作用。光绪二十三年（1897年）近代中国第一家银行中国通商银行在上海成立时，9个总董中有3个是宁波人，分别是叶澄衷、严信厚和朱葆三。其后不久又全部由旅沪宁波商人发起组织了一家商办性质的银行——四明银行。这家银行成立于光绪三十四年，与浙江兴业银行同为上海华商银行中资历最老的一批银行之一。发起人主要为朱佩珍、吴传基、方舜年、严义彬、周晋镳、虞洽卿等，都是清一色的宁波人。四明银行资本150万两，有发行钞票权。发行钞票的利益大，所负的风险也不小。因为当时中国人的心理普遍不信任钞票而信任现银，所以一有时局变动，就容易发生挤兑风潮。四明银行的资本并不算雄厚，所以也曾发生几度风潮。“每次都靠旅沪宁波同乡的群起支持”而“稳渡难关”。

---

① 虞洽卿：《宁绍轮船公司的创办与发展过程》，《时报》1917年5月14日。转引自聂宝璋、朱荫贵编：《中国近代航运史资料》第二辑下册，中国社会科学出版社2002年版，第1068页。

② 交通铁道部交通史编纂委员会编：《交通史·航政编》，第一册，上海民智书局1931年版，第377页。

此后，宁波商人又在上海设立和投资了多家银行，[①]通过这种金融与实业的交互支持渗透，扎下了在上海经济中难以撼动的根基和扩展的基础。

总体来看，宁波商人在金融与实业结合，相互渗透相互支持和共同发展方面大体可分四种类型：

一是经营传统商业起家，然后投资于钱庄业，再进一步投资于工商业，多业发展的类型。如《上海钱庄史料》记载的9家钱庄家族集团中，镇海李家和慈溪董家，"都是以沙船业起家的"。镇海叶家和方家，"都是以经营洋货洋布起家的"。而宁波秦家"则以经营颜料起家"。[②]这些家族都是经营传统商业起家后，再投资于钱庄业。

二是宁波钱庄广泛向工商企业投资，在支持工商实业发展的同时获取自身的发展。如宁波秦家的恒隆钱庄在1919—1927年的8年时间里，向几十家近代工商企业放款百余次，其中包括汉口第一纱厂、大生纱厂、恒丰纱厂、达丰染织厂等20多家纱厂，汉冶萍煤铁厂矿公司、水泥公司、贾汪煤矿、内地自来水公司等著名企业。[③]值得注意的是，"恒隆钱庄因为经理陈子壎曾任宁波震恒钱庄经理，与宁波钱业一向有密切联系"，因此能够调用宁波钱庄的头寸。"例如1919年红账中调用甬洋293 224元，连同宁波钱业存款共达37万两之多"。因为陈子壎"在上海宁波籍工商业中很活动"的缘故，"宁波钱业在阴历三、九月底经常放'六对月'长期放款"，其中大部分就"托由恒隆经手代放，最多时达二、三百万两"。而且，恒隆钱庄成立后"经常用同业拆款并大量吸收各银行的存款，拆款最多时在100万两以上"的方式进行放款，这种做法"运用得法，盈利较多"。[④]

三是宁波籍企业家普遍向金融业投资，入股钱庄特别是银行业。企业家向金融业投资，在近代中国来说，是一个普遍的现象。辛亥革命以前，宁波商人创办或参与创办、经营的银行除中国通商银行外，还有大清银行、四明银行、浙江兴业银行、浙江银行等。部分宁波籍企业家除在银行兼职外，还在钱庄业中也有投资，如刘鸿生除在上述三家银行投资外，还在志裕钱庄、怡诚钱庄、义昌钱庄、中央信托公

① 可参见孙善根执编：《〈申报〉宁波帮企业史料》，宁波出版社2012年版，第一章"企业筹备与开业"中载有多家宁波人开设和投资的银行。

② 中国人民银行上海市分行编：《上海钱庄史料》，上海人民出版社1978年重印版，第728—729页。

③ 同上书，第842—843页"1919—1927年工业放款表"。

④ 上引均见中国人民银行上海市分行编：《上海钱庄史料》，上海人民出版社1978年重印版，第839页"恒隆钱庄"。

司、道一银行、五丰钱庄和诚孚钱庄投资。[①]此外，宁波商帮中的不少钱业人士与银行业保险业间也有兼职情况。[②]金融业与实业的关系，正如宁波籍近代著名实业家刘鸿生所说："一个银行，如果没有工商企业的关系，就不能长久存在；而工商企业，如果没有银行作支柱，也就会陷于停闭。"[③]他们知道，入股金融业后，企业在经营中需要资金支持时可以获得方便。

四是当企业做到一定规模后，为了便于周转和统筹调度资金，方便创办的各企业间相互调剂而创办金融机构。这种类型最典型的例子是刘鸿生企业集团。据刘鸿生的儿子刘念义后来回忆此事时说："在1930年左右，我父亲已经先后办了火柴、码头、水泥、煤矿、毛纺等企业。但是这时各个企业之间的资金并不能直接调拨：一则怕彼此拖累，二则是各企业的董事、经理各自为谋，彼此间存在着矛盾。但一个企业的资金，总是有时多、有时少，多的时候存在银行里给别人用，少时向银行借款又要支付利息。为了集中调度资金，便于各企业间相互调剂，就决定自己开设一个银行。"[④]刘鸿生自己曾说："吃银行饭的人最势利，当你需要款子的时候，总是推说银根紧，不大愿意借给你，即使借给你了，因为利息高，自己所得的利润，大部分变为银行的利息。而且届期催还得很紧。"这是他创办自己的银行，使企业和金融相结合的一个动机。他创办银行的另一个动机，是"想吸收游资，以充实企业资金的来源"。[⑤]

三、引进、吸收进而创新的经济后发优势

19世纪中叶以后，伴随着西风东渐和东西方贸易日渐扩大和发展，以及随着中国向西方学习，走上工业化道路的不断推进，经过几代中国人的努力，许多过去未曾有过的产业和行业陆续诞生并有所发达，在此过程中，宁波商帮因为是客帮，还有许多人来上海时是从学徒干起，有一股闯劲，又因为从宁波到上海，一直都处于中西交汇的中心地带，背后具有广大宁波人的人力和金融支持，甲午战争以后，

---

① 上海社会科学院经济研究所编：《刘鸿生企业史料》，上海人民出版社1981年版，第285页。

② 陶水木等：《江浙财团研究》，人民出版社2012年版，第112—114页，第二章表16统计了近三十位上海宁波籍钱业人士在银行、保险业中的兼职情况。

③ 上海社会科学院经济研究所编：《刘鸿生企业史料》，上海人民出版社1981年版，第293—294页。

④ 同上书，第293页。

⑤ 同上书，第294页。

实业救国的浪潮又经久不衰，在种种因素的综合作用下，宁波商帮从引进外国商品、技术到逐渐自己吸收技术设厂制造，走上进口替代道路，进而在与外商激烈商战竞争中发挥中国本土优势，走出创新之路，已成为必然的趋势。

从19世纪末期开始，宁波商人在近代工商企业中的投资比重逐渐增大。“到20世纪20年代，一大批宁波帮企业在工业制造、轮船航运、内外贸易、金融服务、文化产业、建筑房地产、公用事业和新式服务业等领域脱颖而出，其中一批工业制造企业的成功创办尤为引人注目。宁波人在近代棉纺织工业、火柴工业、日用化学工业、制药工业、电器工业、造纸工业、电力工业以及橡胶工业等领域，创办了一系列规模庞大的工业企业，有的还发展为企业集团。”①航运界的虞洽卿、西药和娱乐业的黄楚九、钱庄业的秦润卿、银行界的宋汉章等，也都是业中翘楚，且不少人都横跨多个领域进行经营，称得上一时之盛。

“创办燮昌火柴厂的叶澄衷，大中华火柴公司的刘鸿生，五洲大药房的项松茂，中国化学工业社的方液仙，大中华橡胶厂的余芝卿，信谊化学制药厂的鲍国昌，亚光制造有限公司的张惠康，美华利企业集团的孙梅堂，三友实业社陈万运、孙九成，中国亚浦耳电器厂的胡西园，华成烟草公司的戴耕梓、陈楚湘，天一影片公司的邵醉翁，明星影片公司的张石川，以及首次把好莱坞经营方式引入中国电影业而有中国早期电影业教父之称的柳中浩等，都在近代企业的开拓与经营上取得了巨大成功。”②其中五洲大药房在项松茂的主持下，发展成为规模庞大的医药、医疗器械、医疗用品、日用化工生产销售集团；大中华橡胶厂则是一个能生产胶鞋、汽车与脚踏车胎等系列产品的国内首屈一指的民族橡胶工业企业集团；鲍咸昌、鲍国昌等参与发起创办的商务印书馆则是近代中国最大的文化出版机构。

兴办这些产业的中国工商业者，因为大多是这些产业在中国最初的拓荒者，在他们的创业过程中，不可避免地要学习、引进并且克服许多技术、知识、管理、资本和其他方面的困难，并且还要面对外资激烈的竞争，因此，必然在开放吸收和融合外来技术及管理经营等方面知识的基础上进行改革、创新，走出一条自己的发展之路。他们倡导“国货”、主张“商战”、抵制外货的倾销和垄断，开创了中国前所未有的产业，其中，特别是“创新”无可避免地成为推动他们产业发展和应对各种挑战的最重要武器。他们在制度、行业和产品等多个方面进行的创新，是他们得以迅

① 宁波政协文史委员会编，孙善根执编：《〈申报〉宁波帮企业史料》，宁波出版社2012年版，“前言”。
② 同上。

速崛起的重要手段。

面对强大的外资压迫和本国封建政府掠夺的不利环境，这些创业者采取各种打破常规的创新手段，以获取生存和发展的空间。尽快扩展规模，获取规模经济效益就是其中之一。

刘鸿生在上海创办的企业资本集团中，火柴工业是支柱产业。从1920年第一家火柴厂鸿生火柴厂建立到1936年成立以大中华火柴公司为中心的“中华全国火柴产销联营社”这一销售联合体，刘鸿生也成为近代中国的“火柴大王”。[①]刘鸿生之所以要创办一系列企业并合并组织火柴联营集团，用他自己的话来说：“吾国火柴业在瑞商竞争之下，风雨飘摇，有岌岌不可终日之势，自弟发起荧昌、中华、鸿生三厂合并为大中华之后，对内渐归一致，于是对外始有占优势之望，足见合并一事，为吾火柴业今日谋自立之要图，非此即无从对外而维持其生存也。当此对外竞争剧烈之日，自应群策群力，团结一致，厚植我之势力，以与外商相抗，始能立于不败之地。”[②]

但是要在激烈的中外商战和同行间的竞争中胜出，根本的一点，还在于要创制出名牌产品和树立起品牌意识，最好是能够创出独家优质品牌。这里以五洲固本皂药厂为例进行观察：五洲大药房最初只有人造自来血等不多的产品，“自1921年盘进固本皂厂后，才增制肥皂，嗣后陆续添制新品”。“到20世纪20年代，该厂的皂类产品计达三十余种，分家用块皂、家用条皂及各种香皂、药皂等，以‘五洲固本’‘荷叶荷花’等为商标；药类有补益及内外科各种药剂，其中家庭成药220种，药典制剂527种，化妆品23种，原料药品10种，共计780种，以地球牌为主要商标。”“自1904—1935年，五洲皂药厂及附属厂所产药品、皂品共获美国旧金山巴拿马运河纪念会、农林部、美国费城展览会、首都流动展览会、浙江省政府、上海五国货团体展览会等国内外各种机构颁发的优等、最优等奖项48次。”[③]

当时像五洲固本皂药厂这样的企业，绝非个别，而是普遍现象，可以举出一大批来。这种创新思维并非仅仅体现在生产上，在宣传推广自己商品上，同样别出心裁，华洋翻新。最典型者莫过于黄楚九雇佣飞机播撒广告一例了。《申报》1926年5月28日登载一条广告称：“荷兰飞机来沪献技，已有数日。本埠发行百龄机补

① 上海社科院经济研究所编：《刘鸿生企业史料》(上)，上海人民出版社1981年版，第143—144页。

② 同上书，第139页。

③ 五洲大药房编：《五洲大药房三十周年纪念刊》，转引自李瑊：《上海的宁波人》，商务印书馆2017年版，第134页。

片之九福公司，印就百龄机广告纪念明信片四十万张，定于今日(天雨顺延)，由该公司飞行时散发。”次日，对于该事《申报》继续报道称:“本埠九福公司，昨日(二十八)下午三时许，假荷兰飞机散发百龄机传单十万份，此传单印刷精美，式如邮政明信片，上绘一飞机图，并有天台山农题‘天上人间都不老，飞机散遍百龄机’字样。”以飞机播撒广告，本就惊世骇俗，黄楚九还在一部分明信片上加盖图记。拾得者可持向该公司换折扇一柄。“故当飞机翱翔空际之时，万头仰观，皆冀一得此空前纪念品云。”①这种创新思维和超前手段，是宁波商人出奇制胜的一个典型例证。

宁波商人在近代上海的成功绝非偶然，尤其是具有凝聚力强大的区域性组织，以其为中心团结和居中调度旅居上海宁波人的各种活动；大范围的产业和金融业的相互协调调度和彼此渗透支持，是其他商帮中很少见到的现象。利用依靠上海位居中西交汇的地利之变，充分发挥引进、吸收进而创新的经济后发优势，创办和创新自己的行业和品牌，进而在中外工商业的激烈竞争中获取市场和份额。这些因素的相互影响和相互推动以及综合作用，是宁波商人在近代上海取得明显成功的前提和保障。

朱荫贵
(复旦大学历史系教授)

①《申报》1926年5月28日、29日。

总序二

“宁波商帮”[①]，简称“宁波帮”或“甬商”。宁波指广义的“大宁波”，包括宁波府城及所属的鄞县（今鄞州区）、镇海、奉化、慈溪、象山、定海等地。这是历经古代、近现代的“长时段”商帮，以“无宁不成市”之名享誉时代。鸦片战争后，宁波商人在新的条件下迅速崛起，以近代商人群体的姿态跻身于全国著名商帮之列，在近现代中国社会经济领域贡献卓著，影响深远，是传统向近代转型最为成功的商帮之一。

“宁波帮”的含义

宁波商帮是以亲缘和地缘纽带联结起来的商人群体，有着悠久的经商传统，以极富经商才能和冒险精神而著称一时。宁波人外出经商古已有之，但结成商帮则在明朝末年。天启、崇祯年间，宁波鄞县的药材商人在北京设立鄞县会馆，学术界公认此为宁波商帮初始形成的标志。“宁波帮”的称谓始于何时，何人所创，难以准确考定，但至少到清朝末年，它已被普遍使用，[②]只是很少有人对其特定指称作明确的规范界定，人们只是约定俗成地用“宁波帮”称呼宁波籍工商人士。

20世纪初年编纂的《中国经济全书》中写道：“上海之所谓宁波帮者，即系表示在上海的宁波商人之意。”《宁波帮大辞典》前言中将“宁波帮”的概念界定为：“宁波帮”系指近代以来在宁波地区以外的一定区域从事工商活动的宁波籍人士。而所谓宁波籍，既包括旧宁波府七县（镇海、定海、鄞县、奉化、慈溪、象山、南田），亦包括现属宁波市属的余姚、宁海籍人士。《宁波帮研究》中对“宁波帮”的界定是：“主要指明清以来宁波府旧属各县在各地活动的工商业者，以血缘、地域关系为基础和纽带，所结成的地域性商人群体。其主要构成成分，是在明清时期的各类商人

① 本文所论及的宁波是指广义的“大宁波”，包括宁波府城及所属的鄞县、镇海、奉化、慈溪、象山、定海。本文中提及的姓名，凡未特意标注者，均为宁波籍工商业者，文中简称宁波商人或甬商。

② 宁波市政协文史委编：《宁波帮研究》，中国文史出版社2004年版，第43页。

和手工业者，在近现代则包括了各种类型的近代企业家、金融家和其他工商业者。”书中还将“宁波帮”的概念归纳为七种不同的含义。[①]按照曾任天津浙江旅津同乡会会长张章翔的说法：“宁波帮是以乡谊为基础，在业务上、生活上互相需要、互相结合、互相利用的一个具有封建地域性的商业结合体。因人兴衰更替，具有实际活动而无具体组织，因之各地对宁波商人称之为‘宁波帮’。这就是称号的由来。”[②]

由上述几种具有代表性的宁波帮的含义可以看出，“宁波帮”是一个见仁见智的概念，其主要的分歧在于：一、宁波帮何以成帮？近代所谓商帮，一般并没有明确的界定，无非是工商界的惯称，用以区别界内人士的籍贯。由于没有一个固定具体的组织，宁波帮的概念歧义丛生，有些论著甚至将文化、教育领域的宁波籍人士也列入其中。另外，对于“宁波帮”是否只是指在宁波以外地区从事经济活动的工商业者，宁波本地的经商者是否包括在内，对此学界也有不同的意见。二、宁波帮概念的泛化。由于宁波地区行政区划几次变更，原属绍兴地区的余姚在1949年后划归宁波地区，使余姚商人在1949年前后存在“归属”不同的问题，目前的相关论著则将余姚商人归于宁波帮的范畴，类似的情况还有定海[③]、宁海[④]商人。不仅如此，还有人习惯将紧邻的宁波、绍兴两地的商人合称为“宁绍帮”，更广泛的“宁波帮”甚至涵盖了江苏、安徽商人。国外研究者有的使用“浙东帮”或“大宁波帮”“大宁波财阀”等概念，实际上是一种泛化了的宁波帮概念。三、宁波帮人士社会身份、社会角色的多样性，也导致宁波帮范畴难以确定。如鄞县人张寿镛创办上海光华大学，并担任校长达20年，是著名的教育家、知名学者，他又任浙、鄂、苏、鲁四省财政厅厅长及民国政府财政次长、中央银行副行长等职，并参与创办上海女子商业储蓄银行，担任交通银行董事长、四明银行监察人。类似这样“一身数任”的情况在宁波帮中并不少见。四、1984年邓小平的号召赋予“宁波帮”新的时代蕴意，扩大了“宁波帮”的内涵和外延。其时邓小平所说的“宁波帮”不仅指一般意义上的“宁波商帮”，实际上涵盖了所有在海外发展的经济、文教各界的甬籍人士。

“宁波帮”有关概念的泛化，以及有些论著叙述的随意性，给学者的研究增加了困难。研究者在论著中议及宁波帮时，都须首先对其进行“自我”界定。规范宁波帮的涵义，这也是今后研究中需要首先解决的问题。

---

① 宁波市政协文史委编：《宁波帮研究》，中国文史出版社2004年版，第43页。

② 张章翔：《在天津的“宁波帮”》，《天津文史资料选辑》第27辑，第68页。

③ 解放前属于宁波地区，1953年2月划归舟山。

④ 原属台州地区，1952年1月划归宁波，1956年10月复隶台州，1961年10月仍归属宁波。

亟待深入的甬商研究

研究宁波商帮在中国近现代社会经济发展过程中的作用，是经济学者一向着力较多的课题，迄今为止已有不少相关研究成果面世，但遗憾的是，不少文章在选题上缺乏突破与新意，缺少扎实、细致、严谨的微观分析，以及深层次、全方位、多视角的综合研究。之所以如此，原因多端，其中主要原因是资料的来源和类型较为单一，缺乏对新资料的挖掘；选题范围亟待拓展，研究方法需要更新。

商人与社会转型和变迁是一个内容丰富的研究课题，在厘清宁波帮在中国近代社会经济领域的重要建树的同时，着力剖析其中重要人物及群体在社会转型时期的奋斗过程和心路历程，揭示个人、群体与社会系统之间的各种关系——包括个人与亲缘、地缘及业缘间的依附、联合、疏离、超越等多重关系，是一个热点问题，也是一个难题。而且，对于宁波帮如何顺应时势，由沙船业、钱庄业逐渐向航运业、银行业转变，其间传统的经营策略、企业特性（如家族企业）、经营者的心态理念在近代如何变化等依然语焉不详。因此亟待研究者更新研究方法，拓展研究内容，更新研究视角，注重运用多样化的研究方法，如社会学、经济学、计量学、历史学等多学科方法的相互渗透和借鉴，进行全面、系统的考察，既探讨中国社会对宁波帮的影响——主要研究社会环境因素对宁波帮本身的影响，还要分析宁波帮对中国近现代经济发展的作用——主要研究宁波帮经济行为的显性和隐性社会功能，如商人及经济行为、商业文化在何种情况下影响社会变革和发展，怎样影响，程度如何等。

迄今为止，对于宁波商帮人物个案研究的涵盖面非常有限。长期以来，宁波帮人物研究的叙述重点都集中在少数具有代表性的人物身上，如严信厚、朱葆三、叶澄衷、虞洽卿、秦润卿、刘鸿生、项松茂、方液仙等。[①]宁波帮历史悠久，内部构成复

---

① 《中华民国史资料丛稿 · 人物传记》第11辑，中华书局1981年版；《宁波帮企业家的崛起》，浙江人民出版社1989年版；孔令仁主编：《中国近代企业的开拓者》（上、下册），山东人民出版社1991年版；马学新等编：《近代中国实业巨子》，上海社科院出版社1995年版；赵云声主编：《中国大资本家传》（时代文艺出版社）第5辑、第6辑、第8辑中有刘鸿生、虞洽卿、朱葆三、叶澄衷、黄楚九等人的传记；宁波市政协文史资料委员会编：《宁波文史系列丛书》第1辑《活跃在沪埠的宁波商人：商海巨子》，中国文史出版社1998年版；洪钧杰主编：《群星灿烂——现当代宁波籍名人》（上、中、下），宁波出版社2003年版。另上海、浙江、宁波及各地的文史资料中也有很多回忆文章。

杂，人们多瞩目于上海的“宁波帮”巨商，对于其他地方的宁波帮人士，如天津的童承初、严蕉铭、王铭槐、叶星海，汉口的史晋生、宋炜臣、盛竹书、卢鸿沧等人则很少提及，更遑论实证研究，对于其他地区一般人物的研究基本上一片空白。即使是对严信厚、朱葆三、虞洽卿、秦润卿、刘鸿生等人的研究，以及陆续出版的有关他们的一些通俗性读物，文章的选题主要集中在经济活动，兼及一些政治活动，深层次、全方位、多视角的研究则付之阙如。

宁波商人不仅在中国经济发展过程中占有重要的一席之地，在上海、北京、天津、汉口、重庆等重要城市多方参与政治、社会、文化事业的活动亦尤为突出，特别是在近代中国各类社会组织中占据着举足轻重的地位。如严信厚、周金箴、朱葆三、李云书、虞洽卿等宁波帮商人长期担任上海总商会的领导职位，虞洽卿还曾担任全国商团联合会名誉会长，周金箴曾担任中华全国商会联合会总干事，王才运曾担任上海南京路商界联合会第一届会长，厉树雄曾任上海保险业联合会会长，周祥生曾任上海出租汽车业同业公会会长等。宁波帮在全国各地的著名工厂、商号、钱庄等机构不胜枚举，从苏州孙春阳南货铺、北京同仁堂药店、上海童涵春堂、上海荣昌祥呢绒店、天津物华楼等著名店铺，到宁波通久源轧花厂、上海中国化学工业社、三北轮埠公司、汉口既济水电公司、重庆渝鑫钢铁厂等工业企业及固本肥皂、双钱牌橡胶制品、三角牌毛巾、亚浦耳电灯泡、美丽牌香烟等国货名牌产品，再到四明银行、中国通商银行、东陆银行、上海华商证券交易所、宁绍人寿保险公司等金融机构，宁波帮创办和经营了大批声誉卓著的名牌企业和名牌产品。但目前从企业史的角度研究宁波帮著名企业的研究成果较为缺乏。行业史方面，对于宁波帮在银楼、医药、成衣、航运等占优势的行业的经营活动也存在许多研究空白点。

宁波商人以上海为基地，以金融资本为主体，以工商、航运各业为助力，是近代上海综合实力最强、最具社会影响力的“强势”商人群体，凭恃着强大的经济实力，影响遍及江浙、京津、汉渝及海外等地。不少宁波帮商人成为当地商业巨子，在商界高踞要津；有些地方的几个行业为宁波商帮所垄断；有些地方的商业团体为宁波商帮所掌控。在近代上海，宁波籍工商业者以其特定的社会构成、群体特征，成为沪上经济领域中不可小觑的强势集团。20世纪二三十年代，正是甬商在上海势力发展极盛之时，他们以宁波旅沪同乡会等同乡组织为凝聚点，充分发挥其擅长经商的特点和优势，逐渐渗透到上海经济的各个领域，再加上以“江浙财团”的雄厚财力作为社会背景映衬，从而在上海社会经济领域居于“王者”地位。近代天津是北方的重要经济中心，沿海各省南北土产物资的集散地，《畿辅通志》中载，天津

"地当九河要津，路通七省舟车"，"商旅往来之帆辑，莫不栖泊于其境"。宁波帮和广东帮是天津商界两个势力最大的帮口，天津未开埠前，宁波商人就不断从海路来津，在北大关一带经营南北土产、洋广杂货。咸丰十年（1860年）天津根据《北京条约》开埠后，宁波商人更蜂拥至天津，依靠原来在此经商的亲友、同乡，使宁波商帮的势力迅速壮大。宁波商帮和广东商帮是最早进入天津法国租界设店经营的中国人，如早期设在法租界的宁波帮名店李同益西眼店（另一说是李同益呢绒店）等。近代汉口商贾辐辏，宁波人在汉口经商的也为数不少。宁波商帮在汉口主要经营水产业、银楼业、货运业、火柴业、水电业、杂粮业、洋油业、五金业和银行业。据《夏口县志》载，汉口的水产海味业和银楼首饰业，大半为宁波帮所垄断。作为汉口宁波商帮重要活动场所的浙宁公所，宣统元年（1909年）重加修葺，改名宁波会馆。近代苏州是一个市肆喧阗的繁华城市。宁波的丝绸业商人曾在这里创立宁绍会馆，煤炭业商人也设有坤震公所。在阊门外煤炭公所里，有一块煤炭业商人所立的石碑，碑文上载曰：在苏州经营煤炭业的，都是宁波绍兴籍商人。光绪年间，宁波帮商人曾在南濠大街147号创立浙宁会馆。宁波帮商人在杭州、台州、温州等地经商的人数也不少。如他们在杭州收购丝、茶，推销进口洋货，并大量开设钱庄，同治、光绪年间在杭州开设的宁波帮钱庄有慎粹、豫和、赓和、阜生、阜源、和庆、元大、惟康、介康、寅源、崇源、崙源、堃源、聚源、同源、益源等近20家。

宁波商人从业领域多，遍布区域广，留存的史迹既多且杂。汗牛充栋、浩如烟海的资料既为学者的研究提供了便利条件，也为研究工作增加了困难。所谓研究资料的发掘和拓展，不仅表现在对文献资料的整理，也反映在对各种实物资料的综合认识。上海民间有大量宁波帮留存的故痕遗迹，包括信函、契约、婚帖、账簿及至历史建筑遗存，它们都可以与文献资料互相补充印证；许多乡音未改的"老宁波"讲述的"自己的故事"，更是宝贵的口述资料。数量和类别如此巨大的"资料工程"仅靠个人的力量是难以完成的，需要相关机构投入相当的力量联合进行发掘和整理，才能为进一步的深入研究奠定坚实的基础。

晚清人物及相关研究一般都涉及广阔的历史背景。微观实证研究不足，很多文章只是简单地以上海的"点"取代全国的"面"，以偶见和片段取代普遍的事实，使人们很难全面了解和准确估量宁波帮在近现代中国社会经济发展中的地位和影响。有鉴于此，探究宁波商帮人物在近现代中国社会经济领域的作为和贡献，就需要从收集和整理资料入手，由考辨人物事迹、汇编文献资料、编撰年谱等项工作逐一展开，再将其置于广阔的社会背景下审视，从整体上准确把握时代特征，对其政治参与、组织活动、经济行为、思想理念、心理结构甚至生活方式、习惯癖好、性格心理等各个层面进行剖析，力求从全新的视角分析历史人物。时代的发展要求对宁波帮的研究朝着细微处着手、新方法分析、多学科交叉、大视野考察的方向深化发展。相信在新的时势的推动下，只要研究者摒弃急功近利的心态，去除心浮气躁，一定能在宁波帮研究的学术园地中撷取丰硕的成果。

总之，宁波商帮的研究是一项艰巨的系统工程，也是一个大有可为的领域，特别是随着宁波经济的飞速发展，浙商（其中宁波籍人士亦被称为“新宁波帮”）在中国经济舞台上的迅速崛起，宁波商帮的精神遗产更凸显出鲜明的现实意义。众多宁波商人鲜活生动、厚重多姿的人生风采，其对同乡深厚的情谊，对故乡的眷恋之意，所彰显的团结、公益、奉献的精神传统，着实令后人感动景仰。人们需要从先辈成功的经验中汲取灵感，寻找智慧，总结出可供今人借鉴的现实启悟。梁启超曾说：“所谓精神者何？即国民之元气是矣。”宁波商人为今人留下了丰厚的文化遗产和精神财富，这是用来培养、涵育我们元气的养分，是今人奋发前行的底力和基础。我们要探讨追索文化的精神价值，不仅要使人们能够认识和认同这种精神价值，更重要的是，要将其精神内涵、人文品格内化在我们的心灵和生命之中，使之发荣滋长，发扬光大，这才是对先辈们最好的纪念！

鉴于宁波商帮史料收集及研究的重要性及紧迫性，我们决定成立上海宁波商人（甬商）研究中心，编辑出版“宁波商人研究丛书”，以期深入推进对甬商群体、企业、社会组织等不同方面的实证研究。丛书注重学术性、思想性，著作类型包括学术专著、人物年谱、资料集等。此事得到公牛集团阮立平先生的慨然相助，阮先生事业隆旺，且颇富人文情怀和文化意识，他欣然玉成此事，实可谓功德无量的善举懿行，在此谨向阮立平先生致以诚挚而衷心的感谢！

李　瑊

（中国商业史学会商帮史专委会副主任、上海大学宁波商人研究中心主任）

编著说明

一、从镇海走出去的船王包玉刚是当代宁波帮杰出代表。为重温船王艰苦创业、奋发有为的生平事迹与时代风采，大力弘扬其热心公益与爱国爱港爱乡的崇高品质和精神风范，本书辑录20世纪60年代末至90年代初香港《大公报》《华侨日报》《工商日报》《工商晚报》《文汇报》及台北《宁波同乡》等报刊有关包玉刚的报道与记载，力图重现船王当年的音容笑貌与历史场景，以追寻其足迹，传承其精神，并为相关研究提供史料。

二、为便于检阅，本书将所辑内容分为综合篇（即有关船王综合性的报道与记载、个人荣誉及访谈、最后的哀荣等）、经济篇（包括船王的企业活动、经济主张、相关经济团体活动等）、社会篇（包括船王参与的社会活动、慈善公益事业等）、政治篇（包括船王参与的各类政治活动、相关政治主张、与各政要的交往等）、其他（包括未能列入上述内容的其他报道，如有关船王家人的报道等）五大部分。

三、全书编排按内容分类后以时间为序进行，每一则报道编排顺序为标题、正文、材料来源（报刊名称）、刊登时间。

四、本书中有众多报道标题过长，为行文方便起见，一般作简化处理或加以删减。

五、为保持历史文献的原始性、真实性，对原文中与内地阅读习惯不一致的表达方式以及前后不一致的名称等，均不予修改，请读者明辨；其中明显的错别字及不符合出版规范的内容则加以改正。

六、对原文中的繁体字、异体字，一般以现行简化字处理，有些古体字，则保留原字。

七、对原文中因字迹模糊或印刷原因而辨别不清的字用“□”表示。

从宁波走向世界
——船王包玉刚的精彩人生

1991年9月23日，一代船王包玉刚在香港不幸病逝。消息传出，各国政要如美国总统布什，英国首相马卓安、前首相撒切尔夫人，日本首相海部俊树与各界人士纷纷以各种方式表示哀悼，并对船王的一生予以高度评价。中国改革开放总设计师邓小平在唁电中说：惊闻包玉刚先生病逝，深为悼念。先生热心祖国建设，为实现“一国两制”身体力行，功在国家。希家人节哀珍重！港督卫奕信爵士在相关声明中表示：“包玉刚爵士是本港一位著名商人，他可能亦是第一位真正在国际上享有盛名的本地人士。”汇丰银行主席浦伟士则认为，包先生可靠的商业信誉和国际的知名度曾帮助香港登上世界舞台。

包玉刚口碑载道，几乎众口一致的好评并非偶然。有评论认为：包玉刚盛名的背后，是一部白手兴家的创业史，是一个创造奇迹的神话；他的创业和成功历程，堪称一部波澜壮阔、辉煌壮丽的史诗，也足以令每一个外国人瞠目结舌，叹为观止！

“世界船王”

1918年11月16日（农历十月十三日），包玉刚出生于浙江宁波镇海庄市钟包村横河堰一个世代经商的家庭。父亲包兆龙继承祖业，常年在汉口经营平和鞋帽庄。母亲陈赛琴出自甬上名门，是一位贤淑节俭的传统女性。

1926年9月，包玉刚进入清末上海五金大王叶澄衷在家乡创办的叶氏中兴学校读书。在这里他勤奋好学，为后来的事业打下了良好的文化基础。1931年小学毕业的包玉刚离开家乡赴外学做生意。他先在父亲包兆龙经营的汉口平和鞋帽庄学艺，后进入英商安利洋行保险部做实习生。这期间，他在工作之余到夜校学习了会计、英语等课程。1938年，包玉刚从汉口去上海加入中央信托局。1942年后，相继担任中央信托局衡阳办事处保险部主任，中国工矿银行衡阳分行经理、重庆分行经理，上海市银行营业部经理、副总经理。他工作敬业，业务精干，为人踏实，受到上司与同事的信任，不断得到提拔。1948年，包氏家人决定离开上海南下香港创业。次年初，包玉刚移居香港，与友人合办新联公司，从事进出口贸易。不久，善于捕捉商机的包玉刚发现地理位置优越的香港是从事航运业的好地方，于是说服家人转而从事航运业。

1955年，包玉刚购置的第一条货船“金安号”下水，从此开始其辉煌的航运生涯。包玉刚闯入航运业之初就独辟蹊径，在经营方式上采用薄利长租，即以比市面运费低得多的固定价格，把船租给资信可靠的用户（为期都在一年以上），然后凭租约向银行贷款，增购船只，扩大船队。尽管这一方式不能获取暴利，却使包玉刚避免了由于市场动荡产生的种种风险，不但能保证所有船只不会空置蚀息，还赢得了众多客户的信任和合作，从而立于不败之地。包玉刚的稳健经营方式和良好的商业信誉还使他获得了汇丰银行等金融机构的大力支持，加之他对船队的严格管理，使其船队迅速扩大，逐渐把原来显赫的大船东抛到后面。到1969年，包玉刚已拥有80条散装货轮和油轮，雄踞香港各大船东之首。到1981年，包玉刚已拥有210艘大型巨型轮船，2 100万载重吨，稳居世界航运业之冠，成为名副其实的世界船王。

处于巅峰状态的包玉刚并没有因此陶醉。他以自己对世界经济和国际航运市场的清醒认识，对企业发展战略进行了重大调整，果断实施了弃舟登陆战略，短短几年间，他就成功地将船队削减了一半，从而不仅顶住了20世纪80年代初世界航运业的大萧条，而且以自己的实力问鼎香港工商界。1980年6月，包玉刚在数小时内筹集了21亿港币现金，成功获取了大型英资企业——九龙仓货运有限公司的控制权，打破了英资不可战胜的神话。入主九龙仓使包玉刚成为香港为数不多的庞大不动产拥有者之一。到80年代末，包玉刚在香港的经营范围已扩展到航运、地产、仓储、码头、交通、饭店、电信、零售、金融等领域，成为香港工商界举足轻重的实力派人物。

“香港先生”

包玉刚的成功是与香港经济起飞同步的，为此他对香港充满感激之情，深深地爱着这一方水土。包玉刚多次在国际性会议等场合盛赞香港和香港的投资环境，利用自己广泛的国际联系和知名度“推销”香港，更以自己的行动促进香港经济的繁荣和发展。特别是20世纪80年代香港人为所谓的香港“前途问题”困扰，包玉刚以自己的言行恢复和坚定了人们对香港的信心，为香港的繁荣安定奔走，赢得了“香港先生”的尊称。

中英关于香港问题的谈判和有关文件的签署，是80年代关系香港全局的重大事件。包玉刚以他爱国爱港的巨大热情自始至终参与这一历史性的盛事，为香港问题的解决作出了独特的贡献。

包玉刚与中国高层领导交往甚密。他对中国政府关于香港问题的政策有比较深刻的了解，赞成邓小平关于“一国两制”的伟大构想。由于包玉刚在香港社会的地位和声誉，特别是他与当时中英两国领导人都保持着良好的关系，这让包玉刚在两国政府为香港问题进行的一系列谈判和接触中，发挥着积极的作用。在此期间，包玉刚为香港问题的顺利解决，经常奔走于北京、伦敦和香港之间，与各方频频接触联络，表现出巨大的工作热情。对此，当时参与香港问题谈判的中方代表、新华社香港分社前社长周南认为：“中英就香港前途的谈判成功，包玉刚先生作出了积极的贡献。”香港基本法起草委员会委员邬维庸指出：“中国、英国、香港三方关系，以往一波三折，包玉刚是缓冲及中介角色，发挥了影响力，一句话的作用往往超过十个人的意见。”1984年12月19日，中英两国政府在北京签署关于香港前途问题的联合声明，包玉刚应邀出席这一历史性的仪式。第二天，邓小平会见包玉刚并设宴招待船王一家，充分肯定包玉刚为中英谈判成功所起的作用。包玉刚为中英联合声明的签署而欢欣鼓舞，他高度评价这一历史性的文献并广为宣传，多次在公开场合表示，中英两国政府共同签署联合声明，保证了香港现行制度在1997年后50年不变，使得香港前景更加明朗，港人应共同努力维持繁荣稳定的局面。包先生本人更是身体力行，1985年2月即中英联合声明签署后不久，他出巨资控股会德丰，赢得了中英联合声明签署后香港第一个重大企业收购战的胜利。

1985年6月，包玉刚被全国人大常委会任命为中华人民共和国香港特别行政区基本法起草委员会副主任和咨询委员会召集人。在此期间，包玉刚不辱使命，积极联络基本法起草委员，倾听各方意见，为基本法的起草倾注了很多心血。对此，国务院港澳办前主任鲁平认为：“包玉刚先生就任基本法起草委员会副主任后，一直在为起草基本法、为‘一国两制’在香港实现、为了保持香港的长期繁荣稳定，出了很多主意，出了很多力，以至呕心沥血。香港基本法记载着包玉刚先生一份不可磨灭的功劳……特别是到了基本法起草工作的后期，包玉刚先生有恙在身，但是他还不辞辛劳，几次抱病参加起草工作。”

1989年，香港问题出现波折，中英关系陷入僵局。为打开局面，当时年事已高的包玉刚不辞辛劳，穿梭于英、美、日和中国之间，为修补中外关系和解决香港问题，继续贡献自己的力量。1990年6月，邓小平再次会见包玉刚，对他的工作予以肯定。至此，包玉刚已经受到邓小平10余次亲切会见，这在海外华人和港澳同胞中是少有的，从中充分反映出包玉刚在解决香港问题上的地位和作用。

“宁波大使”

包玉刚是一位具有传统美德的国际企业家，尽管他长期身居海外，誉满全球，但始终不忘自己是炎黄子孙，时刻关心着内地的发展与进步。“文化大革命”结束后，他为祖国进入长治久安的中兴时期而欢欣鼓舞，并积极采取实际行动报效桑梓。早在1979年，他就分别捐资1 000万美元兴建北京兆龙饭店和上海交通大学图书馆。1982年，在船王的积极推动下，由中英两国政府和包玉刚三方共同出资设立中英友好奖学金。船王对家乡宁波更是情深意长，1984年他捐资5 000万元人民币发起创建宁波大学，后又捐资助建宁波市包玉刚图书馆、第一医院刚华住院大楼等多个公益项目，有力地推动了家乡社会事业的进步与发展。包玉刚对宁波的贡献不仅在于他为家乡社会公益事业慷慨捐赠，更在于他为开发宁波提出了许多战略性的建议。特别是运用其在海内外的号召力和影响，为争取提升宁波城市地位、推动宁波对外开放，不遗余力，奔走呼号，发挥了不可低估的作用，为20世纪90年代后宁波经济社会的高速发展奠定了重要基础。遗憾的是，船王于1991年因病去世，但宁波人民将永远为拥有包玉刚这样一位优秀的儿子而自豪！

目 录

第一编

综合篇

包玉刚简悦宏等委任为太平绅士

本报讯：政府晨报今晨刊载，港督现今委任下列人士为本港非官守太平绅士，由本月十四日起生效。

计为：包玉刚、简悦宏、李东海、董樑、林勇仁、查济民、林植宣、荣鸿庆、史密夫派斯、沙尔豪拜利、贾士域亨利、马里亚费、碧嘉伊士、史哥利士奥士域。

（《工商晚报》1971年10月22日）

超级油轮大王包玉刚先生访问记

关世杰

目前，世界航运巨子——董浩云先生拥有世界上最大且型式最多的船舶（约超过八十艘，计四百万吨），其中并包含了海智大学（Seawise University）——及海上学术营用之“海上学府”轮与“宇宙学府”轮（编者按：董浩云乡长之“海上学府”轮业于本年一月九日在香港青衣岛海面被奸徒纵火烧毁沉没，另一艘“宇宙学府”轮则于四月廿八日至卅日曾来基隆访问三天）。另外，一位香港华人包玉刚先生（Mr. Y. K. Pao）（按：包玉刚先生亦为我甬同乡）的船舶总吨数，至一九七五年将达一千万吨，将成为有史以来吨位最大的私人商船队所有者。因此这位中国人将可与世界商船巨子Niarchos及Onassis相媲美，甚至超过他们，以下是约翰·盖乐（John Gale）在香港包先生的总办公处与包先生的谈话访问纪要：

包先生具有黄褐色圆圆的脸，面带微笑，眼睛包含仁慈，温和，态度端详，穿着淡蓝色的西服，浅绿色的棉质衬衫，挂着白色与黄色相间条纹的领带。他的文雅与谦虚态度使人看来似乎略为羞怯，但其实不然。

五十二岁的包玉刚先生并非您第一眼看到所想象的那样，而是香港环球航运公司的董事长，他的风格与好出风头的希腊航业巨子 Niarchos、Onassis不同，他不注重表面上的做作，而是具有脚踏实地的精神。

“人生是一种挑战”，他时常重复这个口语，“发愁恐惧是无用的”。又说“人生只有挑战而已”。

包先生认为到一九七二年年底，他将拥有一支最大的商船队，这个期望将使他感觉得很高兴。目前，他已拥有三百五十万吨的船舶，但是他现在已经订造了八亿美金新船。至一九七五年，他将拥有总数为一千万吨的船舶，其油轮及巨大货轮的平均船龄仅为三年半。“我们喜欢换掉我们的旧船”，包先生说，“我们总是使船只保持在年轻的阶段，最老的是三年多一点而已”。他所谓的“老”船，对别人而言则仍是“年轻”的船只。(世界公主号油轮，二十二万七千吨雄姿)。

包先生是长期包(租)船舶事业(是一种收益颇丰的企业)的首倡者，在不久以前，许多人对他的所作所为甚表怀疑，认为太不聪明，说他“缺乏健全的航业知识”。而包先生则解释他的人生观，说“一个薄利多船的航运事业，最后将能产生极大的利润”。他有许多船是在日本建设的，而他的订单之大甚至使日本人都目瞪口呆。并且他现在又在大不列颠、斯堪的纳维亚半岛(挪威、瑞典)订造船舶。

他的英语表达能力不太强，却以工作表现他自己，有人问及您平时作何消遣？包先生回答说：“我高兴努力工作，我喜欢活动，而不喜欢没有工作的闲着。”他的确厌恶静态，时常去旅行，其中最重要的是到东京、伦敦、纽约。在这三个地方，他参加了高尔夫球俱乐部。是否周末的高尔夫球会使他愤怒？包先生从容地表示“不，牛津字典不是说过吗，那仅是一种运动游戏而已”。

“许多引以为奇的是他有超人的活力”，他的随侍人员说，但那不是使人紧张的活力。“他每天自九点钟上班，至下午七时下班，在他上班之前，先阅览自公司打来的电报。无论在何处，他每天都有应酬，然而，他尽可能地避免无谓的应酬，以便晚间有良好的睡眠”。

包先生厌恶呆板而无生气的事业，所以他从事于航运事业，在上海时他曾在银行里工作，一九四八年当他从上海来到香港时，他的亲属劝他从事于房地产经营，但是他却由艰难中学起，他将活动的资产，在完全不懂航业之下，买了一艘自由型(Liberty-Type)的货轮。

“那是银行家的意识”，他说，“以我的个性和本质，我喜欢做具有挑战性的事业，比做房地产更感兴趣。关于房地产的事业，只能坐在大建筑物之中，等待机会坐享其成。商船能航行全世界，而且航业与政治活动，经济发展均有关系”。

包先生富有丰富的理想——“把许多小的东西拼在一起，做成一幅美丽的图案”，具有童心，他亦很高兴与低度发达的国家接触，并且告诉他们，如何建立他们的商船队。他的办公室是在环球航运公司(为香港时髦建筑物)中第二十一层，其中有一个很大的显示图板，用于记载船舶的动态。包先生有很超人的记忆力，能够照应每一艘船，他主持每天的会议，并且注意每一个细节，在铺有地毯的走廊里放置了玻璃座的超级油轮模型。

他的船上水手全是中国人，但是大部分的船长、轮机长、高级船员是英国人。包先生在香港为中国有志于航海的青年们设立一所海员训练班，训练出来的海员比其他国家的能够刻苦耐劳而待遇较优。由于包先生的公司开支低廉，吸引了航业投资者的注意与信赖。汇丰银行是包先生的好朋友，由于它的支持，使他能把六三只船舶经营得非常成功，虽然一些船是在英国和巴拿马登记注册的，但是大部分的船是悬挂利比里亚的国旗。

何以包先生是如此的成功呢？您不认为是银行家的意识？他很安详地说，“可靠的，我设法求其稳妥，而不做冒险事业，我认为它就是银行家的意识，您知道吗？”往久远处看来，有船只是很好的。当然船舶的运价（利润）有涨有落，目前正是稍为低落的时候。

这些问题会使他难堪吗？“哦，不。”他曾想到将有所变异吗？“到目前为止，我全心全意集中精力于航运事业，但亦许会将一些钱用之于有关航业方面的发展，这也很难说。”

他现在还希望些什么呢？他立刻回答说：“我希望有更多更大的船只，那就是我的愿望。但这要看情形，你是知道的。”

（《宁波同乡》第62期，1972年5月出版，译自《亚洲杂志》1971年9月号）

本港两位船王董浩云包玉刚

有人曾把当今的著名航运界人士选出七大船王，那就是：路德威克，美国人；董浩云、包玉刚，两人是中国人；尼亚可斯、奥纳西斯、李学斯和李凡诺斯，他们都是希腊人。董浩云和包玉刚，在本港来说，并不陌生，尤其董氏，最近因海上学府伊丽莎白皇后巨轮之付之一炬，更为人熟知。包玉刚的环球轮船管理机构，是以香港为中心的，而且，包氏虽经常跋涉联络各地船厂、船商而仆仆风尘，但在本港的时间也较多，本港能在世界航运事业生产了两位船王，不能不说是一种辉煌成就，值得引以为荣的。

本地的金山轮船公司和香港邮船公司，创办人就是董云浩和他所领导的董氏航业集团。董氏航业集团已有三十多年历史，是一个国际驰名的航业组织，拥有各种船舶，包括新式载货船、客船、散装货船、超巨型油轮以及货箱船等，总共逾四百万吨，航线也遍及世界各地。近年来更积极地全面发展货箱化运输，先从半货箱船开始经营，再进而利用半货船改装全货箱船，到现在，已完成了中国人经营的最新型、高速度、高收益的全货箱轮船队，迈进了当今世界航业界革命性的最新型全货箱船运输的领域了。

本地环球轮船管理机构的创办人为包玉刚，这机构的崛兴，确可喻为神速。包氏以一从上海到港之银行家身份创办此一机构时，仅以一艘二十七载之燃煤轮开始。初期，在包氏稳重领导下，本其淳朴之服务宗旨，敏锐灵活的经营手法，复洞察寰宇之航运之需求，配合香港衔接东西二端之优良地理环境，遂扩展先组成一包括大战期间各类型精锐船只之舰队，并于六十年代初期，遂渐淘汰旗下超龄船只而代以全新现代化之优良队伍，到今日已成为一世界性拥有最庞大船队之船只管理机构。

环球属下多为油轮，且主要为租船、管理业务。海外机构分布于伦敦、纽约及东京。现拥有船只六十艘，载重吨位达二百余万吨。预计一九七五年在日本及欧洲兴建的六十余艘新船落成后，其辖下一百二十艘之庞大船队，载重吨位将达到一千万吨。

（《华侨日报》1972年6月5日）

港大明春颁授荣誉学位
获荣誉法学博士者为莫绮芬夫人及包玉刚先生

特讯：香港大学监督麦理浩爵士将于明年三月十日（星期一）下午五时三十分，在陆佑堂主持港大荣誉学位颁授典礼，四位对社会及教育有杰出贡献之人士将分别获赠荣誉学位。

荣誉法学博士莫绮芬夫人（下略）

荣誉法学博士：包玉刚

包玉刚先生原为上海之银行家。在过去二十年内包先生成功建立一个全远东最大之轮船公司。他的轮船王国以环球轮船公司为名，包括一系列散布在全球各地之轮船公司。包先生与银行之联系亦甚为密切，活跃于银行及船运界。包先生为汇丰银行董事、大通银行国际咨询委员会委员、英国航海基金名誉副总裁、美国轮船管理局委员、来德船务注册会总会委员、挪威国际独立油船船主协会执行委员会名誉会员、英国国际油船防止污染联合会董事。包先生致力于各项公共事业，并取得卓越之成就。包先生甚至最近为大学生及理工教育资助委员会委员。他现任保安委员会委员及香港航海学员区委会委员。包先生十分关怀本港之高等教育，并对本港高等教育机构慷慨资助。他现为香港大学永久校董，非官守太平绅士。为表彰包先生对本港社会之贡献，香港大学特授予包玉刚先生荣誉法学博士学位。

荣誉文学博士：何中中博士（下略）

荣誉理学博士：司徒惠议员（下略）

（《华侨日报》1974年12月24日）

世界第一号海上船王：包玉刚的传奇发迹史

陈顺吉 译

包玉刚是我甬籍旅港同乡中近年最露头角的一位——他秉性谦虚，平易近人，住在香港深水湾边一座坚固但不很气派的宅邸。他喜欢游泳和打高尔夫球，可是他在这两方面都没有特殊的表现。他把充满香槟的酒会，当做处世上偶尔必须忍受的事情。他表示除了不变的信心之外，他既没有特别的智慧，也没有引导他的哲学。然而，包玉刚却是一个成就不凡的人。身为香港“世界”船团的创办人兼领导者，他已变成世界第一号海上大王。在短短二十年内，他已建立一个比传奇性希腊航业巨子奈亚柯斯，或已故世的欧纳西斯的船队还要大的海上王国；再过不久，他的船只将超过他们两个的总和，而他的船舶吨数也快接近苏俄全国商船的总吨数了。

他的船队庞大得叫人吃惊

包玉刚的船队庞大得令人吃惊。他的香港世界船团属下已有二百家附属公司，共拥一三二艘船只，从一般货船到四十万吨的超级油轮应有尽有，其总吨数超过一千三百万吨。此外包氏船团目前仍在积极扩充之中，已订购的新船至少有二十五艘。因此这些船在往后两年内陆续交船后，“世界”的总吨数将高达一千八百万余吨，或大约为与包氏最接近之竞争者——日本的三兴轮船公司——的两倍。

即使在最好的时期里，包氏的成功故事也很不平凡，但更惊人的是，在国际航运这个起伏不定的行业里，这些时期实在不能算好。几乎天天如此，几十个指挥世界各地船只的大胆而意志坚强的人，都面临着一连串不利的报告：船只没货可载，全世界大约有五百艘货轮无法开航；租船的收入几乎不敷营业的支出。至于赚钱，那是更不用提。周复一周，因财务问题而濒于破产的船东的名单不断增加。甚至连工业界的乐观人士，也预测转机还远得很，幸运的话，也许到一九八〇年吧。

成功源自谨慎而有条理

那么，包玉刚是打算怎么样驶出这个风暴呢？这个答案很复杂，但他的成功主要源自他那谨慎而有条理。也许有人会认为是愚笨的做事方法，这与他周旋在希腊和斯堪的纳维亚之间，气派十足的情形截然不同。一九七〇年代初期，当他们载一批石油就赚进数百万美元、正出足风头的时候，包玉刚却在作长远的打算，他时常说："我是银行家，不是赌徒。"而当阿拉伯石油禁运，与世界石油消费锐减，造成全球性油轮危机的时候，他的保守的作事方法使他获益匪浅。

令同行羡煞的是包玉刚的第二个事业。五十七年前，他出生在浙江宁波一个富商的家庭里，他年轻时根本就没有想到要乘船漂洋过海。他原先在上海从事银行事业，颇有前途，只不过稍受中日战争的影响。后来中国大陆沦陷了，包玉刚举家逃往香港，所携带的资金仅够重起炉灶。就像许多曾经显赫一时的大户人家，骤然发觉已失去土地，一无所有；包家的人得到一个教训：在乱世，像房地产等不动产是不足恃的；唯有像船舶这类东西，在政治上发生大变动时，才能运到别处。

从一条烧煤货轮起家

尽管如此，包玉刚要转入航运界还是受到家人和生意上的朋友的激烈反对——他们说得也有道理。在那时他对船一无所知，但是生性勤勉的他，写信到伦敦买有关租船和航运的指南手册。吸取这些新知识之后，他便在一九五五年投入这个行业，花了七十七万美元，买了一艘已有廿七年历史的八千七百吨的烧煤货轮，满怀乐观地命名为"金艾尔发"号——同时立刻包租给日本的山下航运公司，从印度运煤到日本。

包玉刚一直好学不倦。他不像其他的船东，常向本行之外去扩充，他把全心全意放在油轮与散装货轮的经营上。他喜欢访问船坞，作生意上的交谈，而无论何时，一艘悬了红白色的旗帜的“世界”包氏新船下水时，他总设法赶去看他的“新生儿”诞生。一名助理说：“他全部时间都在想船，船是他的儿子。”就像为他的四个女儿取名字一样。为了方便起见，他的船也是按照英文字母顺序命名——直到廿六个字母容纳不了为止（一九六二年以后，包玉刚的船名都以“世界”开头，这可使奈亚柯斯和他的助理大为光火，因为这个主意是奈亚柯斯最先想出的。但正如一名“世界”官员所说：“他们凭什么不高兴啊？所有的旧船都是奈亚柯斯的；而所有的新船都是我们的。”）

他工作勤奋全天候待命

只有把全神贯注于手边工作的人，才能像包玉刚那样工作。他一年五十一个礼拜，每天廿四小时都在待命（只在圣诞节期间休息一周，通常和他的太太瑞英女士到夏威夷度假）。包玉刚的旅行日程表会使每个人都累坏；他的时间有四分之三是用在访问地球上遥远的地方，而他在旅行的时候，总强迫自己适应当地的时间，而且他无论到那里，总是一大早就起来游泳，他还自傲地说，他不论在什么地方都跳绳。

朋友们发现包玉刚做任何事情都是不慌不忙，从来不曾显出紧张匆促的样子。包玉刚的澳洲籍女婿兼“世界”副总裁索曼解释说：“他有惊人的集中精神的力量，前五分钟他全神贯注在一个私人问题上；后五分钟他会专心思考一项工程障碍的解决办法；再后五分钟他又一心一意在想一个保险合约的复杂问题了。”而包玉刚在工作上高兴时，也毫不保留地表现出来。他以不流畅，有上海口音的英语开怀大笑道：“真够味；每天都不相同；银行、租船、顾客、船。事情变得越大，更复杂了，便越有意思。”

这些年来事情的确变成更大，更复杂了，包玉刚在金钱上始终坚持其平稳的作风。他常喜欢回想在宁波的保守的儿时教育。他说：“在小时候，如果我跑得太快，我母亲总对我说：‘当心你的鞋子哪！’”他承认曾对他的四个女儿（都已出嫁）说过：每个人一双鞋应该已经足够了。关于他的私人财产，他不愿意多谈，他说：“你最好不要想你有多少钱，因为你仍然得努力工作。”

他的事业正如日中天

事实上，包玉刚的传奇性苦干，以及他那第一号大财主的令誉，才是他最大的生意资产。他和他的主要财务支持者——实力雄厚的汇丰银行——都已大赚其钱，以至于包玉刚已成为第一个担任英国机构董事长的中国人。的确，包玉刚在国际上的成就是如此之大，以至于一九七三年他的第一艘英国造的油轮下水时，居然由安娜公主为她命名。包玉刚一本正经地说："她父亲是我的朋友。"在今天，他是香港恒生银行的董事，及大通银行国际顾问委员会的顾问。

在航运界里，"世界"船团也以注意细节闻名。它自己在香港有一所海事训练学校，到目前为止已训练出一二百名水手，他们大多数现在在"世界"船队服务。这个公司还有一个"可靠"的声望，这得归功于它的严格保养标准和年轻的船龄（每艘船的平均年龄为三岁半）。此外，包玉刚自己尤其注意和日本人保持密切的关系——这对双方都很有利，因为包氏的散装货轮多为日本的造船厂所承造（目前已订购的船只除了四艘是韩国制的之外，其余全部由日本的船厂承造），而他的散装货轮又绝大多数包租给日本客户。他花在东京的时间，和花在香港的时间一样多，但他不喜欢到传统的日本艺妓院去寻乐，对此日本人也不介意，诚如一位香港银行家所说："他们之间真诚交往，他们不喜欢诡诈。"

运用相关企业

但是想要在风险甚大的航运界里有大成就，还需要些机会——这点他已经有，或已经做到了。首先，他在香港基地使他比对手们占有更大的优势，在这里，包玉刚几乎没有受到官僚的干预，并且他也妥善利用广大的航运相关企业网——例如修船厂，揽活及保险公司——这些都是近年来在香港的新兴企业。同时，由于日本的限制外汇管制，很久以来，便使得日本业者难以积聚必须的资金以大量购买船只，迫使他们求助于像"世界"公司这类的独立派，包氏也因此获益不少。

更有意义的是，包玉刚做生意的谨慎态度，最后已证明是油轮竞争的最有利方法。不过这也不是一成不变。一九六〇年代后期，由于在谷物、原料，尤其在石油方面掀起全球性的需求，船业大亨们都认为机会来了，市场会大量增加；在这时候，这似乎是相当安全的赌博。新造的油轮一下水，便可以惊人的包租费作全时间的服务，只要具备天时与地利，一个油轮船东可以在一张包租契约下赚几百万美元。当时许多大亨都这么做了——包括奈亚柯斯、欧纳西斯，以伦敦为根据地的百万富翁帝克乌，以及挪威的雷克斯顿。举个例子，据报道雷克斯顿有一次从波斯湾载一趟货到欧洲，便赚了五百万美元。

谨慎做事态度

当然啦，油轮大亨们没有预料到造成世界石油需要锐减的阿拉伯禁运——能源危机。需要量减少，正成长中的超级油轮供应量也减少了。由于货源直线下降，越来越多的海上庞然大物纷纷停航了——有时候，维持航行的费用一天便高达三万五千美元。在今天，估计约有五千二百万吨的货轮与油轮不动了，另外有三千五百万吨无法充分利用；而未来的前途也不怎么光明。艾克森国际公司航运部经理说："光是使这些停航的船只复航，就必须要有至少两年的景气市场。而那也不很可能，因为一切都视石油的消费而定。"

对于石油需要量的锐减，包玉刚是不是未卜先知呢？许多人怀疑这点，不过，仅仅由于他的性格，以及谨慎的做事态度，他便已避开迷人而冒险的临时包租生意——他做的事都较保守，至少三年至五年的长期包租。他选择客户相当谨慎，他说："因为船东把船交给租船主，就像银行家把钱交给客户一样。"他声称到目前为止，他的客户还没有毁过一次约。此外，包玉刚的谨慎方法也使他在和他的银行家打交道时方便不少。汇丰银行代表董事长珊德堡曾说："我们不会贷款给把一切赌注投在一次短期包租的船东，玉刚了解这一点。他已把他的第一个事业（银行业）的原则，应用到他的第二个事业（航运业）。他希望高枕无忧，因此他采用目前的方法。"

本身信心十足

鉴于包玉刚对固定费率——长期包租——的信赖，有些工业界人士认为，几年来营养费用增加了不少，他最后可能会被费用卡住。不过包氏本身却信心十足，他说："别人担心通货膨胀，但我估计过了，是做生意的一部分成本。最大的风险不是通货膨胀——而是没有租约。"同时，他已在目前的工业不景气中看出一线生机——至少对他的公司是如此。许多船只停航了，保养工厂急于拉生意，一定会降低修理费用。多谢不景气的市场，“世界”公司才能吸收并留住好船员。良好的保养与优秀的船员意味着更佳的安全记录，而更佳的安全记录意味着更低的保险费率。

尽管举世皆不景气，包玉刚仍对航运业的前途满怀乐观。他自信地说，日本与美国的石油进口需要一定会增加，他预测一九八〇年后，将建造七十万吨，乃至一百万吨的超级油轮。不过很明显地，他不会孤注一掷。他的船队变化多端，干货货船仍比油轮多，新订购的船只里，从吨数看，虽然油轮占大部分，但他最近已谈起建造小一点、结实一点，大约二万五千吨到七万吨的船。他说：“最近流行非常大的油轮，假如石油景气恢复了，这些超大油轮也许还会再流行。可是我们不要忘记小一点的船，它们现在就已很流行了。”

智者勿贪近利

为了推行他的这种构想，他已在积极开发新市场。他不再完全把注意力放在日本与西欧，最近几个月来，他访问第三世界港口的次数反而更多。去年年底他飞到拉丁美洲，本月他在中东。

最后，他是不是认为其他油轮大亨们已从他的成功之中得到教训了呢？并没有。他说：“他们现在要想改变已经太迟了，市场已不再那儿了。当市场好转时，他们又不记得了。”然后他笑着说了一句中国古谚：“利令智昏。”他说：“近利的诱惑常使人失去智慧。”

（《宁波同乡》第95期，1976年6月出版，转载台湾《新生报》）

包玉刚荣获巴西十字勋章

特讯：环球航运集团主席包玉刚昨中午之二时，在巴西驻港领事馆，接受该国总统代表文迪斯颁赠一项名为南方十字勋章。

包氏获颁此项最高荣誉勋章，乃是巴西为表扬其在促进港巴两地船务及工商业上，不遗余力。

该勋章系于1822年，由该国帝王彼得一世创立，以纪念巴西独立，颁予对该国有贡献的国外人士。

出席昨日颁赠仪式者甚众，包括市政局主席莎利士、港大校长黄丽松、美国驻香港领事葛乐士、各国使节、工商各界代表、绅商名流百余人。

（《华侨日报》1977年4月27日）

包玉刚余英时获荣誉法学博士学位

本报讯：香港中文大学本年度荣誉学位及硕士、学士学位颁授礼，昨日下午在该校举行，由港督兼大学监督麦理浩主持，观礼来宾约二千五百人。

本年度获该校颁赠荣誉法学博士学位的知名人士为环球航运集团董事局主席包玉刚及耶鲁大学中国历史学讲座教授余英时。本年度硕士、学士领受者共八百三十三人。

余英时在接受荣誉学位后发表演说，题目是《大学与中国的现代化——一个中国历史工作者的看法》。

中大校长李卓敏接着也以《香港中文大学的特色和抱负》为题发表演说。他说，中文大学第一个主要的教育目的，是适应本港青年男女的需要，培养他们的专长，使之在高度发展的社会经济组织里面担任重要的任务。另一个目的就是我们对中国学术文化的深切关怀。中文大学自始就把促进中西学术文化传统的交流与融合定为特殊的目标，它要求每一个学生深刻了解自己的中国文化传统，并精通西方的实证方法和科学知识。他对多年来支持中文大学的本港社会人士表示谢忱。

李卓敏于1963年出任中大首任校长，他将于明年退休。在过去历年的毕业礼上，他很少发表演说。

会上，有研究院院长邢慕寰介绍七十七名硕士学位领受人，文学院院长关宁安介绍一百八十三名文学士，工商管理学院院长钟汝滔介绍一百四十一名工商管理学士，理学院院长徐培深介绍理学士一百九十四人，社会科学院院长林聪标介绍社会科学学士二百三十八人。

昨日的仪式原定在大学广场举行，但因天气不佳，改到崇基礼拜堂举行。

又余英时应中文大学学生会之邀，定今日下午四时半在中国文化研究所举行公开演讲会，题目是《当代中国知识分子对国家应有的责任及使命》。

（《华侨日报》1977年11月2日）

包玉刚获爵士荣衔

本报讯：一九七八年英女皇寿辰授勋，本港人士荣获勋衔名单如下：

包玉刚爵士衔：包玉刚爵士为知名船东之一，并且为一位具有国际地位的人物，不仅在本港而且在英国、美国、日本及其他国家的大银行和商行的董事局中均占有一席位。

包爵士实施开明的雇佣政策，并设有一所优良的海员训练学校，使属下见习海员在其中接受训练。历年来，包爵士对本港及其他地方的善举均慨捐巨款以予支持。（下略）

（《工商日报》1978年6月3日）

包玉刚在英领受爵士衔

本报讯：包玉刚于本月二日（星期四）在伦敦白金汉宫，领受英女皇颁授的爵士勋衔。

1978年英女皇寿辰授勋，本港共有六十九人获勋，其中包玉刚获授KNIGTH BACHELOR勋衔。

（《大公报》1978年11月4日）

邓肇坚包玉刚何善衡荣获日本天皇颁瑞宝章

（特讯）日本政府昨在“文化日”公布，三名香港市民获日本天皇颁赠瑞宝章。

获授勋者包括邓肇坚爵士、包玉刚爵士、何善衡博士。

日皇此次瑞宝章之授予，为要表彰上述人士对促进与日亲善关系有巨大贡献。

本年十一月三日“文化日”获授勋人士，包括本港三位市民在内，全世界共有十四个国家及地区共三十六人。

有关香港授勋人士均为市民所熟悉。

邓肇坚爵士，为香港一位慈善家，对教育、医疗及社会福利建设均有贡献，邓氏获委任为太平绅士，更获英女皇颁赠CBE勋衔，现任九龙汽车公司总监督。

包玉刚太平绅士，为世界著名船东之一，在香港地区以及英国、美国、日本大银行、商行董事局均占有席位。

何善衡博士，一九七八年英女皇元日授勋，获OBE勋衔，现任恒生银行董事会主席，大昌贸易行董事长。

近年，大昌贸易行为泰米进口本港最大买家之一，对港台两地贸易贡献良多。何氏长袖善舞亦获本港金融及工商界所敬重。今年八月，何善衡博士获泰皇陛下颁发白象勋章。

（《大公报》1981年11月4日）

邓肇坚包玉刚何善衡本港三位知名人士荣获日本天皇颁瑞宝章

（特讯）本港三位知名人士邓肇坚爵士、包玉刚爵士及何善衡博士昨日获日本天皇颁授瑞宝章。

颁授仪式在日本驻港总领事之山顶柯士甸山道官邸举行，由日本总领事山田中正代表日本天皇将奖章颁赠予上述各人。该章乃表扬彼等在促进日本与香港两地友谊关系所作贡献。

香港政府礼宾司祈礼贤爵士、日本人俱乐部理事长前尺、日本人学校理事长西田喜代次、香港日本商工会理事长石川及得奖者家属与亲友凡四十余人亦应邀出席颁奖仪式。

今次颁授仪式有一特别之处，就是以前曾获瑞宝章殊荣的多名本港贤达亦有出席，他们包括：简悦强爵士、冯秉芬爵士、利铭泽博士、包兆龙先生及藤田一郎先生。

日本总领事小田中正为庆祝此项颁授仪式，遂于晚上特别在富丽华酒店举行酒会招待嘉宾。工商界人士及绅商名流凡数百人出席，济济一堂。

连同今次三名获奖者，自一九六九年以来，本港共有八位人士获得该项殊荣。

（《华侨日报》1981年12月2日）

比利时荣誉勋章颁赠包玉刚爵士

（特讯）船王包玉刚爵士昨日获比利时颁赠荣誉勋章，仪式在比利时驻港总领事馆官邸举行。

包玉刚爵士这次获殊荣，是由于过去十年来与比利时建立良好的船务和商务关系，为比利时的繁荣带来助力。

比利时这项荣誉勋章，是绝少颁发给外国人，而包玉刚爵士这次获得，可谓替港人带来不少光荣。

比利时总领事与包玉刚爵士在昨日的仪式中都有发言，均表示会尽力为双方维持良好的关系及继续发展。

（《华侨日报》1982年3月27日）

包玉刚访浙大　受聘名誉顾问

【新华社杭州三十一日电】香港环球航运集团主席包玉刚和夫人一行，今天上午访问了浙江大学。包玉刚欣然应聘担任浙江大学名誉顾问。

在有部分师生代表参加的欢迎会上，浙江大学校长韩祯祥向包玉刚授予名誉顾问证书，为他佩戴了校徽。

为支持祖国培养四化建设人才，包玉刚于一九八三年一月捐赠第一批一百万美元，今年十一月又将捐赠第二批一百万美元，建立“包兆龙、包玉刚中国留学生奖学金基金”，两批基金由浙大管理。中国教育部已使用第一批一百万美元基金的利息，派出进修学者和研究生共二十一人赴日本、联邦德国和英国学习。今天，韩祯祥向包玉刚赠送了这批留学人员的纪念名册。基金理事会人员也向包玉刚简要介绍了基金使用情况和今后的计划安排。

（《大公报》1985年11月1日）

商场政坛的大强人包玉刚

“九仓”集团最近一改过去保守的作风，果然将投资者的信念，又再恢复过来。

曾有人讲，如果包玉刚不是曾有过一段时间探取守势的话，则已经是一枝独秀，将李、郑、何等人抛离成条街矣。

包玉刚在年轻时，因为经历了战乱，生活也有过困难的日子。日军侵华，使他连读书的机会也消失了，他离开了湖北，逃离到湖南去，在衡阳加入中央信托局工作，开始涉足银行财务工作，日军席卷半个中国，包玉刚辗转逃到重庆。

到了抗战胜利后，才回到上海，在市立银行任职，出任副总经理。

抗战结束，接着而来的，乃是内战，包玉刚南下香港，在这个小岛上建立自己的王国。

包玉刚的父亲包兆龙，在上海时已经是殷商，抵达香港时，手上带有数十万元，便与朋友合作经营出入口生意，在当时的华人银行设立了写字楼。

包玉刚一直认为□航运吃得开，因为这是国际性的行业，不会受到地区性所限制，终于，他说服了家人，以七十万美元买下了一艘八千二百吨的烧煤旧船，改名为“金安号”。这个时候，包玉刚才是三十七岁，却已经迈开了他日后成船王的第一步。

成功地获得“汇丰”的支持，是包玉刚在事业上成功因素之一。在一九七一年前，“汇丰”银行一直也是洋人做董事的，包玉刚成为了本港“汇丰”的第一个华人董事。

一九八〇年，包玉刚主持收购“九仓”一役，将老大哥的“怡和”击败，声名大噪。当年，“怡和”由“置地”发展，收购“九仓”，在其刊出了启事后的第三天，正在英国度假的包玉刚，立刻决定，两天内在股市中吸纳二千万股额“九仓”，每股出价一百零五元，合共动用了二十一亿港元。当时，不少人为之大吃一惊。他们事前完全估计不到包玉刚的实力是这么的强大。

包玉刚在商场上打了连番胜仗，建立了自己的王国，而在政治上，更成为炙手可热的人。“九七”的出现，港人政府的未来，什么草委、咨委，包玉刚举足轻重……邓小平却对他十分尊重，对他的意见多予采纳。

（《华侨日报》1989年1月11日）

世界亿万富翁排名　八位华人名列榜上

【中新社香港四日电】美国九月出版的《财富杂志》列出亿万富豪排名榜，华人占八席。前十名的亿万富豪中，台湾的蔡万霖家族名列第六，为今年度新进富豪的第一人。他以拥有九十亿美元财富而成为全球最有钱的华人。

在世界亿万富翁榜上有名的其他七位华人是：徐有庠、王永庆、张荣发（以上均台湾）、李嘉诚（香港）、林绍良（印尼）、黄世惠（台湾）、包玉刚（香港），他们拥有的财富总值分别在四十二亿美元至十三亿美元不等。

（《大公报》1989年9月5日）

船王生活及工作原则

（特讯）包玉刚爵士……相信很多人一听见这个名字，便立刻想起“船王”这个美誉。能够贵为“船王”可非一朝一夕的事，也非得要有卓越的成就不可。那么，包爵士的战斗历程是怎样的呢？他又如何建立起自己的企业王国呢。

香港中文大学出版社最新出版的*FIRST LIFE AND LORD, THE LIFE AND WORK OF SIR Y.K.PAO*（英文版），是包玉刚爵士的传记，除介绍他的创业经过以及其间遇上的种种困难外，更道出他在面对困难时的能耐及积极进取的态度。他自言他的生活及工作原则是：“持续健身，勤俭建业”，这是他成功的因素。

英国的首相戴卓尔夫人跟包爵士相交多年，特为本书撰写了一篇序文。她称赞包爵士的才干“举世皆知”，并称许“他在海、陆、空运输，船运及保险，酒店及地产等众多方面的成就，正好反映香港战后发展成为贸易、制造业中心及金融中心的非凡成果”。

包玉刚爵士不单在商业上有举足轻重的地位，在政治上他同样担当重要的角色。虽然他不是什么政治组织的成员，也并非政府官员，但他与很多外国元首及中国的高层官员稔熟，对政治具有一定的影响力。

就以香港的主权来说，早于一九八二年英国首相戴卓尔夫人访华之前，包爵士已清楚知道戴卓尔夫人对主权问题态度强硬，同时也明白中国政府对收回香港的主权十分坚决。于是在中、英谈判香港的前途问题期间，包爵士奔走于北京和伦敦两地，尽他的能力使谈判更为顺利。

本书作者ROBIN HUTCHEON曾任英文《南华早报》的总编辑多年，是资深的新闻工作者，对香港这几十年的发展十分了解。他搜集了不少有关包玉刚爵士的文章，并走访包爵士本人及他的家人、同僚、商业伙伴、老朋友和跟他生意上有接触的人，凭着第一资料，恰如其分、原原本本地道出他的成功之路。

全书共分十一章，由包爵士少年时候在宁波就学说起，直至现在，其间经历不少转变，包括从协助父亲打理生意，至成为保险公司的职员，进而成为上海市的银行大亨，一九四九年来港后又再从头开始，由经营出入口生意而至海运业发展，避过船务业的低潮而扩大投资范围及于地产、航空业、酒店等，这一切在昭示包玉刚爵士的成功与奋斗。

所以戴卓尔夫人在序文中说，这本书是对包玉刚爵士这位有“超凡个性及卓越成就的人来说一部中肯的传记，同时也表达了对他的敬意”。

本书一共一百八十页，包括大量图片，彩色印刷。精装定价港币一百三十八元，平装定价港币八十八元，各大书局有售。

（《华侨日报》1990年7月28日）

包玉刚因呼吸困难突然逝世享年73岁

（特讯）香港船王包玉刚是世界超级富豪之一，昨日（星期一）上午突然在家中去世，过去两年他有哮喘毛病，呼吸有困难，他享年七十有三。一九八六年，他已辞去九仓集团属下公司各主要职位，交接女婿主管。

包氏身世传奇，早年在上海，由一个小文员起家，结果建立了世界最大的商船队。他获中英政府信任及历届港督敬重。包氏曾任香港基本法起草委员会副主席。

包玉刚今骑鹤西归，遗下一妻四女及十名外孙。据悉将在香港殡仪馆办理丧事，暂定下月三日出殡，估计稍后移去殡仪馆。

此外，九仓集团及隆丰集团昨晚透过传真机向新闻界公布“包玉刚爵士逝世”消息，全文如下：

包玉刚爵士今晨（一九九一年九月二十三日星期一）寿终正寝，享年七十三岁。包氏家族以无限沉痛的心情宣布以上消息。包爵士前为环球航运及九龙仓集团主席。

包玉刚爵士生于浙江省宁波市，一九四九年移居香港。包爵士建立了世界上最大的商用船队之一，举世知名，他不但叱咤商界，还以乐善好施见称。一九八六年包爵士宣布退休。

包爵士夫人、包氏四位女儿、包氏四位女婿及十位孙儿女损失了这位慈爱的一家之主，深感悲痛。商界人士，顿失奇才，亦极表惋惜。

此外，负责对外发放消息的洪承禧昨晚表示，包玉刚爵士近一年至两年间患上哮喘，并非有人传言他是患上癌病，昨日清晨包玉刚爵士因呼吸有困难，结果逝世。

他坦言仍未知包sir举行丧礼日期，稍后才有正式公布。而包玉刚爵士突然逝世令到其家人感到意外，因为事前无任何迹象。

（《华侨日报》1991年9月24日）

包玉刚八四年曾当基本法草委副主任

（特讯）昨晨因病逝世的包玉刚爵士在一九八四年中英联合声明时，他也应邀往北京观光，之后，他获邀请出任基本法起草委员会副主任委员。

包玉刚爵士在参与香港基本法起草方面有一定的贡献，有名参与草拟的香港起草委员也认为包sir所提意见甚有见地。

（《华侨日报》1991年9月24日）

对包玉刚爵士与世长辞
卫督深表哀悼　各界人士惋惜

（特讯）港督卫奕信爵士昨日（星期一）对于昨日较早时逝世的包玉刚爵士表示哀悼。

港督表示："包玉刚爵士是本港一位著名商人，他可能亦是第一位真正在国际上享有盛名的本地人士。包玉刚爵士除了对本港繁荣作出重大贡献外，他在教育和艺术方面更作出慷慨捐助，香港实在对他感激不浅。我深信很多人会与我一起向包爵士家人致真诚的慰唁。”

前立法局议员黄保欣昨日对于包玉刚爵士逝世感到惋惜，他在香港建立个人事业，并达到世界水平，在世界上也占有一定地位。

他强调包爵士在本港作了不少公益事业，他遽然逝世，亦是本港的损失。黄氏较早前也在一些公众场合见过包氏。

黄保欣指出，包玉刚爵士曾经出任基本法起草委员会副主任，而他本人却是经济专题小组召集人，在召开主任委员会扩大会议时，他也有幸与包氏一起开会，包氏提出的见地很好及够实际。

前行政局议员利国伟爵士对于一代船王包玉刚逝世深表惋惜，虽然与包氏只属君子之交，但感对方待人真诚以厚，自奉淡薄，十分敬重。

利国伟接受本报访问时表示，包玉刚在船务的贡献良多，在国际间享有盛名，实替香港人争光不少，对香港的整体繁荣极有帮助。

虽然与包玉刚爵士属不同行业，很少在公事上接触，但利国伟会与包氏经常相聚，见对方自奉淡薄，节俭非常，十分敬重。他说道，包兄对于饮食从不讲究，十分随便，且对人处事十分公正，不偏不倚，做事又决断英明，实在令人怀念。

（《华侨日报》1991年9月24日）

包玉刚昨天逝世
料不会影响大市　证券界称也不会不利九仓系

【本报讯】对于船王包玉刚昨日突然逝世，证券界料不会影响大市及九仓系集团今后的投资策略。

海裕证券副行政总裁□照□认为，由于包玉刚早在八六年已经退休，而且跟着辞去九仓系集团主席，由其女婿吴光正继承，经上述安排，包玉刚逝世对九仓系集团发展不会有大影响。

同时，他相信九仓系集团未来投资策略会更积极。此外，他称，包玉刚在股票市场的影响力已减退，他的逝世亦不会对股票市场有大冲击。

（《大公报》1991年9月24日）

包玉刚生平简介

包玉刚是浙江省宁波人，北宋名臣包拯的第二十九世孙。他于一九一八年在宁波出生，是当时在上海经商的包兆龙的次子。

包玉刚年幼时随母在宁波生活，入私塾读书，其后经上海转往汉口，与父亲一起生活。

一九三七年“七·七”卢沟桥事变；三八年，日本军队在南京进行了大屠杀，包兆龙、包玉刚父子两人离开汉口，前者北上甘肃兰州，包玉刚则南下到云南昆明，包玉刚抵达昆明后，在工商银行任职，学习银行业务。一九四〇年与黄秀英结婚。

一九四五年，抗战胜利后，包玉刚由重庆工商银行副经理，经有关当局安排，调到上海受任市立上海银行副总经理一职，主管放贷部门。一九四九年，包玉刚移居香港，并从事进出口贸易。

一九五五年，香港经济正在起飞，日本和西德经济有较大发展。当时三十七岁的包玉刚，运用家族二十万英镑资金，买了一艘有二十八年船龄载重八千七百吨的旧货轮，打开了他在航运界的第一步。这个抉择是包玉刚一生事业的最大转折点。

一九六一年，包玉刚透过汇丰银行的支持，借款七十七万港元为名下的环球航运公司购入了一艘全新的七千二百吨新船。

由一九六一年至一九八〇年，包玉刚在短短的二十年间，已发展至最高峰，成为当年世界十大船王之一，并雄踞榜首。

根据吉普逊船只经纪公司的记录，当时包玉刚拥有二百艘货轮，船运总载重量达二千万吨，将第二位的日本三光公司的总载重量远远抛离。包氏的船王宝座，可称得上稳如泰山。

正当包玉刚在船运界如日中天之际，他于八〇年发动了一场“登陆战”，斥巨资收购九龙仓，在当年令人津津乐道。

七八年底，包玉刚从富商李嘉诚手中，全数收购了其九仓的百分之十八的股权，再加上自己手上的百分之十股权，已远远超过当时九仓的控股公司置地百分之二十。到八〇年，包氏公开宣布要收购九仓股权至百分之五十。置地与怡和集团，旋即提出反收购行动，比包氏的建议每股高出四十五元，但是，在汇丰银行附属的获多利财务公司支持下，终于在一夜之间，以每股壹佰零伍元的价格收得百分之五十一九仓股权。有人估计包氏在这次收购行动中，共动用了现金二十一亿港元。

八五年，包玉刚再斥资约二十亿港元，收购会德丰百分之三十四股权。

一般估计，包玉刚控制下的资产，超过一百一十五亿，个人资产亦超过三十亿元。

包玉刚生前活跃于世界政治舞台，与各国政要稔熟，包括四晤邓小平，还曾会晤胡耀邦、万里、江泽民、李鹏等人；此外，美国总统布什、美前总统里根、英国前首相戴卓尔夫人、英女王、基辛格、密特朗、中曾根康弘、李光耀等亦是他的好朋友。

包玉刚在中英签署有关香港问题的联合声明后，被委为香港基本法起草委员会副主任委员，此后，包氏即大力参与起草工作直到基本法获全国人大通过颁布为止。

一九八六年，包玉刚宣布退休，把各样商务工作分配予四名女婿管理，辞去所有职务，甚少露面，颐养天年。

包玉刚生前接受访问时说，他最喜欢的运动就是游泳。他不但每天早上要游泳，即使到每个不同的地方也会坚持，每次游泳二十至二十五分钟左右。他认为这样令他精神奕奕，有足够的精力应付繁忙的工作。

（《大公报》1991年9月24日）

钟士元赞扬包玉刚是著名实业家又是慈善家

【本报讯】前行政局首席议员钟士元昨日接受记者访问时，对包玉刚逝世表示惋惜。他赞扬包玉刚出任基本法起草委员会副主任期间，对促进中英关系尽过很大努力。

钟士元称，包玉刚是一个著名的实业家，又是慈善家，历年来大力捐助金钱予香港、内地及英国，发展教育、艺术及医疗等事业；包玉刚在政治舞台亦非常活跃，经常与中国、英国及其他国家的领导人见面，对促进中英友好关系贡献良多。

（《大公报》1991年9月24日）

世界船王包玉刚病逝

【本报讯】世界知名的船王“包玉刚”昨日清晨逝世，享年七十三岁。包氏家族昨日傍晚以无限沉痛的心情宣布这项消息。据悉，包玉刚是因哮喘病发在家中去世的。

新华社香港分社社长周南、港督卫奕信昨晚分别发出唁函，对包玉刚的去世，表示深切哀悼，并称赞包玉刚对香港社会所做出的贡献。

包玉刚是香港环球航运集团及九龙仓集团前主席。他于一九一八年在浙江省宁波市出生，四九年移居香港，之后投身航运界，以一艘数千吨的旧货轮起家，由于经营得法，到一九七七年被排列为世界十大船王之首，其拥有的船载运量达一千三百四十七万多吨，叱咤航运界。

未几，包玉刚见航运业步向低谷，于八零年将属下的二百艘商船减至一百艘，并开始部署“登陆”，向其他事业进军。八零年，包玉刚对九龙仓发动闪电收购战，迅即取得九龙仓的控制权；之后，包玉刚又取得四大英资集团之一的会德丰的控制权。至此，其业务已由船务拓展至公共交通、地产、电子、码头仓储、酒店、零售及保险等业务。

包玉刚也是汇丰银行第一位华人董事，并曾担任董事局副主席。

包玉刚最为人乐道之处，就是除却他的商场长袖善舞之外，又是成功的民间外交家。他凭借个人的知名度和公关手腕，使他经常成为各国元首、政要的邀请对象，曾与他交往的包括有邓小平、布什、里根、戴卓尔夫人、基辛格、密特朗等。

到八六年，包玉刚宣布退休，并将旗下事业分别交班予大女婿苏海文（环球航运集团主席）及二女婿吴光正（九龙仓集团主席）。他最后一次公开露面是今年六月参加香港中国企业协会成立的酒会。

包玉刚在内地实行改革开放政策后，积极关心内地的四个现代化建设，曾向内地捐建宁波大学等多项设施。

另外，在中英两国政府签署联合声明后，包玉刚获委为香港基本法起草委员会副主任委员，积极参与基本法的起草工作。

包玉刚与妻子黄秀英，育有四位女儿（分别为陪庆、陪容、陪丽及陪慧）。包氏家族昨日宣布包氏去世的消息称，包玉刚夫人，包氏四位女儿、四位女婿及十个孙儿女，对损失了这位慈爱的一家之主，深感悲痛。

【新华社香港二十三日电】新华社香港分社周南社长今天致唁函给包玉刚先生的亲属，对包玉刚先生不幸辞世表示沉痛哀悼。

信函说，惊悉包玉刚先生不幸逝世，十分悲恸。我谨代表新华社香港分社并以我个人的名义，对包玉刚先生表示深切的哀悼，对包玉刚先生的亲属致以亲切的慰问。

包玉刚先生是香港著名的实业家，饮誉海内外的工商巨子，以其毕生的精力为香港的经济繁荣和社会的稳定做出重要的贡献。

包玉刚先生坚持爱国爱港的立场，关心祖国的统一事业，关心香港的前途，为关于香港问题的解决做出了积极的贡献。

包玉刚先生作为香港特别行政区基本法起草委员会的副主任，在基本法的起草过程中倾注了大量的心血，为基本法的圆满制订起了重要的作用。

包玉刚先生热情地支持祖国和家乡的建设，大力支持和关心教育事业和社会公益事业。

包玉刚先生与世长辞了，但他终生孜孜不倦地为之努力的促进香港长期稳定繁荣、促进香港和内地团结合作和共同进步、促进“一国两制”的贯彻落实和祖国统一大业完成的遗愿，一定会顺利实现。

又讯，据港府新闻处消息：港督卫奕信昨日对于较早时逝世的包玉刚表示哀悼。

港督说：“包玉刚爵士是本港一位著名商人，他可能亦是第一位真正在国际上享有盛名的本地人士。”

他说：“包玉刚爵士除了对本港繁荣作出重大贡献外，他在教育和艺术方面更作出慷慨捐助。香港实在对他感激不浅。我深信很多人会与我一起向包玉刚爵士家人致以真诚的慰唁。”

（《大公报》1991年9月24日）

九龙仓及环球航运集团下半旗悼包玉刚病逝

【本报讯】九龙仓集团及环球航运集团属下公司，昨日下半旗，悼念前日病逝的九龙仓集团前主席包玉刚。包玉刚的治丧委员会成员名单、丧礼的日期及形式尚在商议中，稍后将有正式公布。

【本报讯】香港总商会主席罗康瑞代表理事会及全体会员公司向包玉刚遗属表示慰问。

罗康瑞称：“包玉刚爵士对香港的成长及繁荣所做贡献，与其国际地位同样卓越。包玉刚爵士不仅为本港经济作出巨大贡献，他对社会慈善事业的热忱，特别是教育及艺术方面，将永远为人所念记。他的逝世，确是香港一大损失，相信本人所言，亦道出很多港人的心声。”

（《大公报》1991年9月25日）

中国高层领导人高度评价包玉刚

【中新社北京二十五日电】江泽民、邓小平、杨尚昆、李鹏分别向包玉刚先生的遗属发去唁电，对包先生的逝世表示哀悼，并高度评价他生前为民族振兴、国家建设、香港繁荣稳定所做的贡献，称赞他是功在国家，名垂后世。

江泽民在唁电中说："惊悉包玉刚先生病逝，深感悲痛。先生生前为中华民族的振兴、祖国的统一大业和香港的繁荣稳定，作出了重要的贡献，对他的逝世，我谨向先生的家属表示深切哀悼，望他们节哀珍重。"

邓小平的唁电是："惊闻包玉刚先生病逝，深为悼念。先生热心祖国建设，为实现'一国两制'身体力行，功在国家。希家人节哀珍重。"

杨尚昆在唁电中称："玉刚先生为保持香港的长期繁荣稳定，为祖国的四化建设，作出重要贡献，口碑载道，名垂后世。惊闻逝世，悼念同深。"

李鹏及其夫人朱琳的唁电是："惊悉包玉刚先生辞世，殊甚悲痛。先生支援国家建设不遗余力，为香港的稳定繁荣辛勤耕耘，对祖国的统一大业竭精尽力。谨此向包先生家人致以亲切的慰问并望节哀。"

此外，姬鹏飞、鲁平、陈滋英、李后以及国务院港澳办公室，也向包玉刚家属发出唁电，表达了哀悼之情。

【本报讯】中国对外经贸部部长李岚清及国际贸易促进委员会会长郑拓彬，分别向包玉刚先生的遗属发出唁电。电文如下："黄秀英女士：惊悉包玉刚爵士仙逝，不胜悲痛。特电表示深切哀悼！回忆往昔，先生一本爱国赤子之热忱，时时关心祖国四化建设和香港的繁荣稳定，不遗余力，贡献卓著，令人难以忘怀。先生突然辞世，实为一大损失。我们将永远铭记先生的功德，望节哀珍重。李岚清，一九九一年九月二十四日。"

"黄秀英女士：惊悉包玉刚先生不幸辞世，深感悲痛，先生积极关心祖国四化建设和香港繁荣稳定，支持祖国对外经贸事业的发展，功德卓著，国人永志不忘。回顾曾与先生交往，亲切诚挚之情，历历在目。忽闻先生作古，顿觉失去一位挚友。谨致深切哀悼。望务节哀，多自珍重。郑拓彬，一九九一年九月二十四日。"

（《大公报》1991年9月26日）

船王包玉刚爵士遗体移往殡仪馆

（特讯）已故船王包玉刚爵士将于十月三日举殡，包氏家人正选择棺柩及商讨丧礼仪式。

包氏家族由昨晚开始已由家人轮流到香港殡仪馆为包爵士守夜，一般预料，今日九仓举行周年会议后，便可详细公布包玉刚爵士的丧礼安排。

香港超级富豪包玉刚爵士九月二十三日上午十一时许在港寓所寿终正寝，享年七十三岁。遗体已于日前移香港殡仪馆治丧，并定十月三日（星期四）上午十一时在该馆大礼堂大殓，十二时辞灵，随即出殡择吉安葬深圳大鹏湾华侨永远墓园。

包氏有遗孀包黄秀英，四女分别为陪庆、陪容、陪丽及陪慧，女婿有苏海文、吴光正、渡伸一郎及郑维健。此外有男女外孙十人，彼等正分别从英美两地赶回香港奔丧。

包家以公益慈善为重，是次主家鼎惠憩辞，任何赐赙，请求转赠香港公益金。包爵士遗体暂存殡仪馆冻房。据悉至亲已分别到场守夜。至于棺柩选择及丧葬所用仪式，目前仍在商讨中，预料今午有关方面会作出公布。

（《华侨日报》1991年9月27日）

九仓未来政策不变　多项发展并不保守

【本报讯】九仓集团常务董事吴天海昨日表示，由于前任主席包玉刚早在五年前已退出该集团的业务，并早已由现任主席吴光正处理。所以包氏逝世不会令该集团的政策有变。

吴天海昨日在连卡佛股东会后表示，五年来，吴光正都是取得董事局意见后主持集团业务，未来的政策不应有变。

对于市场评论九仓集团经营策略保守，他不表同意。因为九仓现时可供发展的楼面面积达五百万平方呎，此外尚参与基建及隧道的投资，所以并不属保守。

谈及连卡佛未来的发展，他表示连卡佛的分店有可能出现减铺的趋势，但只会针对一些专卖店。

他又称，目前该公司的盈利来源有九成是来自香港，将来新加坡分店开业后，预期该店的盈利来源将高于台湾。

（《大公报》1991年9月27日）

包玉刚爵士灵堂外已摆放大批花圈

（特讯）已故船王包玉刚爵士十月三日举殡，东区警方也做好相应措施，当日准备派出足够人手到殡仪馆附近维持秩序及保护参加丧礼之达官贵人。

警务处长李君夏亦在殡仪馆附近预订一个大花圈，准备当日送上，而商界巨子李嘉诚偕子昨日起已送了一个花篮到殡仪馆，上款写上“包玉刚爵士千古”，下款写李嘉诚率男泽钜、泽楷敬挽。

已故船王包玉刚爵士将于十月三日举殡。虽然目前距离该日子约有一个星期，但至今已有近四十多个花篮摆放于包玉刚爵士的灵堂之外。

据香港殡仪馆附近制造花圈之人士表示，日前已陆续收到订造致祭包爵士之花圈订单，唯由于现时距离出殡当日尚有一段时间，估计到十月一、二日将有大量订购之订单出现。

至于现时段于香港殡仪馆之包玉刚爵士的灵堂外，已摆放了大量的花圈，达四十多个之多，而致送人士更不乏绅商名流，其中包括地产界巨子及警务署长等。

（《华侨日报》1991年9月28日）

浙江省委书记省长电唁包玉刚遗属

【中新社杭州二十七日电】中共浙江省委书记李泽民、省长葛洪升、省委副书记沈祖伦，九月二十四日致电包玉刚的夫人黄秀英女士，对包玉刚逝世表示哀悼。

李泽民、葛洪升的唁电说：“包玉刚先生生前一直十分关心家乡的建设事业，先后捐资建设了一批教育、体育、文化等设施；在最近身患重病的情况下，仍情系桑梓，捐款资助浙江灾区。拳拳之心，令人感动。我们谨以个人的名义，并代表家乡人民，对包玉刚先生的逝世表示深切的哀悼，对包夫人全家表示亲切的慰问。”

沈祖伦的唁电说：“包先生一贯热爱家乡的精神，将铭记在家乡人民的心中。”

浙江省人民政府、省侨办、省侨联等单位也于同日发去唁电，悼念包玉刚逝世。

（《大公报》1991年9月28日）

包玉刚遗体今出殡

【本报讯】环球航运集团及九龙仓集团前主席包玉刚先生遗体的出殡仪式，将于今日上午十一时在香港殡仪馆一楼大礼堂举行。

香港殡仪馆一楼大礼堂昨已布置得庄严、肃穆，整个灵堂以白色、黑色为基调，正前方设置了灵位，灵堂两旁昨晚已摆放了数百个花圈。

中国领导人江泽民、邓小平、杨尚昆、李鹏等致送了花圈。

今日扶灵的八位知名人士包括：周南、丹尼斯·戴卓尔、邵逸夫、桑达士、浦伟士、李嘉诚、安子介和池浦喜三郎。

（《大公报》1991年10月3日）

包玉刚天赋奇才高瞻远瞩　世界船王当之无愧

（特讯）包玉刚爵士生于浙江省宁波市，一九三八年在上海投入保险业及银行界服务，由于天赋奇才，连获晋升要职。四九年来香港跟随父亲和多位上海的旧同事合作出入口事务，他认为要有男儿壮志，不甘蛰伏，决意投入航运业务，凭其高瞻远瞩，于是成功地建立了最大的私人船队，凌驾于世界其他船东之上，而受称为海上之王。今日香港能够称为世界主要海运中心之一，包爵士可称厥功至伟。

七十年代，航运业衰退，包爵士能预作绸缪，把握时机，稳健船只财政，当环境转好时，加入日本、英国、瑞典和中国建造船只的行业，于是一帆风顺，有如旭日当中。

一九七八年包爵士有独到眼光，投资九龙仓，并将其资金分散在地产、酒店和交通事业上，随而成为九龙仓主席，进一步收购会德丰，由此将投资性企业创出惊人的成就。

包爵士对中国进行四化建设，感到非常鼓舞，于是于中国合资成立国际联合投资公司，其后又出任香港港龙公司董事长。

一九八六年，包爵士认为时机成熟，于是宣布退休，将业务移交后辈。闲来勤习书法以自娱，安享晚年以为乐。

包爵士在丰富活跃的经济生涯中，不忘致力于教育及慈善事业，曾做出多项不同用途的捐款予各多个国家，并慷慨策划于他的故乡宁波创立了一所大学，总值五千万美元的中英友好奖学金计划得以成立。而伦敦的电影博物馆相继落成。他还为香港及其他地方的大学捐献所需的建设。例如捐献艺术画廊、资助芭蕾舞团、协助保存文物和设立多个奖学金等，与他营商的敏锐，互相辉映。

包爵士对香港的发展甚为关注，尤其是中国与英国维持友好关系，更为重要。他在香港曾担当多个委员会成员。中英关系声明签署之后，被委任为香港基本法起草委员会副主任之一，其中很多举足轻重的人士，对他的宝贵经验极为珍惜。

包爵士一生善行，以及提倡教育和艺术，曾屡次获得荣誉称号。香港大学和中文大学先后授予荣誉法学博士衔头，更获英女皇颁发的CBE勋衔，七八年更被封为爵士，巴西总理授予国家级荣誉，比利时和巴拿马同时颁予最高荣衔，日皇亦授予日本三等瑞宝勋章。

包爵士遗下伟业，播下的种子定会长留后世，而香港及全世界失去这位超卓的伟人，让我们仿效他的杰出和丰富生命旅程中所作出的榜样，藉以作为对他深切的敬爱与怀念吧！

（《华侨日报》1991年10月4日）

包玉刚纪念基金设立一亿元赞助慈善事业

【本报讯】为了纪念包玉刚先生，以及继承他造福社会的遗志，包玉刚四个女儿陪庆、陪容、陪丽和陪慧决定从一个包氏家族信托基金捐款一个亿港元，设立包玉刚先生纪念慈善基金。

慈善基金旨在赞助及支持有意义的慈善或教育计划。

设立基金的有关手续，将会尽快进行。

（《大公报》1991年10月4日）

包玉刚丧礼昨举行

【本报讯】香港“船王”环球船运集团及九龙仓集团前主席包玉刚先生的丧礼，昨日上午在北角香港殡仪馆举行。来自世界各地的近千名中外知名人士及包玉刚生前好友参加了出殡仪式。

包玉刚的灵堂设在一楼大礼堂，布置得庄严、肃穆。灵堂正前方设置了用白色的菊花堆成的陵墓状灵台，正中放置了包玉刚的彩色遗像，灵台前摆放了一炷香、两支燃着的白蜡烛和一盆生果，上悬“名留千古”匾额。

灵堂四周以黑、白和灰色为基调，两旁垂放了白纱球和黑纱布，灵堂内没有放置花圈花牌。中国领导人江泽民、邓小平、杨尚昆、李鹏及全国人大、政协等致祭的花圈摆放在灵堂的大门旁。

出殡仪式于上午十一时开始，汇丰银行董事长浦伟士和前中大校长马临分别以英文和普通话致悼词。悼词说，包先生身上所体现出来的精神方面的力量，使他跨越出身、种族和国籍不同而产生的界限；也使他跨越因偏见、传统观念而产生的界限。在很多方面，包先生显示出一个天生领袖的品德，无论做任何事情，都给后人留下深远的影响。

悼词称，包玉刚先生办事计划周详，准备充足，工作勤奋；在谈判方面，表现出非凡的耐力。他自奉甚俭，反对奢华的生活浪费。他一向善于运用金钱，不但用于投资新计划，给人创造更多就业机会，也可以通过其他形式，用于发展教育，推动文化活动，提供体育设施和资助健康及福利机构，从而投资未来。

悼词赞扬包氏思想开通，容许他的女儿自己选择大学和夫婿，也毫不犹豫地让女婿也加入他的事业。包氏虽不是政治家，然而对政治却深谙其中真谛，因此不少世界领袖了解他，有的更成为他的个人朋友。他有时因为对商业以外的事情产生兴趣而受到非议，但批评他的人也不得不认同包氏的责任感、公正感、平和的性情及丰富的常识。

悼词赞扬包氏的优点，他可靠的商业信誉和国际间的知名度，曾帮助香港登上世界舞台。

接着，香港佛教联合会会长觉光法师率领一批弟子为包玉刚先生的丧礼举行佛教仪式。

正在香港演艺学院进修的北京男高音马看海歌唱一首悼念包氏的歌曲《多情的土地》。

佛教仪式后，随即瞻仰包玉刚先生遗容。包玉刚的遗体在下午十二时半大殓。扶灵的八位知名人士包括：周南、丹尼斯·戴卓尔、邵逸夫、桑达士、浦伟士、李嘉诚、安子介和池浦喜三郎。

港督卫奕信出席了昨日包玉刚的丧礼，并在包玉刚的遗像前献上花圈。

包玉刚遗孀包黄秀英，四个女儿陪庆、陪容、陪丽、陪慧及女婿苏海文、吴光正、渡伸一郎和郑维健及孙儿女十人等均在灵堂守孝。

对于包玉刚先生的逝世，除了中国领导人发来唁电外，英国首相马卓安、日本首相海部俊树、新加坡总理吴作栋也给包玉刚家属发来唁电。美国总统布什给包玉刚夫人发来了亲笔慰问信。

送花圈的还有国务院港澳办前主任姬鹏飞、现任主任鲁平，新华社香港分社、国务院港澳办，宁波市人民政府，宁波市政协及包玉刚家乡宁波市镇海区庄市镇钟包村。

（《大公报》1991年10月4日）

第二编

经济篇

桑达斯包玉刚赴日访问

本报讯：上海桑达斯，与环球轮船管理有限公司董事会主席包玉刚夫妇，本月十一日乘国泰班机往日本福冈作商业访问。

（《工商日报》1967年10月14日）

环球公司包玉刚在英签造船合约

本报讯：世界最大船运集团之一的本港环球轮船公司最近已向英国及日本规模最大之造船厂，订建各种类型之巨型货轮十七艘。预计在今后三年内大事落成。该十七艘货轮之总吨位为一百六十四万三千吨，而其总价值达美金一亿八千万元之巨。其中包括载重二十三万至二十六万吨之油轮四艘；载重十五万至十七万吨之油货混合货轮二艘，载重二万至三万吨之散船货轮十艘及载重四万一千吨之专供运输石油之货轮一艘。此类石油气货轮之订购，尚为该公司之首举，将使该公司之新船业务步入一个新的阶段。

该公司董事长包玉刚为此亲赴伦敦，并于昨日与史瑞亨达船厂正式签署十六万七千吨混合货轮之造船合约。此一项订单，其数字之庞大及吨位之浩□□，将开本港航运界史无前例之记录。环球公司现拥有新旧船只及正在建造中之船只共八十七艘，而在今后三年内，其拥有之总吨位将达到五百八十万吨之惊人数字。

（《工商日报》1970年4月3日）

恒生银行增购　包玉刚任董事

本报讯：恒生银行昨宣布：已聘请船业巨子包玉刚先生为该行普通董事。

包氏为环球轮船管理有限公司之董事长。

（《华侨日报》1970年8月10日）

船王包玉刚在日透露
船只将增至两百艘　总重量达七百万吨

东京十六日合众国际社电：香港大船东包玉刚，正因其两艘新船下水而访日。他今日称：到一九七三年底，他的船队总吨位将增至七百万吨。

包氏称：日本数家造船公司，现正替他进行建造超过五十艘新船。而另外三艘新船则在英国建造中，再有九十艘已下了订单。他说，到一九七三年年底时，他属下船只数目将增至两百艘。

他说：他计划在一些新船下水后，便将放弃他的一些旧船，所以现时尚未能决定其船只的准确数目。

包氏称：到一九七三年时，他将只有二十艘油轮。他不大依靠运油的生意，但着重货物的运输，一艘三万吨专用以运载汽车的运输轮已在本星期三下水，而另一艘二万吨的货运轮则将在本月二十二日下水。

包氏说：船运的需求时常在增加中，而前途是光明的。他现时订下而又是最大轮船是一艘在明年三月便可建成的二十四万吨巨油轮。另一艘则是将于明年一月可起货的十六万吨混合货轮，该轮是适合运载油□□物和煤的。

（《工商日报》1970年10月17日）

传船王包玉刚拟将属下公司改为公共经营

本报讯：香港船王包玉刚，正考虑设立一公共有限公司，使大众能参与其经营。

包氏为环球轮船集团的首脑，拥有二百五十万吨油槽船与货船，并计划至1974年时增至七百五十万吨。

包氏获汇丰银行与会德丰公司的支持。据悉，他亦因此成为伦敦之银行家与经纪人所注目的人物。

目前，唯一参与包氏的特殊之途径，系透过汇丰银行（拥有巴哈马环球海事公司百分之四十股份）及会德丰公司（拥有环球百分之六十股份）。

包氏之公司可能太大，已不可能继续保持私人公司，故欲改为公共。伦敦方面，最佳之办法，系包氏购买伦敦一家船公司，并谓其中尤以伦敦及海外货船公司最合适。

（《工商日报》1971年5月4日）

包玉刚成为世界首位船王

美联社美国纽约二十九日电：《时代杂志》周一称，香港之包玉刚大有于1975年成为世界最大船只拥有人。包氏之声名，未如希腊船王奥纳西斯和尼雅佐斯之响亮，实际上仍未为世人所熟悉，但包氏对船只之庞大新建造，现已追过奥纳西斯和尼雅佐斯，在世界造船厂正取得优势。又谓，据其好友估计，五十一岁之包玉刚已拥有财产三亿至八亿美元，包氏于1955年经营船务，现已拥有三百五十万吨之船队，而尼雅佐斯即拥有三百四十万吨，奥纳西斯则拥有四百三十万吨。到1975年初，当包氏业已订造之新船移交后，彼将拥有总共一千万吨轮船。

（《华侨日报》1971年6月30日）

包玉刚宣布在日订购巨型油船

本报讯：环球轮船管理有限公司董事长，世界航业巨子包玉刚，昨日在大阪市市政厅的一项隆重仪式中，接受该市副市长大岛的献钥礼。亚洲航业公司的一艘二万五千吨的货运船东建号的下水仪式，随即于同日稍后时间在大阪造船有限公司举行。该项下水仪式的赞助人为香港上海汇丰银行经理朱尔斯之夫人。该货运船为截至目前为止，环球轮船集团向大阪造船有限公司订购大小相同的十五艘货运船之一，该十五艘货运船预料将在未来的三年间建造完成。该项对包氏的献礼匙，是为了表示该集团对大阪市造船出口业的贡献。

在该项仪式之后，包氏宣布他属下的集团最近又与日本的主要造船公司完成另一宏大订购，这包括六艘超级运油船的建造，总吨数达一百五十万吨，总值美金二亿元，全部船只计划于1974至1975年完成。

环球轮船管理有限公司目前行走世界的船只共有六十五艘，包括运油船、货运船等，总吨位数约为三百五十万吨，在一九七五年，当在订购中的新船只(包括该六艘运油船)移交后，该集团的船只总吨位数将会达到一千万吨，总数一百二十艘。

(《工商日报》1971年7月7日)

包玉刚又买四亿元油船

本报讯：环球轮船管理公司(东主船主包玉刚)，又向日本之造船厂订购两艘超级油槽船，价值三亿六千七百万港元。此系该公司今年第三次发出巨额订单。正月间，该公司订购十五艘新船，价值二亿零五百万美元。七月间又定造六艘油槽船，价值超过十二亿港元。此次订造二十二万七千六百吨油船两艘，特于一九七四年底及一九七五年中移交。届时，该公司旗下将有轮船多过一千万吨。

(《工商晚报》1971年12月17日)

汇丰银行已聘任包玉刚马登为董事

港讯：据香港上海汇丰银行宣布已聘任马登及包玉刚二君为该行执行之董事。

马登今年五十二岁，为会德丰有限公司之总经理，出生于英国，马登于一九五九年承其父业。该公司原设于上海，继后迁至香港。

包玉刚为汇丰银行首任之华籍董事，今年五十二岁，为环球轮船管理有限公司之总经理。包君于一九五五年始参加航运业务，初时规模很小，嗣经精辟策划，发展迅速，而今成为拥有四百万吨船只之环球集团。该集团且已签订多宗造船新约，总数将超过一千万吨。

(《华侨日报》《工商日报》1971年12月21日)

包玉刚讲本港航运若能脱离英国登记可成远东航运中心

特讯：香港航运业若能脱离英国登记限制，将可成为远东区第二大的航运中心。环球轮船公司董事长包玉刚,日前在外国记者俱乐部午餐会席上,作此表示。

在未来三年来,估计香港航运公司拥有的船只将超过二千万吨,约等于英国旗船下之半数以上,占世界船量之五分之一,并超过那些传统航运国家的船只总量。

虽然香港拥有如此多数量的船只,但大部分并非在英国旗下登记,这是由于英国□□注册轮船规定必须由持有英籍证明书的职员,而高级船员职位,必须要由英国与英国认可证件人士担任,以致在招募工作上大感困难。一部分胜任的青年,往往因为非英国或英籍人士,而不能担任有关职位。

包氏表示:英国注册船只另一不便之处,是条例规定必须采用英国制造的重要用具。

他认为此条例是应该修改,因为只由英国船厂兴造英轮船上用具,在现今竞争激烈的环境下,是会感到人力不足,而致拖慢发展。

谈及香港假如脱离英国建立自主权利的优点时,包氏说:“香港若获得此项权利,可建立香港船队,而本港所拥有二千万吨船只,可获得同人的证明,在国际航业上可畅行无阻。同时,更可刺激与香港航运业有关的工业发展,提供更多就业机会。”

他又说:“虽然争取此项权利,会面临若干困难,但英国与港府现时对此项问题表示有兴趣研究。”

包玉刚最后强调:香港对于训练航运业人才的机构极为缺乏,有关方面宜作出改善,以应付需要。

(《华侨日报》1972年11月17日)

简悦庆任咨询委员会主席委员为包玉刚等

港讯:港督已经委任下开人士为证券业务咨询委员会的成员:

主席:简悦庆先生。

委员:包玉刚、潘永祥、沈弼、黄颂显,注册总署署长贺□及证券业务监理专员。

关于设立证券咨询委员会的消息早已于本星期三由财政司在立法局宣布。至于证券业务监理专员,则一俟该职正式设立之后,即拟委派施尔荣出任。施氏曾任英伦银行顾问,自去年一月以来即负责拟定与公司法例修订委员会报告书建议有关的法例。

财政司对证券业务咨询委员会发表的人选作如后的表示：

“本人对于今次的人选深庆得人，各委员均为社会杰出之士，在其本业之内至有学识。彼等必能成为一个具有一个很大影响力量的团体，就证券咨询委员会的工作范围，提供意见。”

财政司又说，本地获得这批能干又有经验的人士出任该委员会的委员，不独可以表示该人士的热心公益，同时亦可反映政府决心使本地的证券与股票经营方法，最能符合一般投资者的利益。

财政司于星期三在立法局发表声明时说：为实施公司法修订委员会各项建议的新立法，现正草拟中。其中之一为证券法案，它将顾及证券交易的各方面，又规定成立一个证券监察委员会和设立独属于公务员的证券业务监理专员。

他指出：证券监察委员会的任务将经法案规定，包括组织证券交易所联会、登记证券经纪及投资顾问、场外的证券交易、防止假币、设立账簿及账目审查等等。委员会将获授权与交易所、包销者、财务机构（代发售股份者）及其他从事证券交易的机构或个人商讨任何他认为足以引起不安或需要由有权威的人士作出判决的一切事宜，此外，它又将负责处理实施其他同类法案而引起的问题。这些草案中的法案，是与生意接管及本港发售的互惠基金及单位投资等事项有关的。

财政司又说草拟新法案的工作相当复杂，因此该法案尚要多月始能草成。

但是，在目前情况下，不宜等候新法案实施时始采取行动，因为经营证券交易所或其他从事证券交易机构的人，提供更具权威性的指导和协助。因此政府决定先用行政权力，以委任监理专员和咨询委员会。

他解释说：由于该专员及委员会尚无法定权利，故暂无正式的职权范围。尽管如此，本人深信，由于该委员会将来一定会有法定的权力，该专员和咨询委员会必能立即发挥很大的影响力。

下列为各委员略历：

包玉刚：环球（航务）公司董事总经理，香港上海汇丰银行、会德丰公司、恒生银行、和记国际公司、屈臣氏公司及英之杰远东公司等机构董事，东亚航运公司董事长，太平绅士。

潘永祥：会计师，1972年专业会计师条例工作小组副主席，香港理工学院会计系筹备咨询委员会主席，澳洲会计师（香港）会前任主席，华人会计师会前任主席。

沈弼：香港上海汇丰银行总经理，外汇银行联会主席，香港出口保险信托局咨询委员会主席，银行业咨询委员会、劳工顾问委员会、工商业咨询委员会及贸易发展局等委员，太古船坞、太古洋行、国泰航空公司、海底隧道公司等机构董事，太平绅士。

黄颂显：律师，公司法修订委员会、税务上诉委员会及律师公会等委员。

（《华侨日报》1973年1月7日）

航业巨子包玉刚领导亚洲航业发展迅速 拥有巨油轮卅七艘

（特讯）约在一二年间因全球性之政治及经济动荡，世界之航运业一度出现不景，但最近由于世界先进国家对动力油类之需求孔殷，苏联、中国、印度对于粮食之吸收数量激增，尤以日本铸钢厂产业大增，对于原料之需求锐增，以及欧洲共同市场国家之经济繁荣，加以美国之经济复兴种种因素，已使此一消极现象完全改观，蛰伏一时之海运业因此再获蓬勃，并为本港航运业带来光明远景。

亚洲航业有限公司为本港船业巨子包玉刚领导下环球船运集团之中坚分子机构，具有悠久历史，在本港航业界，久已处于领导地位，根据该公司一九七二年年报，其所拥有之巨型油轮及中型散舱货轮已达三十七艘，总吨位已达三百四十余万吨。据悉整个环球船运集团新近在日本及欧洲签订有载重二十余万吨之油轮及其他各类型货轮数十艘正在兴建中，其中一部分已投入亚洲航业旗下营业，使该公司之船队益形庞大，又据可靠方面消息，亚洲航业公司现存公积金已达港币四五亿元之多，极可能有赠送红利之希望，该公司上年度之年报已发表其盈余额，为港币六千余万元。预计本年度之盈利数字将突破此项纪录，最少增加百分之五十以上。在目前股市中，小型航运股均有上进，亚洲航业滞留在四十元左右，相信在短期内，该股将会上升至六十元以上。

（《华侨日报》1973年1月12日）

三菱将替船王包玉刚建造米加吨大油槽船

本报讯：日本三菱重工业当局表示，如获日本政府批准，将优先为本港船王包玉刚建造世界第一艘米加吨大油槽船。包玉刚之环球轮船管理公司，本月接连有三艘二十三万吨以上之油船下水。

但航业界，特别系日本航业，相信油船势必日益庞大。日本造船业认为，将来甚至可以建一百五十万吨之油船。

目前，包氏经营之机构拥有八十三艘船，总吨位已超过五百万吨，连同业已订造之船只，到1975年时将有一百多艘，总吨位超过一千三百万吨。

日人预料，到时包氏将压倒欧洲船王奥纳西斯与尼拉科斯。

（《工商晚报》1973年5月12日）

航业巨子包玉刚预料本港实施管制燃油
航运业受打击　两间航空公司减少来港班次

本报讯：如果本港实施管制燃油供应的话，本港的航运及港口业务可能受到重大打击。环球轮船公司董事长包玉刚昨日作出上述的预测。

包玉刚指出：假如香港的燃油供应被削减，便可能使得许多货船及客船取消过港，因为他们未能到港获得加油。

包氏预测，管制燃油的紧急措施可能在六个星期至两个月内实行，到时，本港的航运业必会受到影响。

又悉：两间国际航空公司已宣布暂时取消飞香港之班期每周十六班——来港及离港各八班，其他公司可能采取同样措施。

在取消之十六班客机泛美十二班，航程乃来往香港、东京者，至于其余四班，乃英航来往香港及伦敦之客机。

（《工商日报》1973年12月6日）

大通银行宣布包玉刚任新职

纽约十二月十日电：大通银行宣布，委任环球轮船管理有限公司总裁包玉刚为该行国际咨询委员会委员。该咨询委员会是由一些先进国际工商业及企业公司的高级执行人员组成。

大通银行董事长大卫·洛克菲勒说，包先生的广泛商业背景和经验，将使他对该咨询委员会作出巨大贡献。

大通咨询委员会主席为劳顿先生，是荷兰皇家石油公司董事长。该委员会成员还有其他著名工业家，如福特汽车公司董事长亨利·福特二世，以及意大利快意汽车公司董事长佐凡尼·阿尼里先生。

包氏所领导的环球轮船公司集团，拥有或管理着七百万吨船只，目前正在建造和订购中的船只有一千万吨，其中有油船、货船及气体运输船等。包氏在1918年诞生于中国浙江省，现在是居于香港的英籍公民。他来香港后，就从事出入口贸易。1955年创办船务公司，这一年成为他当任航业巨子的转折点。他还拥有本港三间航运公司（为其集团的成员之一），他也兼任该集团两百多个附属当中许多公司的董事，亦是汇丰银行及恒生银行董事局的董事。此外，他也兼任设在香港、英国、百慕达和新加坡的许多公、私营企业的董事。

（《工商晚报》1973年12月11日）

环球船务向日订购八艘巨型油船货轮

东京十一日新电：自从中东国家实施石油禁运后，日本船埠现时获得一项庞大之造船合约。日本造船业今日于此间透露：五间日本造船厂已经接到香港环球船务有限公司订购八艘巨型运油船及货船之订单，总值超过一千二百亿日元（约为二十亿港币）。该笔费用将于一九七七年该等船只建成后一起支付。

由于在波斯湾地区内运油船只被迫停滞，甚至超过停泊限期，使船务东主对于建造新船之兴趣颇减，因而建造运油船之市场，深受影响。

目前，仍然未能获悉环球船务有限公司订购该等船只之真正原因，但有一点可以肯定地说，巨型及中型之日本船埠将会受惠，而到一九七七年为止。

（《工商日报》1973年12月12日）

航业巨子包玉刚欢宴银行各界

港讯：航业巨子包玉刚昨假座文华酒店安排午餐，欢宴目前在港访问之加州联合银行执行副总裁夏耐尔。夏氏现正在本港银行界及商界首脑磋商业务。

（《华侨日报》1974年12月11日）

包氏取消订购两油轮

本港讯：香港油船业巨子包玉刚，据报已取消向法国订购两艘二十四万八千吨超级油轮的订单。

外电引述伦敦一家造船经济行发表一项统计数字时称，原因是世界石油输出量减慢，引致石油运输业务严重退去。该组织表示，希腊船王奥纳西斯的集团，亦取消了两艘四十二万六千吨超级油轮的订单。

包玉刚接受访问时表示，国际油轮市场将可于1977年恢复正常，但却需要中东能够积极维持和平，美国经济能在明年初复苏。他说，目前中东政治局势仍未明朗化，加上沙特国王费沙尔遇刺事件，使得航运事业仍笼罩在阴影中。包玉刚预计，在今年内，全世界取消油轮订单可能达到八千万至一亿吨，而跟着就会出现普遍的复苏。

包玉刚认为目前油轮业务的退缩只是一种传统性循环的一部分，而并非未来石油运输形势的悲剧发展。他指出，现时的退缩，是直接由70年石油运输市场蓬勃所引致，并因为中东局势发展而加剧。另一方面，苏伊士运河重新开放，亦将影响将来的航运市场，主要因素是运河的宽度和深度、装卸设备、收费及保险费等，两年前预计的一百万吨级油轮，于现有超级油轮的经济效用被重新估计之前，将不会兴建。他说，需求量减低，使得这种百万吨级油轮的普遍采用起码要推迟五年。

虽然国际政治和经济的前途未能肯定，包玉刚认为香港船东的前景仍是非常乐观。他说，在地理方面，香港的船东较美国和欧洲的竞争对手较有优势，因为香港与日本接近，而日本的造船量占世界的一半以上。与日本的传统商业关系，使得香港船东可向日本订购更多的船只，加上香港船东多以中期及长期合约方式将船只租出，可以避开目前的国际性业务退缩。

包玉刚又表示，一些中东国家虽然积极组织参与石油运输，却不会对传统船东造成立时的威胁。这个行业中仍然有竞争的余地，经营航运所需的专门□□□，将会减低中东国家自行经营油船的影响力。

（《华侨日报》1975年4月11日）

包玉刚强调在金融活动范围内会计知识不可缺少

特讯：香港是一个国际性都市，其繁荣有赖于工商业、国际贸易与金融的服务，而会计则是此等金融活动范围中基本而不可缺少的专门知识和技能。若能在这方面积极努力研习，定必前途无限。环球船务公司董事长包玉刚太平绅士，昨在树仁书院暑期课程结业礼中作以上表示。

包氏指出：树仁书院能主动与美国东北大学、三藩市大学合作，达成学术上之交流，实是一良好楷模，当为本港其他机构所效仿。

包氏并勉励毕业同学健康与事业并重，他呼吁青年们注重锻炼体魄，才能身心愉快地努力于学业或创造工作。

由树仁书院与美国路易斯安纳州立东北大学联合主办之第四届暑期课程，包括财务会计、管理会计、社会研究之设计与分析三科，考试合格者，可获得每科三个学分，并为美国其他大学所承认。毕业同学分别由两校授予证书。

参加此项课程的学员有大专学生、海外留学生、银行职员及政府公务员等百余人，由美教授符德博士与树仁讲师陈永泰负责讲授。

（《华侨日报》1975年8月16日）

集体运输铁路公司昨起正式成立

港讯：港督昨日指令一九七五年集体运输铁路公司条例，由本月二十六日起生效。该条例规定成立集体运输铁路公司，俾在本港兴建及管理集体运输铁路。该公司将取代现时的集体运输铁路临时管理局。

港督已委任唐信为集体运输铁路公司管理局的主席，由一九七五年九月二十六日起，任期四年。唐信于一九七四年十月抵港前曾任高纳轮船有限公司的总经理。他抵港后即在集体运输铁路临时管理局秘书处任主管。该公司的常务董事，获管理局委任后，将成为该局的当然成员。

同时，港督又委出该局非官守成员四人，即简悦强、张奥伟、沈弼及包玉刚，任期由本月二十六日至一九七七年四月三十日止，另委出官守成员两人，即工务局长及百礼宜，任期由本月二十六日起生效。

（《华侨日报》1975年9月27日）

劳合船舶东亚区委员会　环球包玉刚任主席

本报讯：劳合船舶注册公司宣布在港成立东亚区委员会，由本港环球船务公司主席包玉刚出任该委员会主席，并由新加坡、菲律宾、马来西亚、印尼及韩国的五位船业界首脑人士担任副主席职位。

该委员会之成立会议将于十二月一日星期一在港举行，届时劳合船舶注册公司之主席克斯□□亦会出席参加，其他出席参加之委员包括本区及各地之船业巨子。劳合现有十六个国家性委员会，东亚区委员会为第一个区域性委员会。

主席包玉刚对选择香港为成立之基地发表以下意见：香港之船务发展在地区性与国际性都占有极重要地位，诚然是东亚区委员会之理想设立地点，劳合船舶注册公司与大部分之参会地区均有深厚之商业往来，此委员会之建立在多位英明人士领导下，定期使劳合船舶注册公司与各地区之联系更为妥善，本区绝无疑问是具有发展及增长的潜质，劳合公司对此事深感信心。

（《工商日报》1975年11月11日）

包玉刚强调本港船务发展重要性

香港之船务发展在地区性与国际性都占重要地位，是劳合船舶东亚区委员会之理想设立地点，这是包玉刚在昨日会议上发表的谈话。

劳合（LLOYD'S）船会在该委员会之会员地区均设有办事处，并在船务发展及工业测量上投资极大，船量共达二百五十万吨，包括缅甸39 899吨、香港366 538吨、南韩424 883吨、马来西亚189 042吨、菲律宾83 558吨、新加坡999 840吨及泰国25 226吨。

包玉刚指出，在港成立劳合船舶东亚区委员会，是很有意义。过去，由于本港没有这个机构设立，船主所得的资料，就要向外地搜集，因此，今后在香港的劳合船舶东亚区委员会将会发挥其作用，使船主能够将资金在本区运用。更重要的，就是新船设计的标准，可根据劳合分类标准建船。同时，该会即负起全责，检视建造每一个过程，由船身的批圆及所用之机械，以至最后下水试航为止。

此外，劳合船会可依据国际海洋安全会议的条例，颁发载货量及安全证，但若要保留注册权，船只必须定期修理，并作检查报告——防水量每年检查一次，每两年入旱埠检查一次。

包氏谈到油轮的未来发展时又指出，由于经济衰退严重地打击油轮市场，不过，香港的船东受损失的程度则稍为轻微，因为已租出油轮占数比较多，因此，收入方面能够维持过去的水平。

（《工商晚报》1975年12月2日）

包玉刚表示中国货轮发展迅速

本报讯：出任奈氏船理会东亚区委员会主席的本港环球船务公司董事局主席包玉刚，前日在记者招待会上谈到中国的各项货轮未来的发展，认为在今后的五至十年间，中国货轮的吨数会比现时增长十至二十倍。

包玉刚又说，中国完全可以制造十万吨的巨型油轮，不过预料中国会生产五万吨至八万吨的油轮较多。

包玉刚认为香港没有设立独立船舶登记册，实在阻碍了香港航运业发展。目前，香港的船东要将他们的轮船在其他地区登记，每条船每年平均要付出费用一万一千美元至一万两千美元。这一笔钱本来可以由港府来赚而对香港本身是有利的。特别是到一九七七年时，香港的轮船将达到四千万吨，登记费外流就更加可观。

以包玉刚的船队为例，目前他就拥有一千五百万吨至一千八百万吨的船舶，总数一百六十艘。

包玉刚指出，香港轮船未能在香港登记的另一困难是：根据英国规例，一艘轮船的五名高级船员都要是英籍人，而香港却缺乏英国高级船员。

包玉刚认为，现时船只供应量超过需求的情形相信在一九七七年会有所改观，如果美国和西欧的经济在1976年真的如期复苏的话。不过，他不期待有戏剧性的转变，但相信供求极有可能在那时达到平衡。

奈氏船理会东亚区委员会港区会员包括包玉刚（主席）、董浩云、赵从衍、马登、毕力治、包玉星、胡格非、曹文饰、夏地、纽璧坚、夏志信、许世勋、郑瑞祥、吕政范等。

（《大公报》1975年12月3日）

船王包玉刚计划在巴西进行投资

里约热内卢二十二日合众国际社电：《环球报》星期六日发表一篇访问记说，中国船王包玉刚与巴西石油专营公司讨论联合发展计划。包氏对《环球报》说，他将会与巴西石油专营公司讨论租用超级油轮和普通货船，给巴西政府出口公司的可能性。

他又说，他们会研究投资巴西钢铁及化学产物部门的问题。

他说，巴西输出的增长，已使巴西政府出口公司，要寻求快速可靠的运输船只。

包氏对该报说，我尚未有所决定，但我将会与我认为适合我的利益与计划的巴西的公司讨论，然后才做出决定。

包玉刚会在里约热内卢出席星期一日开始的大通银行董事局会议。《环球报》说，包氏认为巴西是冒险投资家的乐园，这是人们所共知的。

（《工商晚报》1976年5月23日）

沙雅转向船务发展　在包玉刚旗下任职

汇丰银行董事局主席沙雅，今日辞退上述职位，今后将其兴趣转入船务方面发展。

由明天开始，他会担当三个重要职位，分别在包玉刚环球轮船旗下公司服务。

昨日包玉刚联同日本工业银行总裁宣布，沙雅将同时是百慕达世界国际财务公司的副主席。

百慕达国际财务公司于1972年成立，与环球轮船公司和日本工业银行合作，与此同时，沙雅将参与世界船务WORLD MARITIM董事局等职位。

（《工商晚报》1977年8月31日）

包玉刚强调船员船舶安全至上

特讯：环球海员训练学校毕业典礼，昨（星期一）上午十一时假座香港大会堂剧院举行，并分别由环球航运集团主席兼环球海员训练学校赞助人包玉刚博士、香港政府海事处处长魏乐新及环球轮船代理有限公司副主席兼环球海员训练学校校长潘家谬等致词。该集团名誉主席包兆龙颁授毕业证书及成绩优异奖。

包玉刚博士在致开幕词时称：环球海员训练学校自1966年创校至今，已有十一年历史，并有超过一千三百名受过航海和机械训练之学员。

常处潮流前列

从统计数字来看，现役环球船员中超过百分之二十之大副和超过百分之九十之二副和三副皆是环球海员训练学校的毕业生。

他指出：正如其他商业活动一样，航运业之营运自发展初期以来，不断改进。海上运输知识和技能，更日趋复杂和门类化。我们身为环球航运集团之管理当局，必须竭力使本身之船队时刻站于潮流之前列。

他又表示：鉴于昂贵的船只和船员宝贵的生命，我们将在船上安全方面致更大努力。

香港海事处处长魏乐新在致词时谓：航海对于香港居民是一个重要的行业，到了今年，接近三万名本港海员在一千四百艘来往世界各地的轮船上服务。

投下庞大资金

一个现代的船东在他的船上投下庞大资金，他期望所雇佣的一切船员都有足够能力履行他们本身的职务，船员的数目保持一个最低的数字，有经验的老大哥，很少有时间将知识和技术传授予未经训练的同事，因此未当海员的人在航海前先接受训练是有它的重要性的。所以设立好像环球航海训练学校的学校是合适的，我们知道以前的毕业生在取得辉煌的考试成绩后已得到重要的职位，定会感到高兴。

航海技术大进

他又指出：船运界在过去二十年间在技术方面已有巨大的进展，毫无疑问，在未来的岁月里会有更多向前的迈进。

他最后向毕业生指出：每一位必须记住，香港的繁荣依赖航运界的效率，因此也依赖各位在船上履行职务的态度。

随后由环球轮船代理有限公司副主席及该校校长潘家谬致词，他说：目前仍然留在环球航队服务的毕业生占历届毕业生百分之四十左右，他们一大部分能秉循校训。

工作表现良好

历届毕业同学除工作有良好的表现外，在参加专业执业证书考试方面亦有理想成绩。目前，历届毕业同学中已有八十一人考到商船二副执业证书，三十一人考到商船大副执业证书。

他又说：由于公司对于轮机员人才方面另有一个具体训练计划，因此本校在机房部船员方面较为慎重于训练初级船员，在这方面我们都能收到预期的效果。

昨日毕业典礼包括第十一届高级班、第三十一届初级班、第九届轮机班、第六届甲板特别班和第七届甲板特别班等。

（《华侨日报》1977年10月4日）

包玉刚称已向日政府建议拆船及建船计划

本报讯：环球轮船公司董事长包玉刚昨称：渠已向日本政府建议一拆船及造船计划，以协助运油轮业摆脱目前之不景。此计划不仅减少现有过剩之运油船，同时亦有助于钢厂船厂与轮船有关行业，以刺激日本之经济。

基本上，此计划涉及提供金融刺激以拆除老年机效率较差之船只为废铁，及建造更经济与更有效率之新船。

包玉刚氏与日本首相晤谈时，曾表示环球公司及其他相关船东，准备以更多订单给日本船厂。

包氏谓，各公司又准备与有□□烦之日本轮船公司及其他大船公司做更多的租船生意。

渠认为，日本公司之经济与财政地位远比1950年代末期为强大，足以渡过难关。

（《工商晚报》1978年1月14日）

包玉刚旗下环球公司计划大量收购日船公司油船

东京二十八日和乐国际社电：日本共同社周六报道，世界船王包玉刚之香港环球航运集团，将在财政上援助日本轮船公司，因为该公司正受到世界油船市场衰退的打击而产生问题。

共同社说，环球航运集团是日本轮船主要股东之一，今次环球航运集团是在日本工业银行要求下而做出财政援助的决定。日本工业银行是日本轮船公司主要银行之一。至于支援的详细内容则尚未公布。

共同社说，香港环球航运集团正计划大量收购日本轮船公司之油船。

直至去年九月为止，日本轮船公司共有二百五十一艘轮船，总载重量为一千九百五十二万吨。

共同社说，日本轮船公司在一九七六年至七七年财政年度中，因长时期的市场不景气而引致来往账户之赤字高达十一亿六千九百万日元（约值四百八十三万美元）。

该公司已向各有关银行要求延迟偿还约三百八十亿日元（一亿五千七百万美元）的债券。

（《工商日报》1978年1月29日）

日本轮船公司遇困难　香港环球集团愿帮助

本报讯：据路透社东京一月三十日电，日本轮船公司一发言人说，香港船王包玉刚——负债的日本轮船公司的一名主要股东，已表示愿意帮助这家日本公司度过财政困难。

该发言人对包玉刚的帮助是否会改变日本轮船公司现行推延付大笔款项给银行的计划，拒绝做出评论。

他说，该公司将与包玉刚作进一步会谈，以讨论包玉刚可以采取的援助方式。

航运界消息说，包玉刚的其中一个援助方式可能是接受日本轮船公司对环球轮船公司所租用船只的延期付款。包玉刚是环球轮船公司的主席。

消息来源说，环球租给日本轮船公司的船只约为二十艘，而日本轮船公司租赁船只的总数则为一百九十一艘。

日本轮船公司是日本第三大轮船公司，由于受到世界航运业衰退的严重打击，截至去年九月止的六个月内，该公司纯亏损达五十六亿二千万日元（二千三百万美元），而1976年同期却获利十亿一千八百万日元（四百八十万美元）。

该公司发言人说，包玉刚是透过一家利比里亚注册的轮船机构而持有日本轮船公司总资本三百四十亿五千四百万日元（一亿四千一百万美元）的百分之二点一四股份，成为该公司第十大股东。

去年十二月，日本轮船公司宣布正寻求一项为期三年的延付款，以延迟□□欠十三家日本银行的四百九十四亿日元（二亿零二百万美元）的债项。

最近，半官方的日本兴业银行（十三家银行集团之首）表示，虽然尚未作最后的决定，但日本轮船公司将可能获准延迟一年还债。

日本轮船公司最近正制订一个目的是恢复盈利的重整计划。

该公司的发言人说，包玉刚提供的援助提议可能列入计划内，这个重整计划到三月底时即要提出。

（《大公报》1978年1月31日）

九仓邀包玉刚吴光正出任董事

本报讯：香港九龙货仓有限公司董事局昨宣布，由包玉刚及其家族所控制的私人公司，经已收购该公司数量可观的少数股权，计相等于九龙仓公司已发行股本百分之十五至二十。该等私人公司与环球集团各有交易所牌卖的公司及船务公司并无连带关系。

包玉刚经通知九龙仓董事局其收购的股份将作为长期投资。包玉刚无意使该公司业务更改,而他本人及其股权应参与该公司的未来发展及增长,同时亦应对此方面做出贡献。包玉刚同时向该公司董事局表示无意收购该公司控制权或提出收购该公司或向该公司股东提出收购建议。

九仓董事局欢迎上述发展,并经邀请包玉刚及吴光正加入公司董事局。

九仓主席纽壁坚就上述收购少数股权一事作出评论,本人欢迎包玉刚及其家族成为持有本公司数量可观股权的少数股东,特别是由于包玉刚向本公司保证其收购的股份将作为长期投资。本公司深庆包玉刚及其女婿吴光正加入董事局。本人肯定他们将提供最宝贵的贡献,特别由于他们已经清楚向本人表示,他们认为本公司的未来发展,与董事局现行的政策相符。

(《大公报》1978年9月6日)

本港官商首长组成经济代表团下月访日本

港讯:由本港首席工商界人士、银行家及政府官员组成的一个经济代表团,将于下月访问日本。港督麦理浩爵士亦将参加代表团在日本举行的两日高层活动。

工业及海关总监杜华昨(十月五日)宣布上述消息时说:该代表团可能是代表本港访问外国有史以来最高层人士组成的一团。

该代表团由简悦强率领,主要目的在增加日本对香港经济潜力的认识,其次是共同研究在香港进行工业投资的机会及自日本公司方面而输入科技,鼓动本港与日本间双边贸易的增长,以及促进日本与本港官民高层人士之间的良好关系。

杜华昨日在九龙扶轮社午餐例会致词时,指出该团系由香港政府及贸易发展局联合举办。该团成员除简悦强爵士以外,并有钟士元爵士、包玉刚爵士、安子介、沈弼、纽壁坚及杜华等。

杜华并在致词中指出:本港现时已获日本工业投资几达一百宗,投资总额超过四亿港元。

杜华说,且当各位想到上述投资不及本港工业总投资额百分之二,日本其他海外投资之极大及多元化,以及因日元升值而增加日本投资额的吸引力等,相信本港在促进日本投资方面,仍大有可为。

日本能为本港提供的当然不只是直接工业投资,科技和其他商品一样,亦可输出。最近,日本当局通过日本贸易振兴会,大事宣传及鼓励科技的移交。

杜华最后称：我相信本港工业将会向外购买科技，如其购入原料及半制成品一样，香港工业这种特色，亦会日益显著。

（《华侨日报》1978年10月6日）

包玉刚等斥八千万向波兰订购四油船

本报综合报道：以船王包玉刚为首的世界航运企业，向一波兰船厂订购了四艘油船，价值八千万美元。

该批油船每艘重八万三千五百吨，将由苏尔色机械发动。

该公司一名发言人于昨天说，因为世界上某些港口，尤其是在美国的港口，不能容纳大型运油船，所以需求这种体积的油船。

他说：这些是未来世界的油船。不过发言人即时又说：他们不会代替未来的超级油船。

据悉很多石油公司都在觊觎这类油船。

包氏的最近订单，于去周交给在狄尼亚的一间波兰造船厂。

（《工商晚报》1978年12月19日）

包玉刚当选油轮船东协会主席后表示 政治动荡经济不安独立船东大受影响 盼各船东紧密合作以解决困难

本报讯：据香港环球航运人士消息，世界航业巨子包玉刚昨（六）日在科威特举行的独立油轮船东协会会议席上，被选为该协会主席。包玉刚亦为本港环球航运集团主席，该集团拥有全世界最庞大之独立商船队。

包玉刚曾任独立油轮船东协会副主席一职达三年，前主席为百慕大船东纳斯，纳斯在任期内，曾作出多项建设性意见，对国际航运事业影响深远。协会其他执行委员皆为国际知名油轮船东，如西德的史托特、英国的荷尔、瑞典的塞伦、日本的平井及希腊的高兰特斯等。

昨日会议席上，包玉刚指出世界政治经济局势动荡不安，美元疲弱，国际保护主义抬头，凡此皆构成不利因素，对一般独立船东影响甚大。他呼吁世界各独立船东紧密合作，以图解决共同困难的问题。

国际独立油轮船东协会为一规模庞大的国际性机构，会员遍布二十三个国家和地区，控制达一亿九千万吨的船只，该协会于1970年10月成立，办事处设于挪威首都奥斯陆，目的为促进独立油轮船东的利益及加深国际间对独立船东地位的认识，从而合作商讨及解决一些共同的国际性问题。由于市况普遍不景，该协会当前要务是如何促使供求迅速平衡稳定，但预料在短期内市况好转可能性甚微。

该协会亦致力于解决海洋污染问题，为配合行将实施的国际防止海洋污染法例，该协会积极探讨各种措施，避免船只污染海洋并建议禁止不合标准的船只在海上航行。

（《大公报》1979年3月7日）

包玉刚吴光正加入海港董事局

本报讯：海港企业有限公司董事会昨宣布，包玉刚爵士及吴光正已接纳加入该公司董事会之邀请。

（《工商日报》1979年3月17日）

日海协港分会主席包玉刚称船业虽有转旺迹象仍须合作应付时艰

本报讯：日本海事协会香港分会昨天在文华酒店举行周年会议，该会主席及环球船务集团主席包玉刚在讲话中，呼吁香港各船东通力合作，以防止海洋污染，及提高船只的安全水准。他强调所有有责任感的船东及该业有关人士，都有义务达成这两个目标。

包玉刚指出，近年来，船只在航行中频生意外。严重的如亚姆高迦迪斯号、安德斯柏蒂亚号及比提芝号等不幸事件，使国际间对海上航行安全问题十分关注。由于船只大部分时间是在公海上航行，全世界所有船东或与航运界有关人士都有责任加强船只的各种安全措施及解决污染问题，并努力防止同类意外事件发生。

不过，他接着说，这些措施会导致各种支出费用的增加，因此同时必需兼顾因费用增加而引起航运业利润缩减的影响，以免造成不必要的不良后果。

包玉刚并称，最近船租租率上扬，而二手船只的买卖交易额普遍增加，显示船业逐渐转旺迹象。然而整个航运业仍然处于困难时期，对船东、造船商及验船协会影响甚大，希望航运界人士更能相互合作，以应付种种困难。对日本海事协会香港分会在过去五年以来加强香港航运界人士与该协会紧密合作所获得的成就，他表示欣慰。

日本海事协会主席及会长水品政雄表示，防止污染及提高安全水准将会成为各验船协会及船东间今后数年的主要工作范围。

会议讨论事项包括该协会1978年年度业务报告，1978年内经该协会检定的船约有四百艘，重一千五百万吨。而截至去年底为止，由该协会检定的船只共有四千八百八十二艘，重五千七百三十七万二百九十吨。

在会议席上，会德丰集团主席及香港船东协会主席马登被委任为香港分会委员。

日本海事协会香港分会于1975年成立，其目的在于提供及加强其总公司与香港船东间的业务。

（《大公报》1979年3月20日）

船王包玉刚称航运业将好转

本报讯：据路透社报道：国际航运不景气将获转机，这是五年来暗淡的航运业首次出现曙光，上述的预测是世界船王包玉刚所作出的。

包氏称：过去五年，航运业陷于低潮，但目前逐渐恢复信心。该位船王最近被选为国际独立船东协会主席，他强调称：大多数船东都感到航运业的前景比较佳。

包氏在接受记者访问时称：航运业有转机的原因是新船的制造数目减少，船只需要增加，而运费也增加，但市场上的明显改善是二手船只的价值增加。

他说，航运业是自由企业，如果没有政府的干预，发展更快，香港除了具有此种条件外，还加上有一个深水港。另一方面，香港的航运业发展迅速是日本公司租用由香港船东所制造的船只。目前日本轮船公司的经济虽然发生困难，但前景是乐观的。

包氏看好航运业另一原因是中国内地要进行四化，但内地缺乏现代化造船设备，所以需要购买大量二手船只。

（《工商日报》1979年4月19日）

包玉刚昨招待记者谈论货运竞争问题

本报讯：国际独立油轮船东协会主席包玉刚昨日举行记者招待会，他认为目前在马尼拉举行的联合国贸易及发展会议中建议实施的货运配额办法不会改善世界的经济发展及贸易原则。他说，联合国贸易及发展处应致力于航运界的自由竞争。假若会议建议中的货运配额办法付诸实行，估计对世界航运业有所影响，其中邮轮运输将起码会增加百分之五以上。

包玉刚称，货运配额法纯粹是一种保护主义。它将国际散装货运市场按国家来划分，规定来往两地的本国船公司占去这条线百分之八十的货物载运量，即进口国占百分之四十，出口国占百分之四十，余下百分之二十配额由悬挂第三国家旗帜的船只所接载。此举无疑破坏了租船市场的自由竞争性，给予某些国家运载货物的优先权，而其他国家的船只则被摒诸门外。

他说，货运配额一旦付诸实行，则散装货运的非实际需要增加百分之十至十五的额外吨位。以额外的吨位去运载同等数量的货物，很明显会带来同等幅度成本增加的后果。

他指出，一般航运业务都是有周期性的，而散装货运输所负担的风险亦特别大。发展散装货运需投入非常庞大的资金、健全的操作技巧及敏捷的决断，大体来说，这行业对劳力的需求不大，故此这行业对有劳工过剩问题和资金短缺问题的国家而言，并无实际补助。

包玉刚最后表示，航运业必须在自由竞争下才能继续维持运费廉和效率高。石油海运的实质运费和三十年前的运费相比无大差别，便是一个很鲜明的例子。

国际油轮船东协会的总办事处设在挪威首都奥斯陆，会员全部属于独立船东。该协会代表了一千五百艘大油轮，总吨位达一亿九千万吨，占全世界独立油轮吨位百分之八十。

昨日陪同包玉刚出席记者招待会约计有香港船东协会主席马登、国际独立油轮船东协会总秘书雷弗格、环球轮船代理公司的首席行政董事李唯勇。

（《大公报》1979年5月22日）

包玉刚昨提出警告
油价升势若不制止　航运费要增　前景暗

燃油价格今年上半年不断上升，使交通运输费用亦告显著增加，这无疑加速了全球工商业的衰退。

国际独立油轮船东协会主席包玉刚昨作出以上的预测。

他表示，目前燃油问题的形势正处于关键时刻，不单指需要输入燃油的港口缺乏供应，而且自一月以来，燃油价格的增加已接近一倍。今年初，在输出燃油的港口，船用燃油的价格大约是每吨八十美元，而现时已涨至每吨一百五十美元，在短短六个月内，升了百分之八十几。

包玉刚表示：若不制止或减缓船用燃油的价格，相信航运业将会面临暗淡的前景，因为要对运费作相应幅度的调整。他并提出警告，石油输出国家组织最近在日内瓦所作出的决定已使世界经济不稳，而航运费用增加又会使这情况越恶化，从而令世界经济全面衰退。鉴于加运费已无可避免地增加货运成本，而费用最后也将会转嫁到消费者身上。

他希望各国政府和有关方面能联合起来，在石油输出国家组织仍未打算再增加油价之前，能找出较长远的解决方法，以防止由于燃油加价所带来的严重后果。他并指出，燃油价格若再增加，将会引发通货膨胀的恶性循环。

（《工商晚报》1979年7月10日）

国际船东协会主席包玉刚呼吁
船东基于人道　授权船长拯救难民

本报讯：据路透社报道：国际独立船东协会昨日呼吁商船对于在南中国海漂浮的中南半岛难民加以拯救。

此项呼吁的声明由该协会主席包玉刚爵士发表，声明中吁请船务同业加以援手。

声明中又称：一般船东均担心，如果救起难民而不为有关国家和港口接纳，就会无限期被阻延。船东不但在法律上，而且在人道上均应授权所属船只之船长拯救在茫茫大海中而处于危难边缘的难民，尤其是基于善意和人类同情，这两种东西目前在国际冷漠的空气下显得微薄。

（《工商日报》1979年7月27日）

包玉刚出任国泰航空董事

本报讯：国泰航空公司主席毕力治昨日宣布，环球航运集团主席包玉刚，已应邀参加国泰航董事局。

（《大公报》1979年8月4日）

包玉刚赴吉隆坡开船舶检协会议

本报讯：国际航运界知名人士、劳埃氏船舶检验协会东南亚委员会主席包玉刚，昨日前往吉隆坡为该会于今天举行的第五届周年大会主持会议。

马来西亚首相侯赛因·奥恩及香港上海汇丰银行主席沈弼均将在会上作主要发言，该协会伦敦主席许基信将出席会议。

（《大公报》1979年12月4日）

包玉刚展望航运业
来年处境仍未明朗

本报讯：国际独立油轮船东协会主席包玉刚，昨日对航运业在过去一年的表现做了回顾，并展望1980年该业的发展。

他指出，航运业最近已有转好迹象，不过复苏仍只限于六万至十万吨的船只，未能普及至较大的船只，展望1980年，航运业的前景，仍未十分明朗。

包玉刚说，回顾1979年国际间政治、经济及金融都处于十分不稳定的状态，经营国际性航运业的独立油轮船东，也难免受到一些影响，其中包括船用燃料价格的急剧上涨及□□素降低，原油供应的短缺及所有各行业面临的共同问题——严重的国际性通货膨胀速率。

他说，尽管有这些不利的因素存在，航运业最近似乎已从一个有史以来最严重的低潮渐渐有趋向转好的迹象。主要是因为旧船拆卸的速率增加及新船建成速率减缓。但直到目前为止，复苏的迹象仍限于六万至十万吨位的船只，未能普及至较大的船只，而普遍来说，1980年航运业的前景仍未十分明朗，市况能否真正转旺将有赖各国政府共同努力削减建造新船的经济资助，确定长期性应付能源危机的方案及巩固国际间政治及经济不稳定的局面。日本政府限制建造新船的决策如能持续不变，将更有利于航运业的继续好转。

包玉刚表示，由于国际性独立油轮船东协会成员所负责的是国际石油运输的任务，因此很盼望各国政府能确定较长远的能源计划，其中最重要的一环自然是节约能源。

（《大公报》1979年12月28日）

包玉刚透露国内有意建造巨轮

本报讯：香港环球航运集团主席包玉刚和副主席李伯忠，结束了在北京的访问和贸易洽谈活动之后，昨（二十一）日自京乘飞机返港。包玉刚在机场贵宾室接受记者访问时表示，他们昨日早上与中国内地签订了一份合约，包括订购船舶及航运合资经营等方面，并透露内地将很快出口两万吨至三万吨的船只。

包玉刚先生一行是应六机部长柴树藩的邀请，于本月十五日到达北京的。二十日晚上，国务院总理华国锋在人民大会堂会见和宴请了他们。

包玉刚说："我们是于上星期六抵达北京的，时间很紧张，但是，我们与六机部商讨了有关订购船舶和航运合资经营等问题，会谈很圆满，我们双方都感到愉快。今天上午，我们签署了一份有关共同经营国际航运的合约。"

他说，中国的地方大、劳动力多，是很有条件发展造船业，只要各方面的配合，以及培养人才，就可以逐步地把这个工业建立起来。中国很有兴趣制造大船，并且会出口，相信两万至三万吨级的船只将会很快提供出口。在三年至五年之间，将可以出口五万至十万吨级的船只。目前，还未有正式的买卖。

有记者问，中国出口船只，会否受日本的影响？包玉刚回答说："不会，日本所制造的是以大型船舶为主，而且，工人的工资也比较贵，至于中国所制造的船只，吨级与日本有所不同。”

包玉刚又讲，叶帅在十九日（星期三）接见了我们。他的身体很好，讲话很清楚，只是动作稍微慢一点。他很关心国际经济情况。

（《大公报》1980年3月22日）

包玉刚昨返港谈中国发展造船条件良好

新华社北京三月二十一日电：中国船舶工业公司、中国租船公司同香港环球航运集团、世界金融国际公司，关于成立合营公司、共同经营船舶业务的合同，今天上午在北京签字。

中国船舶工业公司理事长柴树藩和香港环球航运集团主席包玉刚，分别代表双方在合同上签字。

在京期间，包玉刚同柴树藩就香港环球航运集团订购国产船舶问题进行了友好的协商。

（《大公报》1980年3月22日）

包玉刚属下环球集团与中国内地合组公司

本报讯：环球航运集团主席包玉刚爵士昨日宣布，他属下的环球航运集团将与中国内地合作，成立新公司经营船舶制造业。

包玉刚爵士透露：该联合船舶投资的活动，是协助内地发展航运业及提高有关方面的知识，新公司会买卖各国注册的船只。他并表示，内地地大物博，人力资源充足，在发展船务事业上有很大的潜质。

协议中成立之国际联合船舶投资有限公司将购买二至三万吨船只，以便由中国内地运煤之用，同时，亦将由中国内地购买二至三万吨不同船只，包括运油船。此外新公司已缴付资金五千万美元。中国内地两间公司占百分之四十五，香港环球国际金融有限公司占百分之五十五。另一方面有关环球国际，环球船务有限公司占百分之三十七点五，上海汇丰银行占百分之三十七点五，日本兴业银行占百分二十五。

包氏透露，这是中国内地第一次以外资合作的方式来进行国际间的贸易活动，总公司将于两三星期后宣布设立地点，香港有很大可能会作为联合公司的基地。同时，他们将会购入大量的油船及货轮，船只有可能在利比亚注册，亦会聘用国际船员在船上工作。

他又表示，五年后，中国内地就可以有十万吨级的轮船出口。

（《工商日报》1980年3月25日）

包玉刚将任汇丰副主席

英之杰（香港）有限公司主席贺明思已于四月一日加入香港上海汇丰银行董事局，韦彼得已退出英之杰公司行政职务，并将于四月二十五日汇丰银行举行周年股东大会之后退出该行副主席职务，惟将继续该行董事。韦氏之汇丰银行副主席职务将由包玉刚爵士继任。

（《工商日报》1980年4月2日）

包玉刚昨在总商会午餐会上演讲

本报讯：国际独立油轮船东协会主席及环球航运集团主席包玉刚，昨日在香港总商会午餐会上演讲时说，从最近的迹象来推测，中国将会利用香港现有的先进航运服务制度和技术来协助配合发展国内的航业计划。香港的船东们或应作好多方面的准备，来参加中国这一项发展。

包玉刚说，香港的航运业人士可以用合作经营、训练海员、知识技术交流等各种方法，协助内地。最近环球航运集团与内地签订的船舶合作及投资，是内地首次与海外直接达成造船合作发展的协议。他相信协助内地推动四个现代化计划，会有利于香港的经济及政治的稳定。

他说，在近十五至二十年来，香港的航运业有飞速的发展。以悬挂非直隶地旗帜的船只来计算，香港船东所拥有的四千五百万吨船只总吨位已超越了希腊，仅次于美国，居于世界第二位。以香港现有五百万人口和所拥有的船只总吨位比较，每一个人有九吨船，而英国则每人只有零点七吨。假如各种有利因素继续存在，香港船只的吨位还会继续增长。

他说，本港航运业促进本港经济财政发展，提供就业机会，并对本港的其他方面间接收入有很大的贡献。单从提供职业来说，本港拥有可雇佣的海员八万人，他们大多在本港船东所拥有的船只上工作。这数字还没有将在航运公司或其他与船务有关的机构如船务保险及经纪公司服务的人员计算在内。

他又讲，尽管香港船东有庞大数目和吨位的船队，也有颇具规模的修船厂，但是，要发展造船业看来会是一件比较困难的事情。因为造船业需要巨大的财务支持和大幅土地，这似乎是香港较难达到的条件。看来，香港今后仍然要向外地买船。

包玉刚还说，今日船东们面对的挑战最重要的便是联合国贸易发展会议秘书处提出取缔"自由开放船舶注册制度"及采用"散装货运配额法"的建议。他对此表示反对。"自由开放船舶注册制度"不但有助于国际航运业的发展，而且提供了效率高而呵护经济原则的服务。从新加坡、菲律宾、中华人民共和国及南朝鲜发展船运业等例子便可证实。这些国家或地区的经济发展需要运输辅助，而他们政治的经济结构使他们涉足于航业，而令其船只不但具有竞争能力，还有盈利的机会。

他表示不知道香港到底是应该纳为发展中地区还是已发展的地区，但可以肯定的是：① 比起他在一九五五年开始经营航运业，现时已减慢了发展。② 发展至今，香港的船东并没有依赖任何由保护主义者而获得的市场或政府的特别资助。③ 香港航运业的崛起间接刺激了这里金融及工商业的发展。香港航运业是有骄人的成绩。

（《大公报》1980年4月11日）

包玉刚今飞菲岛
将主持独立油轮船东协会年会

本报讯：国际独立油轮船东协会主席及环球航运集团主席包玉刚，近日上午乘班机离港前往马尼拉，主持于明日及后日在那里举行的国际独立油轮船东协会年会。

港督麦理浩将于明日前往菲律宾出席有关活动。

（《大公报》1980年4月16日）

包玉刚呼吁各国用运油船存贮原油

马尼拉十七日美联社电：国际运邮船协会主席包玉刚爵士促各国政府以运油船存原油作为一个解决因燃油引起的经济危机的一种办法。

包氏在一个记者招待会上讲：油轮工业受到政治压力越来越大。他对于“压力”两字未有加以解释，但他说联合国举行的贸易及发展会议以强制的贸易货物分单自由登记的计划对于船务工业有所损害。

（《工商日报》1980年4月18日）

包玉刚利用隆丰欲控制九仓股权

包玉刚利用隆丰控制百分之五十一九仓股权的可能性，近日愈来愈明显。隆丰投资发行新股，向市场集资。隆丰国际昨日宣布重要事项：一、发行七千万股，每股二元八角五仙，另加一亿二千零五十万元现金，收购六艘轮船，市值约六亿五千万元；但由于有三亿三千万元负债，因此资产净值仅约三亿两千万元。

二、发行二亿一千五百万股，每股三元三角，为递延股份（短期内不能出售）；发行一亿股新股，每股二元八角五仙，加二亿一千万元现金，合共十二亿零四百五十万元，作为收购二千一百九十万股九仓（未除净前计）每股五十五元计。

三、隆丰国际在一九八一年十月一日前，有权向包玉刚家族，以每股五十五元，购买六百六十万股九仓（未除净前计），及六十五万张认股证，每张二百一十五元。到时再发行每股三元三角之递延股份。

四、目前之隆丰股东，除包玉刚爵士及其家族所控制之外，其他股东可认购二亿二千五百万隆丰新股（条件五月六日公布），上述新股由获多利包销，另长江实业有限公司之一间附属公司向包氏家族购入约值五千万元的新股（约占百分之二十的配售新股）。

（《工商晚报》1980年4月26日）

参加环球汇丰兴业合营公司会议
柴树藩刘浩清等抵港　包玉刚沈弼池浦后日举行招待会

本报讯：中国第六机部部长兼中国船舶工业公司理事长柴树藩、六机部副部长刘浩清、中国租船公司总经理刘若明，昨日由北京到达香港，将参加与环球航运集团、汇丰银行及日本兴业银行组成的合营公司的初步会议。

这家名为国际联合船舶投资有限公司的新成立合营公司，定近日举行成立会议及董事会，以便委任董事及订出公司的经营方针。

环球航运集团主席包玉刚、汇丰银行主席沈弼、日本兴业银行总裁池浦喜三郎，将于四月二十八日（星期一）假座希尔顿酒店举行招待会，介绍中国方面的来宾与本港工商界人士见面。

（《大公报》1980年4月26日）

国际船舶公司最近组成
柴树藩等来港参加会议

包玉刚、沈弼、池浦喜三郎等昨举行酒会
介绍中国船舶工业公司及租船公司访港小组成员

本报讯：香港环球航运集团主席包玉刚、香港上海汇丰银行主席沈弼及日本兴业银行总裁池浦喜三郎，昨日在希尔顿酒店举行酒会，介绍以中国船舶工业公司理事长柴树藩为首的中国船舶工业公司及中国租船公司访港小组。该小组最近来港，参加成立不久的国际联合船舶投资公司的第一次股东会议及董事会。

今年三月，环球航运集团主席包玉刚等，应邀访问了北京。经过友好协商，和中国船舶工业公司及中国租船签订了组织成立国际船舶投资有限公司的合约。经过一个多月的筹备，现在已经完成了新公司成立的各种手续。该公司已于最近举行成立后的第一次股东会议和董事会，商谈向中国订购新船的一些有关问题，选举了董事会成员和董事主席、副主席，讨论通过新公司的组织章程和业务方针。该公司的董事会成员是：主席包玉刚，副主席刘浩清、包约翰，董事李伯忠、吴光正、刘

若明、高竹峰、袁随善。

中国船舶工业公司和中国租船公司发言人对记者说："新公司的组织和成立，将有利于中国造船工业与香港航运界以及有关方面的相互了解、友好合作和业务往来，有利于中国的船舶出口业务和中国航运业的发展。"

他说："中国的造船工业也正在进行着调整、整顿、改造和提高。目前我们的船厂可以建造各种油轮、散装货轮、石油钻探平台和其他类型的工作船舶和民用船舶。过去，这些船舶主要是供国内需要。从去年起，我们已有部分船舶出口。随着中国船厂的改建和扩建，一二年后，我们将扩大承担十万吨级以下各类船舶的出口业务。我们在船舶出口方面还缺乏经验，对国际航运界过去联系也很少。但是中国有一批具有相当规模的船厂和熟练的工人，也有一些具有一定水平的设计和研究实验机械。我们相信，中国生产的船舶将会适应世界各国轮船机械规范的要求和船东在各方面的需要。"

他说，国际联合船舶投资有限公司的主要业务范围是经营船舶和船用设备的进出口以及航运和租船等有关业务。中国方面参加这公司的有中国船舶工业公司和中国租船公司，香港方面参加的有环球航运集团和环球国际金融有限公司（包括汇丰银行、日本兴业银行在内）等。相信，在有关方面的大力支持和协助下，新公司的业务一定可以得到迅速和顺利的发展。

中国船舶工业公司副经理何志刚说，新组成的公司将会买卖船或租船进行经营，船队的总吨位现暂定为二百万吨。该公司会向中国购买船只，数量多少未有具体数字，但相信上海、大连的造船厂可以在一九八二年向该公司提供新船。目前，中国可以制造五万吨级轮船，不久的将来会达到十万吨级。

香港环球航运集团发言人说，他们今后将会与中国公司保持更密切的联系，会向中国公司提供外国先进的造船材料、市场资料、航运方面所需资料，并向中国购买船只或造船设备提出意见。

（《大公报》1980年4月29日）

环球购船六艘　中国接受承造

本报讯：中国船舶工业公司理事长柴树藩昨日离港返京前讲，他已与香港环球航运集团主席包玉刚签署一份意向书，由中国船舶工业公司为环球集团建造六艘装有适合湖泊航行的齿轮式散装运载轮，价值一亿美元，于造船合约签订后的两年时间内交货。这六艘散装货轮包括两艘载货量六万二千七百吨，适合通过巴拿马运河的散装轮，两艘轮上有起卸货物设备的载货量三万六千二百吨散装轮，及两艘载货量一万七千吨可经河道进入内地起落货物的散装轮。

包玉刚对记者讲，中国地大、资料多，又有不少人力，而他所参观的造船厂的生产水平颇高，有些设备与技术也可以吸收外国的先进的东西，如政府能加强工作效率，一步步地改进，中国的造船或船务事业将有很好的前途。

（《大公报》1980年5月1日）

包玉刚爵士昨主持环球大厦平顶仪式

（港讯）环球轮船公司主席包玉刚爵士昨日由长江实业集团主席李嘉诚、地下铁路公司主席唐信及新昌营造厂主席叶庚年陪同，主持环球大厦平顶仪式。

承建商新昌营造厂总经理叶谋遵指出：虽然中区交通管制严厉对施工有极大之影响，但经由各方面通力合作，工程进度已较预算为快，而且安全纪律良好，叶氏并推许此工程之成功实有赖于业主、则师及各专业顾问之英明决断与精密策划，以及各判头之鼎力支持，新昌员工之严谨执行计划与努力工作所致。环球大厦乃长江实业集团及地下铁路公司合作发展邮政总局旧址之物业，楼高二十九层，位于地下铁路中区遮打站之上，外墙为铝实幕墙及反光玻璃。该大厦及太谷大厦之间更设一行人天桥，连接于中区，有益行人天桥走廊，地下至五楼将全部开为商业用途，包括银行及商场，六楼以上全部为写字楼。全部工程预期于本年十月完成，届时将为中区黄金地段提供高级商业用途楼面合共四万五千八百平方公尺（即五十万平方英尺）。

（《工商晚报》1980年5月24日）

希腊船务展览

本报讯：本港航运业巨子包玉刚爵士，将率领由本港船东组成的团体前往希腊参加在比利犹斯举行的船务展览会。

该船务展览会将于本月二日至七日，一连六天举行。包氏将会见希腊及其他外国船东，商讨建立中国商船队和展开合作的途径。该项船务展览会每两年举行一次。

（《华侨日报》1980年6月1日）

包玉刚吸购九仓二千万股

本报讯：隆丰国际投资有限公司主席包玉刚昨晚决定以其个人及家族名义委托获多利有限公司为代表，于今明两天向私人或股市吸收九仓股份，每股九仓买价为一百零五元，而每张九仓认股权证为五百元。包玉刚计划吸购二千万股九仓股份（即占九仓股份百分之十九），而所需付出的资金约为二十亿元。

以包玉刚为主席的隆丰公司，原本已拥有九仓全部股份百分之三十，如果今次包玉刚成功地以个人名义吸收购二千万股，即使隆丰公司连同包玉刚个人名义所拥有的九仓股份，由百分之三十增至百分之四十九。

置地发言人昨晚对本报记者表示，该公司对包玉刚所提出的计划，不愿立刻加以置评，因该公司执行董事鲍富达亦仅是刚接获上项消息。

包玉刚昨晨刚从欧洲返港，随即在下午与获多利有限公司洽商吸购九仓股份计划，并于昨天下午七时半在希尔顿酒店举行记者招待会，宣布上项决定。

这是包玉刚对置地拟增购九仓股份计划的反击，由于该项计划是现金收购，出价又比置地所提供的股价市值为高，因此除非置地也提高增购九仓的条件，否则包玉刚将在这场九仓争夺战中占上风。

同时，由于包玉刚提出的现金购买九仓股份期限仅为今明两天，显然是采取以快打慢的策略。置地如欲还击，看来必须在今日或最迟明日当获多利有限公司截止吸购时，将最新的增购办法提出，以重新吸引九仓股份持有人把股份出售给该公司。

据目前情况看来，包玉刚以私人名义所开出吸购九仓股份的条件，比置地目前所提出的更为优厚。但估计置地方面不会就此罢休，预料该公司可能在今日或以后再谋策略，甚至会考虑把九仓的增购条件再次提高。

包玉刚说，今次他以个人名义计划吸购二千万九仓股份，主要是为了维护其个人及家庭的利益。因为如果置地能够增购九仓股份至百分之四十九，九仓的控制权便会落入置地手中。

包玉刚又说，今次吸购九仓股份所需现金达二十亿港元，这笔款项，主要是同汇丰银行及其他一些银行借取。

包玉刚表示，他重视九仓股权的其中一个原因，是希望借着购入九仓股权，把国外资金分散运用。

另外，记者提出置地公司目前增购九仓股份行动是否与怡和集团有关，包玉刚表示无法答复，而回答这个问题也是不公平的。

至于他今次吸购九仓股份将来是否影响九仓董事局的组成，包玉刚表示可能有一些变动，但现在评论这个问题仍属是言之过早。

据悉，九仓董事将于今日下午二时半举行董事会议，以研究并确定处理置地建议的程序，并会将结果向股东宣布。预料在今日的董事会上有激烈的争辩，因为九仓主席纽璧坚亦是置地主席，而隆丰公司主席则为包玉刚。

（《大公报》1980年6月23日）

船王火速赶返　连夜宣布大计
九仓股权争夺战进行中

本报讯：九仓股权争夺战目前正处于短兵相接，拥有约百分之三十九仓控制股权的包玉刚爵士及其家族为了阻止“置地”收购九仓股份，昨日部署“反收购”战术。包氏昨在记者会上表示，获多利有限公司将以每股现金一百零五元港币，定今明两天又收购九仓股权，两阵具策成坚强战线，结果如何，相信好戏仍是连台。

身为九仓大股东的隆丰投资公司主席的包玉刚爵士，为了九仓收购事件，缩短欧洲行程，昨日匆匆由伦敦飞返本港，席未暇暖，旋于昨晚上七时半召开记者招待会。包爵士在会上宣布，获多利有限公司将代表他及其家族向私人或股市购入九仓股票，股数为二千万股，这使包氏及其家族拥有百分之四十九股权。

包爵士称：获多利会以每股现金港币一百零五元收购每股面值十元九仓股份，另外以每张现金港币五百元，收购九仓认股权证，所购入之股权为百分之十九，即二千万股。

获多利定于今明两日采取收购九仓股权。包氏表示：获多利拟于一九八零年六月二十三日上午九时三十分开始购股，可全权决定是否随时停止购买，而确定截止购股时间为一九八零年六月二十四日下午五时整，因此，九仓股东及认股权证持有人，应立即采取行动，切勿延误，以免失去将在九仓之投资、从速套现之机会。

（《工商日报》1980年6月23日）

包玉刚成功增购九仓　置地宣布建议仍有效

本报讯：今午十二时，获多利公司之发言人对在办事处采访之新闻记者表示：该公司已成功收购二千万股九仓股票，由十二时开始停止收购。获多利收购二千万股九仓的消息传入股市后，股市急遽回降。今晨较早时因"抢购战"影响，股市在今晨十一时曾急升四十一点多。至于置地的建议是否仍有效，置地公司发言人今午一时谓：置地之建议仍然有效。

（《工商晚报》1980年6月23日）

争夺九仓包玉刚胜了第一局

本报讯：包玉刚爵士及其家族与置地争夺股权战昨日揭晓，包爵士以快打慢与超值现金杀手锏，不足三小时已获得胜利。香港证券监察专员昨晚就此事发表声明，要求包玉刚爵士以平等待遇态度，对待所有九仓股东，换言之，必须以购得九仓控股权的105之股价，再收购其余百分之五十一九仓股票，否则要向证监处清楚解释不收购的理由。

证券监察专员已要求九仓继续暂停挂牌，直至包玉刚爵士有明确答复为止。

据悉：目前包玉刚及家族已收购九仓百分之四十九股权，尚有百分之五十一在其他股东手上，其中百分之二十在置地手中，包氏如以105元收购其余股票，动用资金将达五十亿港元。

对于置地与包玉刚爵士争夺九仓股权之战，证券监察委员会昨日召开会议讨论，各委员会对置地与包玉刚爵士的顾问获多利有限公司在采取收购行动前，未有向该委员会主席咨询，表示不满。

以下是证券监察专员的声明全文：

收购和合并委员会就香港置地有限公司和包玉刚爵士及其家族收购九仓一事，昨日下午召开会议。

本委员会最近清楚地表示，在一间公司中占有百分之五十投票权虽然是被确认控制的证据，但非绝对的，在考虑到控制一间公司是否仍然存在或已成过去的其他因素，仍需在考虑之列。

委员会进一步表示，在任何情形下，是否形成控制之局，在任何情形下，实有疑问，因此，有关任何一方及他们的顾问应咨询本委员会主席，但香港置地有限公司及包玉刚爵士和他们的顾问公司均未向主席咨询。

到了昨天下午，包玉刚爵士的顾问获多利有限公司才通知本委员会，表示完成获得二千万股九仓股份的安排，本委员会认为包爵士已获致控制九仓的结果。

获多利辩称：包爵士早已控制九仓，现在获得增购之股份，并未改变此种情形，但委员会对此一解释并未接受，因此，认为适用一般法规约第三项。第三项规定如下："如一旦获得一家公司的控制权，持有控制权的股东，最宜在可能范围内从速向同类股票的其他持有人提出建议，其条件应不弱于持有控制权股东在获得控制权前六个月内购买股份时所付出的最高价。如有多于一类权益股，即应向其他类股票的持有人提出类似的建议。如无提出一般性建议，应向主席详细解释提此种建议为不需要或不合理者，或说明因其他特殊情况而未提出此种建议，直至主席满意为止。"

证券法规的基本原则中的一项是全部股票持有人应一律平等对待，委员会对未做到此点特别感到关注。

现在获多利有限公司通知本委员会代表包玉刚收购二千万股九仓，但表示对置地收购九仓之提议毋需加以讨论。

本委员会已要求证券交易所继续停止九仓之贸易及认股权，直至包氏依照本委员会之意见澄清他们的意向为止。

证券监察专员麦思昨日发表声明，合并收购委员会一致裁定，要求包玉刚爵士要以获得控制股权时的最高价收购其余之同类股票。（本报记者吴庭介撰）

（《工商日报》1980年6月24日）

包玉刚反收购成功

本报讯：置地收购九仓股票的计划，昨日已被船王包玉刚爵士一项反收购行动反击而告失败，本港股市昨日因此遭受冲击，大上大落。一位股市分析专家更认为在未来两三个月之内,除非另一次大收购行动出现,否则股市将无大作为。

汇业集团董事长区宗杰昨日接受本报记者访问时分析：自上个股市中传出置地准备收购九仓股票消息后,股市像注入兴奋剂,各种股票都受刺激上扬,直至昨晨包玉刚宣布以现金一百零五元收购一股九仓,股市一度大幅上扬,但此项收购仅在短短两个多小时之内便告完成,故此出现大量的获利回吐,股市回落。

区氏认为九仓今次未被收购,一方面反映出置地的收购行动失败,另一方面则预示九仓实力雄厚,不易被吞并。他相信九仓今后永远都不会再出现被收购的情况。

九仓如果于明日后恢复挂牌上市(证监处已要求九仓仍暂停上市),区氏估计九仓再上市,每股买卖盘口只有四五十元左右。

区宗杰并且预料股市在未来两三日间将会回落至恒生指数九六零点,在此水平有一定的支持。

他预测在未来两三个月内,股市将会冷淡,除非出现另一次收购风潮则属例外,九月间本港的出口贸易将会减少,股市更令人看淡。

有人怀疑包玉刚今次直接以现金收购九仓股票,而不透过股票经纪,是否会触犯股票买卖的法例。但区宗杰解释,根据现行条例,只要买卖股票已缴足印花税,毋须透过经纪买卖亦属合法。

至于未来股市动向,汇业集团余锦生预料经此一役,恒指将可能急退至九六零关。假若在该关口有支持力,恒指渴望再超越一千大关,作健全的上升趋势,但如九六零关也不守,其跌势将一发不可收拾,回至九百关左右也未定。

昨日的暴起暴跌,收市仍越一千大关。加拿大多美年证券周润平认为乃炒消息及收购时的必然现象,在抢高利贷后,大户出货,使股价回落,但平价时则有投资者入市,回仓执平价蓝筹股。

此外,他认为减息使套金入市,汇业因借出巨款而使未来盈利可观等等都是暂时性利好因素。

(《工商日报》1980年6月24日)

争夺战结束之后四个集团受打击
九仓价可能七十元不保　隆丰担重形势亦不妙

本报特稿：置地、包玉刚爵士私人及其家族争夺九仓股权之战可谓告一段落,表面上置地在此战役中已属败方。多位证券界人士都表示理论上置地已无还击之力，现时此事件告一段落（证监处开会后仍有下文）下，股市会急剧回落。据估计，包玉刚虽间接或直接拥有百分之四十九直接的九仓股权，但在其所能影响的亲友中极可能再有百分之五至六股权，故此他实已拥有控股权（证监处对此已提出质询），置地再作反击就算能够争取余下的百分之四十余股，也无济于事。

可是据未经证实消息，置地仍有证监处的最后还击力量，因为包玉刚此次增购九仓股份，为争取时间，以直接电话方式未透过证券经纪向九仓股东买股，而非置地的白纸黑字协议方式，故此就出现了技术上问题。

据悉：包氏以平常市场交易方式，经买卖单出数购入九仓，要付出政府印花税及经纪佣金，似乎和证监处宣布的自周五起九仓股份停止交易有所抵触，但此事仍未能获得证监处发言人证实。

另一方面，包玉刚提出的收购时间过于仓促，在昨早短短两个小时内（上午十一时即已宣布停止增购）即宣布增购完成，对小户投资者实在有欠公允（据估计：长实李嘉诚、新鸿基证券、新鸿基地产郭德胜、李福兆等主要华资骨干已售出共约百分之十五股权），使散户并无卖出机会。事实上照此看法只余百分之四至五九仓股乃购自散户。此外对怡证系拥有九仓股权不予受理，也为歧视性。加以公开增购股份，并非以按比例式购入所需股数，而采先到先从手法，更显出不公平及有垄断之嫌。但是据说证监处亦无法例规定上述比例性收购的执行。

一位经纪表示：置地此次战役失败后，也未尝不无好处，它大可抛出手头九仓股份，获得资金，可在市场中吸纳自己股份，加强自己的控股权，可是一般人士认为此点有商榷余地。

汇业集团余锦生认为九仓股权争夺战结束后，四个牵涉其中的华洋集团都会受到打击进而拖低整个市值。

他认为受害最深的将是九仓股价，经此役后，因为再无法收购消息支持，其价位将会连事前的七十余元也不保（假若置地放弃增购声明），在前市“炒过龙”的情况下，投资者会大量抛售，假若九仓股价下挫五十元，恒生指数会单独因此拖低二至三十点。

其次是置地，会处于极为尴尬地位，因为手上持有的约百分之二十的九仓股权，若再增购已是绝无益处，如欲抛售，有无买家是极成疑问，而且其价位也必定处于极低水平。但长期持有年息只约二至三厘的九仓股份，却极不划算。但置地以约五十元的价位从怡证手上购入九仓，其损失相信不会太大，故此抛售压力预料不会显著。

至于隆丰走势，余氏预料其市价亦会狂跌，因为现时包玉刚虽以个人及家族名义增购九仓，但投资者估计九仓股份最多会转入隆丰名下，而在九仓股价预料大跌，隆丰资金情况难以支持增购价及短期股东盈利分薄的情况影响下，隆丰走势未许乐观。

据统计，包氏购入九仓的股份耗资二十亿元，每年利息支出共计（一分计算）二亿元，但九仓年息约为三厘，即使收入抵得六千万元，对比下年蚀一亿四千万元。

而似乎会因此而获利益的怡和，在预期置地会增购成功的情况下而股价会大幅上扬，可是现时却因有九仓的“负担”，而会出现相反的走势。

虽然九仓价位跌势差不多肯定会出现，可是有一市场经纪乐观地表示，今天开市价应为九十元左右。

市场人士又估计：包玉刚已实质上控制九仓大权，因此预料为弥补巨额利息支出，他必会大力发展九仓土地，牟取最高利润。但无论如何，短期来看，以一百零五元现金价增购九仓股份是不划算，但长期来看，对业绩发展，应有一定帮助。

（《工商日报》1980年6月24日）

获知增购已成功　包玉刚表示高兴
昨出席九仓董事局会议

本报讯：包玉刚爵士昨日获悉增购九仓股份成功后，怀着欣喜心情出席九仓董事局会议。

包氏参加会议一小时后离去，对于收购成功，他只有一句话说：“我很高兴。”

包氏并表示只知道收购成功，当记者问及将来经营方式是否改变时，他表示现在尚言之过早。

（《工商日报》1980年6月24日）

置地不甘罢休　密商反击计划
声言收购建议仍有效　顾问晤证券监理专员

本报讯：不足三小时，包玉刚爵士与其家族成功收购九仓二千万股份。据说主要是来自华资大户之大力支持，包玉刚爵士收购百分之十九股票，据传其百分之十五是大户支持，散户共有百分之四被接受收购。

置地有限公司昨晚仍未承认收购失败，该公司一位发言人昨晚对本报记者表示：置地收购九仓股份之建议仍然有效。

一般估计置地可能不会就此罢休，预料在今日会表明态度，置地公司董事会昨日召开会议，事后发表声明如下：

“香港置地有限公司董事会小组委员会，就包玉刚爵士在市场上购买香港九龙仓有限公司股份一事，经已召开会议，商讨因而导致之情况。”“香港置地之顾问将应邀与证券监事委员会晤，会议结果于商讨后将另行公布。”

（《工商日报》1980年6月24日）

九仓发表公布

据悉：九仓董事局昨日召开紧急会议，以研究及确定置地建议的程序，董事局会议中并获悉包玉刚爵士已成功收购二千万股九仓。

九仓昨日发表消息说：香港九龙货仓有限公司董事局经于一九八零年六月二十三日星期一（今日）下午二时三十分举行会议，并委任亨实财务有限公司就一九八零年六月二十日星期五所发表有关怡富有限公司代香港置地有限公司建议增加置地在香港九龙货仓有限公司之股权，收购九仓部分股份，使置地所占九仓股权增至九仓已发行股本百分之四十九一事出任顾问。“待接获亨实之意见后，董事局将另行向股东作出报告，董事局获悉获多利有限公司已于今（二十三）日接获出售建议得以购买超过二千万股每股港币十元之本公司股份”。

（《工商日报》1980年6月24日）

包玉刚否认将继续收购

本报讯：由于九仓已宣布暂停挂牌，获多利公司此次代表包玉刚抢购九仓股票之办法，有无抵触法例，数间证券交易所都感到存疑，而证券监理专员亦就此问题进行研究，部分股票经纪虽然对手续上是否有法律问题存疑，但仍继续为客户代办手续。

由于市场内传出因交易所并未贴出公布，所以部分经理拒绝为客户办理转让九仓股票的事，本报记者昨晨曾就此事向金银证券交易所一位姓陈副经理查询，据陈氏谓：因该会大多会员都是稳健派，彼等因九仓已宣布停牌，而此次获多利之做法是否有法律问题感到存疑，而证券监理专员亦对此进行研究中，但大部分会员暂时仍照常为客户办理手续。

代表包氏进行收购之获多利财务公司发言人昨日表示：昨晨之收购进行得非常顺利，且是超额完成。连同此二千万股，包氏将拥有九仓已发行之股份百分之四十九。而包氏亦极力否认如传闻中他会继续收购九仓之其余股份。

在股市方面，由于抢购九仓之影响，各类股票大上大落，交投非常活跃，恒生指数一度上升四十一点，四会成交额创下七年来最高纪录。

据一股票市场人士形容，昨早之股市在近似疯狂情况下进行，买卖双方所出之价位距离甚大，出现一大上大落之局面。至下午，双方价位才趋稳定。

此外，加以上周六外汇银行公会宣布减息一厘半，连同九仓事件之刺激，昨早股市于开市时股价便大幅上升，备受大众注意之隆丰公司以五元开市，瞬即升至五元四角，比上周收市价上升一元有多。恰如开市价为十八点三元，上升近两元。昨晨十一时恒生指数升高至一千零二十九点有多，在一小时内上升了四十九点以上。但当代表包玉刚之获多利公司宣布收购已达二千万股九仓股份后，各类股份即大幅下跌。

至下午买卖双方才渐冷静下来，交投量亦比上午减少，全日恒生指数以一零一二点零一收市，比上周升二十四点多。

（《工商日报》1980年6月24日）

包玉刚购九仓股成功　置地未放弃增购建议

本报讯：虽然昨日包玉刚成功地以个人及家族名义吸购二千万份九仓股，使他及隆丰投资公司合共持有九仓股达到百分之四十九的目标，但置地发言人表示仍未放弃增购九仓股的建议，即该换股建议依然有效。同时，证券合并收购委员会昨日发表一项紧急声明，要求原定今日复牌的九仓股票继续停止买卖，以待包玉刚澄清其吸购九仓股份的意向。因此这场九仓争夺战，估计仍会有发展。

据获多利有限公司执行董事奚戴德表示，该公司已于昨上午十二时前吸入二千万份九仓股，今次的吸购行动已告结束，而现金吸购受欢迎亦是意料中事。

奚戴德说，该公司在吸购行动结束后，随即在昨日下午举行会议，主要是计算今次吸购股份的实际数量及价值，同时亦商讨有关如何分配大户的申请。

获多利公司副经理袁天凡表示，昨日前往该公司出售九仓股份的人士，大部分为散户。该公司上午九时开始办公后，有人出售为数达五十万份的九仓股，后来该公司将出售股份最高限额由五十万减至十万，而且一度再减至一万。据称这种做法是让散户有机会出售其九仓股份。

昨日前往获多利公司的部分散户，并未透露过证券经纪或其他专业顾问来出售他们拥有的九仓股，因此该公司一再打发他们联络经纪。据估计，很多散户未能赶及在中午十二时前办好出售手续，而该公司已于该时间宣布吸满二千万股。换言之，昨日中午之后获多利已截止吸入九仓股了。

另一方面，由昨日上午开始，置地董事会一直开会。该公司董事会小组委员会亦发表一项声明，指出会议主要讨论包玉刚在市场购买九仓股份一事。同时，置地公司的顾问昨日下午又与证券监理专员会晤，商讨今次包玉刚及置地增购九仓股份的建议事项。

证券合并收购委员会昨晚也发出一项声明，指出包玉刚及置地的顾问们均没有就增购九仓股份一事征询委员会主席的意见。

该委员会又指出，其中一项吸购股份的基本条件，是让股份持有人获得平等的待遇。该委员会特别注意到昨日上午的吸购例子，并未使愿意出售股份的持有人获得平等的待遇。换言之，该委员会显然认为获多利公司不肯吸购置地所持有的九仓股份，是一种不公平的做法。

本报讯：九龙仓昨日下午二时三十分举行董事会议，并委任亨实财务有限公司就有关怡富有限公司代香港置地有限公司建议增加置地在九仓股权及收购九仓部分股份，使置地所占九仓股权增至九仓已发行股本百分之四十九一事，出任顾问。据称，九仓董事局接获亨实的意见后，将另行向股东作出报告。

与此同时，九仓董事局又宣布获悉获多利有限公司已于昨日购买超过二千万股的九仓股份。

（《大公报》1980年6月24日）

包玉刚答记者问

透过发言人回答了九仓董事会议有何最新发展及置地有何反应等问题

本报讯：本报记者昨日下午曾致电包玉刚，提出三个问题，包玉刚透过发言人回答了记者的询问。以下为答问内容：

问：你委托获多利有限公司代为吸购九仓股份，显示的情况是否令你满意？

答：今次我以个人的名义吸购九仓股份，是为了家族的利益，而我希望吸购百分之四十九的九仓股份，现在已经收够了。

问：九仓董事会议有何最新发展？

答：九仓自然会公布会议的结果的，这个问题，我不便答复。

问：今后你打算采取什么新的行动，以及你估计置地有何反应？

答：这点我不能置评。

（《大公报》1980年6月24日）

收购合并委员会整天开会 认为九仓股东未享有同等待遇 要包玉刚向该会澄清购股意向

本报讯：根据证券法例设立的香港公司收购及合并委员会，昨天就置地公司、包玉刚及其家族（下称包氏家族）分别吸购九仓股份的建议，竟日举行闭门会议。委员会主席麦思会后发表一份新闻稿称，根据收购合并一般守则的精神——所有公司的股票持有人均应享有同等的待遇，而在九仓事件中，上述精神虽然未被遵守，该委员会对此特别感到关注。同时，该委员会要求证券交易所继续停止九仓股票及认股权证的买卖，直至包氏家族向收购合并委员会澄清其意向为止。

据悉，收购合并守则并无法律权力，全赖有关专业人士的遵守，如有违反，将会受到制裁。不过，根据证券条例，违反公司可能受到停牌处分。

会议进行至下午时，委员会接获包氏家族的财务顾问获多利有限公司的通知，称他们已完成收购二千万九仓股份。稍后，获多利公司及置地公司各派出一名代表参与下午及晚上的会议，向委员会报告有关事宜。

麦思表示，按置地及包玉刚方面的建议，获成功的集团将可拥有九仓股份的百分之四十九。委员会于午后接获多利有限公司的通知（即已成功收购二千万股九仓股份）后，觉得包氏家族成功收购的结果已达成拥有九仓的控制权，而获多利公司认为包氏家族其实早已拥有九仓的控制权，现在的行动只是增加其股权达至百分之四十九，此举并无改变这种情况。

麦思在新闻稿中强调，该委员会并不接纳获多利的解释，并认为收购及合并一般守则第三条在此种情况下适用。

该守则的内容为："如一旦获得一家公司的控制权，持有控制权的股东，最宜在可能范围内从速向同类股票的其他持有人提出建议，其条件应不弱于持有控制权股东在获得控制权前六个月内购买股份时所付出的最高价。如有多于一类权益股，即应向其他类股票的持有人提出类似的建议。如无提出一般性建议，应向主席详细解释提此种建议为不需要或不合理者，或说明因其他特殊情况而未提出此种建议，直至主席满意为止。"

麦思又称，委员会更认为在任何事件中对于控制权感到怀疑时，与此有关的集团及其顾问均应向委员会主席澄清。在九仓事件中，置地、包氏家族及其财务顾问并无在此问题上向委员会主席澄清。

速战速决抢购九仓

九仓争夺战在包玉刚发动"现金105闪电攻势"后，于昨日上午仅花两个小时就告结束。包玉刚首先达到吸购百分之四十九的九仓的目的，至于置地公司以股换股的建议书，昨日才寄到九仓股东手里，可以说置地增购行动实际上还未展开，而代表包玉刚的获多利有限公司已宣布"完成吸购"了。

置地已无可能购足筹码

虽然置地公司迄昨晚深夜时止，还没有撤回它对九仓股东实行股换股加债券的增购条件，但一般相信即使继续下去，也不可能收到百分之四十九的九仓。因为表面上包玉刚及家族加上隆丰国际投资公司在内，但支持包玉刚的集团或朋友，肯定手上还有九仓股，他们绝不会接纳置地的建议。据估计，包玉刚及家族、隆丰国际以及包玉刚的朋友等等，加起来的九仓股，相信已超过百分之五十了，也只有这样，包玉刚在九仓的董事会上，才能稳坐钓鱼船。

集中找寻对方法律漏洞

置地将如何还招，这是耐人寻味的关键所在。从昨日的迹象显示，置地财务顾问集中在研究证券收购合并的守则，看有没有捉到包玉刚吸购九仓的"法律漏洞"。收购合并小组昨日下午及晚上就为此而开了冗长的会议，在会上争辩激烈，对于是否发声明曾进行投票。内幕消息透露是四比三票通过要发声明，但如何措辞又成了反复推敲的焦点。声明不少段落及字句是"点到即止"，不过却明显地指出了有关方面吸购九仓股份未能做到对各股东"一视同仁"。据知，包玉刚就暗示过不会收置地及其有关系公司手上持有的九仓股。这种"选择性"是否恰当，亦在讨论之列。

场内外买卖一天二十六亿

昨日股市受这个消息影响，波动极大。一日之内价格上落百分之七至八的股份比比皆是，其中隆丰股的波幅更达百分之四十，最高见五元四角，最低三元八角五分，差额为一元五角五分，可见投机性买卖的深厚。成交额方面也多达四亿九千万元，如果加上包玉刚吸购的二十亿元九仓，昨日一天之内的股份交投总值就达二十六亿元之巨，相信也是有史以来一个交易天最大的场内外买卖了。在这巨额的交投中，港府的印花税也收到盆满钵满，达七千八百万元之多！

英资财团会否善罢甘休

一位资深银行家昨日对本报记者说，九仓争夺战之中，包玉刚取得胜利，自然得力于汇丰银行的支持。二十亿元的购股现金中，绝大部分由汇丰借出。而令人松一口气的是：这次争夺战的高潮基本上是"速战速决"，股市难受刺激，波动也只是一个较短时期，不若以前的收购战，拖得越长，影响就越大，而当股价升至脱节高峰时，也就种下未来大跌的恶果了。

该银行家又说，九仓争夺战的结果，预示了在汇丰支持下实力华资集团的崛起，已动摇了老牌英资财团的“独霸地位”。汇丰近年来一再支持实力华资集团打天下，说明英资内部的矛盾白热化。看来栽了筋斗的一些老牌英资财团将不会善罢甘休，总会设法重整旗鼓，在适当的时候，找寻适当的对象“再来一次”，是毫不奇怪的事。

（《大公报》1980年6月24日）

获多利总值二亿二千万元
现金支票全部送达售股人

（特讯）获多利有限公司昨日已把总值二亿二千万元之款项，用汇丰银行现金支票分别送交出售九仓股票的大小股东手上。

而证券监理处正研究包玉刚收购九仓二千万股行动有否违反在证券交易场买卖的规定。

包玉刚前日上午迅速完成收购九仓二千万股份，获多利公司执行董事奚戴德昨午表示：获多利公司已采取公平分配办法，保障小户股东利益，并在办公时间内，完成接收手续，即在短短八小时内把二亿二千万现金支票分别送到被收购之二千万股九仓股东手中。

（《华侨日报》1980年6月25日）

收购守则并无法律效力
九仓暂停挂牌　有助抑制炒风

（特讯）九仓股权争夺战，金融界人士普遍同情包玉刚，并指收购及合并守则含糊不清，亦没有法律效果，起不了作用。

他们又认为是本次收购行动股市影响不大，预料九仓再上市时，则难以维持一百零五元的水平。

九龙证券交易所主席陈普芬对包玉刚爵士今次收购九龙仓的行动表示同情，他更认为即使包氏不理会证券监理会的声明，停止收购九仓股份，亦是合理的。因为收购合并委员会的声明及守则并无法律效力，换言之，包爵士不理会该委员会的警告，于情于理，都不足以构成任何罪状。

陈氏并指出港府对所谓控制权的定义似乎含糊不清，守则上是指拥有百分之五十或以上的股份才是拥有控制权，而包氏目前不过拥有百分之四十九股权，但收购合并委员会却要求包氏对此次收购行动，提出全面收购的要求，陈氏因此表示，究竟甚么情况下才是取得控制权，似乎有重新商榷的余地。

他又强调目前港府要求各证券交易所要九仓暂时停牌，只是避免在局势混乱时，引起炒风，而不是一种制裁行动。不过他认为何时恢复挂牌便有待包氏澄清其对九龙仓的意向。

陈氏及其他一位证券界权威人士都认为，依理推断，九仓股一旦恢复挂牌后，股值难以维持一百零五元的水平，但届时真正的跌幅或进展如何，目前是很难预料的。

一位金融界人士对于包玉刚无意收购其余百分之五十一股份，认为绝不会影响股市或金融市场。他解释谓委员会所下的命令并非法例，只属守则，而包玉刚可恃势独揽九仓百分之四十九股权。

（《华侨日报》1980年6月25日）

包玉刚拒绝再收购九仓

本报讯：九仓股权增购战昨日进入一个新高潮，获得百分之四十九九仓股权的包玉刚爵士，昨日宣布，拒绝证监处的建议收购所有九仓股份。置地亦发表声明，取消增购九仓的建议。但此事似乎余波未了，证监处之收购合并委会对包氏拒绝增购所有九仓股份的理由感到不满，今晨将召开会议讨论。

证监处发言人沙理昨日接受本报记者访问时指出：——他并不接受包氏拒绝收购其余九仓股份之理由，因现时包氏所持有之百分之四十九股份，该处认为包氏足有控制九仓之实权。

沙理说：由于他对包玉刚爵士增购九仓股份之程序不大清楚，而大部分股票经纪在交收时，手续亦非常混乱。故在九仓停牌后，包氏所用收购九仓之手法与方式，该处暂时未能发表任何评论。

但他强调，在此混乱不清之情况下，必须要根据当时收购情况，在法例解释下才可知包氏有否违反证券法例。证监处今日开会研究及讨论后才决定应采取适当的行动。

据悉：公司收购合并小组的建议是否获接纳，对包玉刚爵士之声誉有或多或少之影响，但该小组并无法定权力去迫令遵从与制裁。

证券监委会高级证券主任邵曾瑞绍表示，在股票市场中，合并及收购一般法规约第三章规定，如获得一家公司之控制权，持有控制权之股东，最宜在可能范围内，向其他同类股票持有人提供在获得控制权前六个月期间购买股份时所付出之最高价。

如控制权之股东并不提供同样价钱，应向主席详尽解释不需要或不合理的原因，直至主席满意为止。

但邵太指出：由于上述规定条文，只是证券界人士一向共同遵守的市场守则，即是一般惯例，实际上并无法律效力，亦不具惩罚性。

对于证监处上述五起宣布九仓股份停止交易，而包玉刚爵士仍以平常市场交易方式，经买卖单出数购入九仓之举，是否与证监处所宣布有所抵触，邵太表示该处仍在研究中。

包玉刚爵士成功地增购二千万九仓股后，收购合并委员会即建议包爵士收购其余百分之五十一九仓股票。代表包爵士之获多利有限公司昨午经过会议后，并没有接纳委员会的建议，无意作全面的收购。

获多利有限公司昨午发表的声明如下：包玉刚爵士认为，香港置地有限公司将所拥有九仓股份由百分之二十增加至百分之四十九之建议会对彼以前在九仓之股权地位遭构成威胁，但彼增购相当于二千万股九仓股份得以保障其本人及其家族之利益，包玉刚在现阶段无意向其他九仓股东提出全面购股建议。

（《工商日报》1980年6月25日）

股票业内人士指出证监处干预太迟
要求全面增购所有九仓

本报讯：包玉刚爵士增购九仓股权成功后，证监处要求包氏以同样条件购入所有九仓，业内人士认为政府这次干预行动来得太迟，以致包氏进退两难，包氏之拒绝再增购其余九仓百分之五十一股票是预料中事。

一位业内人士认为，证监处的“收购合并委员会”行动太迟缓，为何要当包氏已付出约二十一亿元现款之后，才作出全面增购所有九仓股票之要求，为何不在包氏宣布收购行动时，立即通知，可能会使包氏取消是次行动，或者，证监处真的来不及知会包氏，但在置地六月二十日提出以新股及债券买入百分之二十九九仓时，证监处也只是将九仓停牌，并无任何进一步行动，若果当时“收购委员会”要像今次通知包氏那样通知置地的话，在时间上应该足够的，因为置地当时所处的情形与包氏一样，但该会没有那样做。

该位人士又表示，无论“包氏”抑或“置地”在收购百分之四十九后，证监处才提出要求，必须同样收购其余百分之五十一，“收购合并委员会”这样迟缓行动，不但令当事人陷于进退两难处境，可能更足以引起股市极大危机。如果包氏要遵照要求收购其余股份，必须要再募集约五十多亿元，假若包氏无法遵照要求，而抛售些少持有之九仓，势必推跌股市。

他又表示，目前包氏已动用二十一亿元现金在收购行动上，假若再要包氏再动用约五十多亿元现金，同样条件收购余下股份，在情在理上包氏是不易办到的，“收购委员会”此建议实在有点强人所难，另一方面，倘若今次事情未得解决，九仓如果一直停牌，其他九仓股东的利益便因而受损。

（《工商日报》1980年6月25日）

获九仓控制权
地产界人士看法　船王为长远打算

本报讯：船王包玉刚爵士与置地之战，包爵士以“一百零五元抢购九仓”获胜，盛传长江实业（集团）主席李嘉诚，在这场九仓争夺战中，担当重要幕后角色，但本报记者致电李氏时，李氏对此不愿发表评论，但亦不否认与包爵士合作。

本港数位地产界知名人士，对包玉刚爵士及其家族力争控制九仓百分之四十九股权，认为包氏主要是看准九仓在尖沙咀拥有的庞大地皮，日后可以大大发展。

利兴发展有限公司专事总经理胡汉辉指出，包玉刚爵士抢购九仓股份，付出的代价十分惊人，动用二十一亿元收购二千万股九仓，每年须付利息约二亿元，但估计包爵士是从长远利益着想。

恒基兆业地产有限公司经理梁希文表示，包爵士收购九仓股权，带来长远良好的影响，除股市受刺激外，由于九仓的尖沙咀地皮有价，虽然该地皮只是九仓所有，但将使整个地产业更加兴旺。

一位不愿透露姓名的地产界人士指出：包玉刚爵士获得九仓控制权，势必加速发展九仓现有地皮，以便资金尽快回笼，站在长线投资来说，包氏此举颇具眼光及魄力。

（《工商日报》1980年6月25日）

财经人士分析置地似有放弃九仓意图

本报讯：置地公司昨日发表一项出人意料的声明，透露该公司现时仅持有约一千三百三十万股九仓。上述数字显示，该公司原先拥有百分之二十的九仓股份，实际上已降至百分之十，据知有约一千万股已售给包玉刚，从而套取逾十亿港元的现金。

置地公司减少持有九仓股份的行动，乃趁包玉刚出价一百零五元吸购九仓股份时乘机沽出的。由于置地公司所持九仓股均为银行受托人公司的名义，故可能因此瞒过了包玉刚的财务顾问获多利有限公司。

获多利发言人昨日没有对上述置地售出九仓股份事件做评论。按较早时的宣布，获多利曾经表示不会吸购置地公司出售的九仓股份。

置地公司发言人答复本报记者询问时表示，该公司日前卖出了约一千万股九仓给包玉刚。换言之，该一千万股占了包玉刚目前吸购的二千万股九仓的百分之五十。他又指出，置地原先持有二千三百四十万股九仓，经出售股份后，现仅余一千三百三十三万股。

另一方面，证券收购合并委员会昨日也发表一项短声明，表示该委员会曾就获多利目前所发新闻稿的反应作考虑。至于详细的声明，要待今晨召开另一次会议后才公布。

置地公司这项突如其来的声明，无疑证实了连日流传的置地大量抛售九仓股给包玉刚的传说。前天投资银行界曾传出包玉刚增购的二千万九仓股中，有六百万是由置地卖出的。现在置地的声明一出，证实包玉刚吸购置地持有的九仓股份比传言的六百万股还要多四百万股。

置地今次以每股九仓一百零五元，售出一千万股给包玉刚，约共套取了十亿元现金。如果追溯置地购进九仓的记录，最高价约为每股五十元，现在以一百零五元卖出，等于对本对利净赚了五亿港元。

实源投资有限公司常务董事单晓甫表示，今次置地肯卖出一千万股九仓，最主要的理由是包玉刚所提出吸购的价钱相当优厚。

财经界人士分析，置地今次抛售了近千万股九仓，显然有放弃九仓的意图。置地套取了十亿元后如何运用，当是众所关注的问题。

包玉刚于日前成功地吸购二千万股九仓后，一般人均认为他占到了上风，但实际上包玉刚动用现金二十亿元来保持九仓最大股东的身份，所付出的代价也不少，单是银行的利息每年就要付出超过二亿元。因此，今后包玉刚会否利用其影响力改变九仓的经营方针，例如大量出售九仓地皮，以改善九仓的资金流动情况，也是人们关心的事。

对于九仓恢复挂牌的消息，证券监理处发言人表示，交易所对昨日九仓复牌并没有提出异议。他又解释，一间公司的挂牌与否，主要是由上市交易所负责，如果该公司并没有要求在股票市场上停牌，则复牌行动是没有任何问题的。换言之，九仓昨日并没有要求停牌，所以九仓股便得以继续上市。

另外，九仓昨日曾举行紧急董事会议，该董事局议决委出一个以麦士基为主席的独立小组委员会。该委员会将就前日获多利及置地公司所发表的声明，作独立处理有关各股东利益的事项。

该小组委员会的其他成员，分别包括嘉道理及霍士杰之交替董事，W. T. Grimscale及梁绍荣。

同时，该小组委员会已继续委任亨实财务有限公司为财经顾问。

（《大公报》1980年6月26日）

对付证监专员　闷棍船王有绝招

（时讯）包玉刚决定不理会“收购及合并委员会”的声明，不再增购九仓股权。同时，置地收购九仓股权建议亦宣布失败，已接纳的股票，将退回持有人。

证券监理专员表示已获知包氏不再增购九仓股权，并决定今日上午召开会议讨论，然后发表声明。

多位金融界人士表示：收购及合并守则没有法律效果，故起不了作用，包氏不遵照委员会指示，亦不会引起不良后果。

然而，一位法律界人士认为证券监理专员可以阻止九仓上市，因而可以收到内部惩罚的作用。

昨日，获多利有限公司与香港置地有限公司，分别展开冗长的会议，讨论包玉刚与置地争购九仓股权事宜。

傍晚时分，获多利公司执行董事奚戴德代包玉刚发表声明。他说：包玉刚爵士在现阶段无意向其他九仓股东提出全面购股建议。

奚戴德指出：包玉刚认为，置地公司将所拥有九仓股份由百分之二十增至百分之四十九的建议，对包氏以前在九仓的股权地位构成威胁，而包氏增购相当于二千万股九仓股份，得以保障其本人及其家族的利益。

当问及包氏不再购买九仓股份，是不欲动用更多资金，或根本认为没有违反收购精神，奚戴德只回答说：包氏已买到足够的九仓股票，不想再增购。

记者又问获多利公司没有向收购及合并委员会作澄清及解释的原因，奚氏表示委员会只要求该公司澄清意向，他们已依足而办，并没有解释的必要。

记者再问收购及合并委员会对该份声明有何意见时，奚戴德说该份声明刚刚"出炉"，因此并未与委员会有任何接触。

对于包玉刚不理会"收购及合并委员会"指示，停止增购九仓股权一事，大部分金融人士均同情包玉刚，并认为于情于理来说，包氏亦不必全面购买九仓股权。

一位法律界人士指出：证券监理处的公司收购及合并守则表面上虽然并无法律效力，然而事实上仍足以阻止有关公司上市买卖，收内部惩罚作用。

多名人士表示，目前并无成文法律使收购及合并守则在法庭上被接纳，不过，在必要时，证券交易所是严格遵从证券监理处的指示，因此可以在厘定行内的规矩及定出工作程序时，有效地阻止有关公司上市买卖，此举便足以收内部惩罚的作用。

置地公司会议发表声明

另一方面，香港置地有限公司董事会小组委员会昨日召开会议，商讨收购九仓股权事宜。

会后该公司发表声明称：香港置地增购香港九龙货仓有限公司股份之建议，乃在若干条件下提出者，其中一项条件包括并无任何其他人士对任何九仓已发行股本提出收购或反收购建议。有鉴及此，当包玉刚爵士于六月二十二日发表其宣布后，香港置地之收购建议已于当日失效，并已告终止。

声明又指出：六月二十二日（邮寄收购建议文件予九仓各股东后一工作日）并无接获任何有效接纳书。香港中央证券登记有限公司于前日及昨日接获之接纳购股建议之股份及认股权证，将退回各持有人。

该声明又说：鉴于证券监理委员会于本月二十三日发表之有关收购及合并守则条件，香港置地董事会将密切注视有关九仓之未来发展。

九仓散户集会商议研究对策

本报讯：由于包玉刚宣布不再收购其他九仓股份，置地也将建议收购计划取消，未被包氏收购的百分之五十一股票的股东，势必“食诈糊”，当九仓恢复挂牌时，他们会遭受九仓股价暴跌的损失。

九仓增购战停牌前，市价每股七十七元，经纪行人士指出：九仓将来复牌可能跌破此价。据一项消息则指出：部分未及时抢购被包氏增购的九仓散户，昨日曾在一经纪行集会，商讨集体行动。他们希望政府正视此次不公允的增购事件。

部分九仓散户指出：九仓争购战得益者只是大户，散户因走运一步便成为牺牲者，如果九仓股价将来大跌，估计散户损失将年数以亿元计。

九仓独立小组声明

本报讯：九龙仓董事局委出之独立小组委员昨发表声明，认为包玉刚爵士及其家属增购九仓股份后，应遵守有关守则，向全体股东，以同等条件收购他们的九仓股份，代表九仓的亨实财务有限公司且曾与获多利有限公司接触，要求收购全体九仓股东股份有关事宜，但为获多利拒绝。

小组声明如下：“九龙仓董事局于一九八零年六月二十五日委出之独立小组委员会宣布，其财经顾问，亨实财务有限公司，经与获多利有限公司及收购与合并委员会，就包玉刚爵士及其家族于最近增购相等于二千万股九龙仓股份一事，进行商讨。”

“在考虑最近包玉刚家族增购九龙仓股份之情况后，本独立小组委员会认为，需要遵照香港收购与合并守则条文规定，向全体股东，以同等条件建议收购其股份。”

“本小组委员会经接获收购与合并委员会通知，其欲按守则条文行事之努力，已告失败。亨实财务有限公司与获多利有限公司接触，寻求其向全体股东，以同等条件建议收购其股份，惟已被获多利有限公司拒绝，该公司并无提出任何其他建议。”

董事局小组委员会主席麦士基

一九八零年六月二十六日

隆丰董事会声明

本报讯：隆丰国际投资公司董事会昨晨举行会议后，发表声明指出：包玉刚爵士收购九龙仓百分之四十九的股份，纯粹是包氏及其家族为维护本身的权益而采取的行动，包氏收购九仓与隆丰国际公司并无关联。

隆丰国际投资有限公司的声明如下：

一、董事会主席包玉刚爵士向本董事会表明彼已进行收购约百分之十九之香港九龙货仓有限公司（九仓）之已发行股份，此乃彼对香港置地有限公司（置地）建议增购九仓之已发行上市证券至百分之四十九所采取之行动，置地该项建议可使本公司在九仓之投资处于少数股东之地位。

二、包玉刚爵士及其家族于一九八零年六月二十三日经由获多利有限公司以其本人及其家族之名义增购九仓股份之行动，并无与本公司议定作出安排。因此本公司对此次增购行动，并未曾任何方面作出任何财务上或其他之承担。所有有关本公司曾牵涉入该次增购行动或负有任何财务责任之报道，皆属错误及不确。

（《工商日报》1980年6月27日）

收购合并委员会连日冗长会议后发表声明

（特讯）收购及合并守则并无法律效力，证券监理专员对包玉刚拒绝全面收购九仓股票一事，未有作出有效行动，九仓股权争夺战已告一段落。

收购及合并委员会经过连日冗长会议后，昨晚发表声明，指责获多利公司违反收购及合并守则，而包玉刚未遵从委员会指示，亦是难以接受的错误。

昨日，委员会与包玉刚两位代表及获多利一位代表进行会谈，会议到晚上九时许才结束。会后由证券监理专员麦恩实证声明。

麦恩指出：收购及合并守则并无法律效力，只是作为证券收购及合并商市行为的准则，而该守则的效能，有赖进行收购或合并的公司与其顾问合作和依从而导致。

他说：收购及合并委员会最近曾表示，若对收购或合并行动有怀疑，应先行向委员会主席咨询。但今次收购九仓股票行动，包氏及获多利公司事前没有这样做。

麦恩表示：委员会要求包氏全面收购九仓股票，获多利公司指那是不可行的。委员会认为那是说包氏财力不足作全面收购。

他继续说：委员会因而建议包氏起码要在公平原则下再收购部分九仓股票，以便那些未能以一百零五元价格售出股票者可以享有该利益，否则包氏应放弃使用于本月二十三日购入的二千万股股票的投票权。但获多利又表示再购部分九仓股票是不可行的，包氏亦不准备放弃任何投票权。

麦氏谓：委员会认为包氏因获多利建议而行动错误，那是可原谅的，但包氏拒绝全面收购则属不可原谅。

最后他说：获多利公司未依守则行事，委员会认为那是错误的行为，并提出指责。麦恩发表声明后，记者问委员会是否会再作出其他行动，麦氏拒绝答复，并且离去。今次事件显示收购及合并守则定义含糊，存有漏洞，而更因没有法律效力，难以有效控制。

证券界人士预料政府将因今次事件而会将守则立案成法例，以有效控制收购及合并行动，保障股民。不过，证券界人士多同情包玉刚，认为他未有违反守则。

（《华侨日报》1980年6月27日）

董事局主席包玉刚报告亚洲航业盈利满意

（特讯）据七月二十三日亚洲航业有限公司董事会主席包玉刚爵士向该公司董事会及股东之报告指出：该集团截至本年度三月三十一日止，盈利为港币一亿八千六百五十一万九千元，同时建议派发截至一九八零年三月三十一日止。

联营公司营业盈利为港币一千八百八十九万一千元，上年度则为港币二千二百九十三万九千元。

因此，该集团每股盈利亦相对地自港币一元增至一元零七分。包括非常项目港币一千五百五十六万元后之盈利，总额则达港币二亿二千零九十七万元。较上年度之港币一亿八千八百六十万零六千元，增加百分之十七。

若该项建议在八月二十九日之股东周年常会获得通过后，末期股息将于九月十日派发，而本年度之派系总额将为港币一亿零九百六十六万八千元（则每股全年派息五角七分），上年度之股息则为一亿零一百九十七万二千元（则每股五角三分），成绩可谓稳步上扬。

董事会并拟以港币一千五百五十六万元发往资本储备，而在所发出五万张面额一千美元于一九八九年到期周息六厘半及有换股权之有担保债券，到现时为止并未有任何债券持有人要求转换该公司股票。

（《华侨日报》1980年8月17日）

指数下跌九点　九仓走势妙

大市反复软顺，似乎在等候消息公布。事实也是如此，九仓今晨十一时举行特别性董事会议，闻说包玉刚爵士被推举为董事局主席，直至截稿时，会议仍在举行。假若从九仓今晨走势观察，多少可以找到答案，因为股价上升，这意味着九仓一旦在包氏领导下，后市是十分乐观的。

接近收市时，卖盘源源注入，大多数股份以低价卖出。美大通银行加息四分一厘，升至十一厘二五，终止过去多月来利率下跌走势，这个利淡因素，昨午首先表现出来，因为美元在本港及各地外延市场上突见好转，投资者早有心理准备加息，而股市提早做出反应，昨午市道偏软，其实受这个消息影响最大。

今晨大市初开，美国加息阴影依然不散，大多数股份低出前市一两个价位，中段时虽有反弹，惟投资者见价高即抛售，遂使价位回落，低价收市（下略）。

（《工商晚报》1980年8月20日）

传包玉刚爵士可能任九仓董事局主席

本报讯：九仓最大股东包玉刚爵士，极可能出任该公司董事局主席，因为身兼怡和主席的纽璧坚昨晨已在一份致股东公函中透露将辞职，并建议包玉刚爵士继任主席一职。

九仓已决定于下月十七日（星期三）中午召开非常股东大会，议程主要为通过及认可九仓的公司组织章程，至于届时会否投票选举新董事局主席，则还没有得到九仓当局的证实。

目前九仓最大的股东是包玉刚爵士，他差不多拥有九仓一半之股权。

据一位熟悉包玉刚的人士透露：他很乐意接受九仓主席职位。

九仓主席纽璧坚突然表示辞意，敏感者都会认为怡和系不知又再搅什么“新招”。

怡和系与包玉刚斗法，从禁止九仓转名可看出一二，故此纽氏意欲辞去九仓主席位，令人费解，但据证券□□□□□力上起牵制作用，故此敏感者推测怡和系会否再施“暗度陈仓”手段，借此消息“抬”高九仓价位，再放出手头旗下百分之十的九仓股权。证券界的人士又透露：纽璧坚辞职，而包玉刚爵士登上九仓新董事局主席位，已经是预料中事。估计董事局挽留纽氏的机会很低，因实际上现时怡和系名下的九仓股权只有百分之十，而包氏名下的则多达百分之五十弱，实已控制整间公司的前途。故包氏出任董事局主席只是迟早的事。

估计下月十七日的修改公司章程大会，相信为包氏上台铺路，依现时的公司章程，包氏根本无资格成为主席。

包玉刚爵士于六月底增购九仓股权的事件中，就表明要控制九仓的野心，最后还要当董事会主席一职。

当时一般的看法认为，尽管包爵士已取得百分之四十九的九仓股权，但若要重组董事局，改选新主席，却非是一件容易的事。

据九仓的一份刊物称：九仓之董事局主席应同时为怡和的主席，若要改变这条款，就须有百分之七十五股东的支持。由此可见，包玉刚爵士或包氏家族中任何一员欲要成为九仓董事会主席，修改公司章程是不可避免的事，即删除董事会主席一职须由怡和系主席担当条项，而是按照一般公司章程法，即任何人持有百分之七十五控股权便可当董事会主席。

现时，经过近两个月的时间，包爵士的准备功夫可算有了眉目，估计问鼎九仓董事会主席一职，绝无疑问。

值得指出的，包爵士选择了这个时间，必定是配合好各方面的利好因素，特别是政府在考虑给予九仓发展轻便铁路的时候，假若包爵士任主席一职，无疑给九仓一把劲，与此同时，持有九仓三成股权的隆丰投资最近又收购亚洲航业，使隆丰的地位大大提高，而投资者对隆丰的信心也建立起来，对该公司十分有利。

至于包氏上台后会否大刀阔斧改变九仓的行政方针，现在尚难预料。但估计包氏必会有计划地发展九仓现时拥有的地皮，以增加公司的利润。另外除了现时不能动用电车公司的厂房作楼房发展外，相信一般的收租可以维持。

（《大公报》1980年8月21日）

包玉刚谈海运制度

本报讯：国际独立油轮船东协会主席包玉刚，昨日在日内瓦召开的联合国贸易及发展会议上发表演说，主张继续现行的海运制度，不赞成对现有制度加以限制的建议。

包玉刚说，现行国际油轮业务最大的特色是它的高度竞争性，不论是拥有庞大船队及租入大量油轮的石油公司，抑或独立轮船股东，都没有力量控制或垄断石油运输市场，现行的石油运输市场也没有对参与者或退出者构成任何障碍。但如建议中的限制付诸实行，上述有利条件将不复存在。

他重申国际独立油轮船东协会的立场是深信现行制度的益处，而决无意反对发展中国家建立其船队的意图。

（《大公报》1980年9月5日）

包玉刚昨抵达北京

中国新闻社北京九月十日电：香港环球航运集团主席、国际联合船舶投资有限公司董事长包玉刚一行，今天下午乘飞机到达北京。

他这次是前来北京出席定于九月十三日举行的国际联合船舶投资有限公司董事会第二次会议的。这次会议的主要任务是总结该公司成立以来的工作，并安排明年的工作计划。第一次会议已于今年四月底在香港举行。国际联合船舶投资有限公司是由中国船舶工业公司、中国租船公司与香港环球航运集团、环球国际金融有限公司（包括香港上海汇丰银行、日本兴业银行、环球航运集团）合资，于今年三月间在北京成立的。

包玉刚在京期间，还将同中国船舶工业公司商谈订船业务，并签订合同。

香港环球航运集团副主席李伯忠和夫人已于昨天到达北京。

（《大公报》1980年9月11日）

环球集团购四艘中国货船

新华社北京九月十二日电：中国船舶工业公司为香港环球航运集团建造四艘散装货船的合同于今天下午在北京签字。

这四艘货船，有两艘载重量各为二万七千吨，将由上海江南造船厂建造，有两艘载重量各为三万六千吨，将由上海沪东造船厂建造。

中国船舶工业公司董事长柴树藩和香港环球航业集团主席包玉刚分别在合同上签字。

新华社北京九月十二日电：国务院副总理谷牧今晚会见了前来参加在北京召开的国际联合船舶投资有限公司第二次董事会议的全体人员，同他们进行了亲切的交谈。

参加会见的有国际联合船舶投资有限公司名誉顾问柴树藩、沈弼、池浦喜三郎，董事长包玉刚、副董事长鲍约翰、刘浩清，常务董事刘若明、高竹峰、袁随善等。

国际联合船舶投资有限公司于今年三月在北京宣布成立，是由中国船舶工业公司、中国租船公司和香港环球航运集团、香港上海汇丰银行、日本兴业银行合资经营的一个公司，今年四月在香港举行了第一次董事会议。

会见以后，柴树藩设宴欢迎参加国际船舶投资有限公司第二次董事会议的全体人员。

谷牧副总理出席了宴会。

（《大公报》1980年9月13日）

包玉刚出任九仓主席

本报讯：惹人注目的九仓争夺战昨日终于告一段落。在昨日下午举行的特别股东大会中，九仓董事正式通过纽壁坚辞去主席一职，并推选包玉刚为新主席。

包玉刚表示，九仓在纽璧坚担任主席的十年间，进行了许多具影响性的改变，该公司的资产增值，由七零年的二亿元增加至现时的一百亿元。包玉刚在答复记者询问时说，今后九仓的经营方针不会变，一切有关的发展计划，仍待董事局作出决定。

包玉刚说，他未有打算增购更多的九仓股份。换言之，隆丰国际投资公司连同包玉刚个人名义所拥有的九仓股份百分之四十九，将不会有任何变动。

据证券界人士分析，由于包玉刚昨日接任九仓主席后，未有公布该公司将来具体的发展计划，因此昨日股市的交投虽然相当活跃，但没有立刻刺激九仓的市价上涨。昨日恒生指数一二四四点八上升二十一点九，但九仓则由九十五元跌至九十四元，隆丰由五元三角半跌至五元二角。

昨日九仓的特别股东大会，可说是九仓争夺战的尾声。自从包玉刚拥有百分之四十九的九仓股权后，再加上其他支持者手中的九仓股份，很容易便可以掌握控制九仓的权力。另一方面，置地自从在今年六月的九仓争夺战中，将约一千万股九仓售给包玉刚，现时只余下百分之十的股权，因此纽璧坚便作辞去九仓主席的决定，让包玉刚接任其职位。

今年八月二十日，纽璧坚在一份致股东书中曾经指出，他决定辞去九仓主席一职，并准备于九月十七日（昨日）举行的特别股东大会中，推选包玉刚为董事局主席。该份致股东书又指出，包玉刚作出三项保证：第一，继续支持九仓现时业务的发展；第二，继续雇佣九仓的现有雇员，并保证他们的职位；第三，为股东谋求最大利益着想，继续扩展九仓的业务。

（《大公报》1980年9月18日）

包玉刚任九仓主席　将加强与国内合作

（特讯）九龙仓昨午召开特别股东大会，船王包玉刚爵士获委任为新主席，并正式通过纽璧坚辞去主席职务。此外，会上同时接受罗文惠与积逊辞去董事职务。

纽璧坚卸任时说：“能在过去十年做九仓主席，深感荣幸，现在公司财政状况非常良好，希望以后更有进展。”

而包玉刚爵士则极力赞许纽璧坚在过去十年来对九龙仓的贡献。

他说：“纽璧坚先生过去十年领导公司有良好成绩，使九仓的影响力扩展到东南亚，使公司资产总值由一九七零年二亿元增加至现时一百亿元。每股盈利百分之四百七十，现时每股盈利为一元七角。”

在谈及将来的发展计划时，包爵士表示他将致力使公司能有更大的发展，不过却未透露较具体的计划。

此外，他并表示今后将加强与国内的合作。

（《华侨日报》1980年9月18日）

对日内瓦航运会议所作结果包玉刚昨发表评论

本报讯：国际独立油轮船东协会、环球航运集团主席包玉刚昨日就联合国贸易发展会议委员会最近在日内瓦举行的航运会议所作的结果，作出评论。包玉刚在日内瓦曾强烈地提出世界散装轮业务如进行任何的货运分配法时对经济引起的不利之处，同时，并指出开放等级的逐步淘汰造成的后果相当严重。

所有这些建议将使散装货运市场现存的高度竞争特点，以及目前经营的有效成本和效率，遭受摧毁。

他又说，这些建议很可能产生以下三种情况：① 货运分配法使整个市场的自由受到约束；② 船东营业的灵活性受到限制；③ 在一个好的方法下经营，效率进一步增加。

不过，包玉刚指出，如果上述情况不成立，很有需要寻求一些有保证的方法，使散装航运的新来者能迅速成功，而政府方面可能需要对一些效率低的经营者予以津贴，无可避免地，消费者将要付出更高的运输费用。

包玉刚认为，在考虑实行这些建议时，应特别着重研究开放船舶登记的社会及经济背景。

（《大公报》1980年9月19日）

银高有限公司投得尖沙咀广东道地主

（港讯）以加拿大怡东财务有限公司（长江实业［集团］有限公司与加拿大帝国商业银行之等资联营机构）为首之六家公司，合组银高有限公司，经以港币十三亿一千四百三十万元之价格成功投得尖沙咀广东道/海防道（K・I・L・一零六五地段）占地七万一千方尺之官地一幅，将计划兴建超过九十万方尺之新型高级商业大厦。

银高有限公司之组织成员，除加拿大怡东财务有限公司（占百分之三十三）、尚有香港九龙仓有限公司（占百分之二十）、香港置地有限公司（占百分之二十）、中艺（香港）有限公司（占百分之二十）、怡南实业有限公司（占百分之五）及新鸿基证券有限公司（占百分之二）。

银高有限公司董事会主席为包玉刚爵士，董事长为李嘉诚先生，长江实业（集团）有限公司将担任上述庞大发展计划之策划经理。

预期新大厦将于一九八三年上半年内完成。

（《华侨日报》1980年9月25日）

包玉刚在华盛顿说
西方须尽力保持奥木兹海峡通行

（美联社美国华盛顿三十日电）世界最大的油船船队的业主星期二说：西方无论如何必须保持奥木兹海峡的开放。香港环球船务公司主席包玉刚说："没有其他选择，这对西欧和日本来说，是生死攸关的问题。"包玉刚说："迄今为止他没有接获有关在伊朗—伊拉克冲突中，任何油船遭到破坏的报道。"他说："他的油船的船长都已被授权自行决定，是否留在该地区或离开那里。该船务公司拥有两百艘船只，总额数超过两千万，其中油船占百分之六十。"包玉刚前来这里出席世界银行和国际货币黄金的年会。他昨天接受采访时说："进口石油的费用给没有石油生产的落后国家带来严重问题。"他说："石油输出国组织应当与工业化的国家人道，对那些国家提供帮助。"他预测油价将会继续上升，"直到世界能够找到石油的替换物"。包玉刚说："由于采用了超级油船，今天石油的运费几乎与二十五年前相同"，他说，"目前从波斯湾运送每桶石油到欧洲的费用，是五十七美仙到八十美仙，这与二十五年前的费用相同"。包玉刚说："他的所有公司已定购五十四艘新船只，其中四十六艘正在日本建造，另外分别向中国内地和波兰定购四艘。"

（《华侨日报》1980年10月2日）

包玉刚昨宴请饶斌

本报讯：环球航运集团主席包玉刚昨（五日）晚在铜锣湾怡东酒店顶楼会见并宴请了中国第一机械工业部副部长饶斌，双方进行了亲切交谈。

饶斌介绍了一机部的概况和他率领考察团来港的目的。饶斌说，一机部成立了机械设备进出口公司，进一步促进了工贸结合。工厂的产品在外销中提高水平，明确方向。现在，华润公司仍然是中国各进出口公司的总代理。

包玉刚认为中国机械出口希望很大，他建议首先开拓东南亚、中东、非洲和南美洲市场。包玉刚赞成国内的经济体制改革。他说，体制改革，把经济调整好，一定能搞得更加活泼，对四个现代化具有重要意义。

会见后，包玉刚设宴招待饶斌副部长及随行人员。李伯忠和黄均乾出席作陪。

（《大公报》1980年10月6日）

隆丰国际要以换股方式　收购九仓普通股一成半

本报讯：隆丰国际投资有限公司（隆丰国际）宣布，已与包玉刚爵士及其若干家族权益达成协议，在达到若干条件之情形下，隆丰国际之一间全资附属公司将以换股方式收购九仓每股面值港币十元普通股一七，五零零，零零零元（约占九仓已发行股本百分之十五），使隆丰国际所拥有之九仓权益增至约百分之四十五。

收购代价如下：九仓每股面值港币十元换取隆丰国际每股面值港币零点五零元，普通股五股换取列为缴足新普通股八十六股。

根据隆丰国际股份暂停交易前，一九八零年十月九日星期四隆丰国际普通股之收市价每股六点一零元计算，每股九仓股份之收购价为一零四点九二元。

此一收购事项须在达到下列条件下始能坐实：

① 隆丰国际股东在股东大会上批准通过此项收购建议，并通过一项普通决议案使隆丰国际之法定股本增至必要数额，鉴于包玉刚爵士与夫人及彼等所控制之各公司之权益，彼等不拟就上述决议案行使其合共占隆丰国际已发行有表决权股约百分之六十一之股份之表决权。

② 香港证券交易所准予将发行为收购代价之隆丰国际之新普通股挂牌上市。

此项收建事项定于一九八零年十二月三十一日或较早完成，在收购成交时隆丰国际将发行新普通股共三零一、零零零、零零零股，作为代价。

据称收购及合并委员会主席经咨询后表示，由于包氏权益已拥有隆丰国际及九仓两公司之控股权益，故此交易并不构成九仓控制权之转移。

（《大公报》1980年10月11日）

本港一宗破纪录贷款合约

本报讯：一项破纪录性，达十一亿二千五百万港元之银行联合贷款合约，昨日由船王包玉刚及地产界闻人李嘉诚，联合十多间有关银行、财团的代表，在港岛一酒店共同签署。

此宗高达十一亿二千五百万港元的款项，乃新成立的银高有限公司，为发展最近以港币十三亿一千四百三十万元投得位于尖沙咀广东道之地皮，而向本港及海外十多间银行及财团借贷。

银高有限公司，乃由加拿大怡东财务有限公司（长江实业［集团］有限公司与加拿大帝国商业银行之平资联营公司）为首，联合其他六家公司合营组成，主席及董事长分别由船王包玉刚爵士与李嘉诚出任，而长江实业（集团）有限公司则被委任为该项发展计划之策划及售楼经理。银高有限公司属下成员及其所占股权百分比如下：加拿大怡东财务有限公司占百分之三十三权益，中艺（香港）有限公司占百分之二十，香港九龙货仓有限公司占百分之二十，香港置地有限公司占百分之二十，怡南实业有限公司占百分之五，新鸿基证券占百分之二。

至于该公司借贷十一亿二千五百万元发展的地皮，占地七万一千方尺，计划兴建一座新型高级商业大厦，楼面面积将超过九十万方尺，有关发展计划预期于一九八三年上半年完成。

此项巨额贷款，由加拿大帝国银行负责安排，参与的银行、财团多达十多间，并由加拿大帝国商业银行、美国大通财务有限公司、中国银行、香港上海汇丰银行担任贷款财团之联席经理。其余参与机构尚有加拿大士高雅银行、法国巴黎银行、大通银行、万国宝通银行、恒生财务有限公司、日本工业银行、莱斯国际财务（香港）有限公司及获多利有限公司。至于该项贷款之借方担保人，计有加拿大怡东财务有限公司、华润公司、香港九龙货仓有限公司、香港置地有限公司、怡南实业有限公司及新鸿基证券有限公司等。

昨日出席签约仪式者，计有船王包玉刚爵士、地产界知名人士李嘉诚、新鸿基证券有限公司的冯景禧，暨有关银行、财团代表近百人。

（《工商日报》1980年10月14日）

远东国际船务会议今举行

本报讯：远东国际船务会议今日在丽晶酒店举行，参加会议的有来自三十六个国家和地区的四百名代表。他们都是航运界的权威及财经专家等。

在本港航运事业正在扩展而受到世界注目之时，此项为期两天的会议有两项目标，包括研究内地的海运发展与香港的关系，以及全面检讨远东航运贸易事业。

航运业中的权威人士将在会上发言。他们包括第一次参加此项性质会议的三名北京代表。会议开幕时将先由船东会主席及VALLES船公司董事长顾国敏致词。在今日的会议中，环球航运集团主席包玉刚将出任主席，而第二天的会议，则由香港总商会及怡和洋行主席纽璧坚任主席。

航运界人士指出，香港在协助内地发展国际航运业务上可以作出良好的贡献。同时内地与香港方面，在航运业上亦有可能合作的途径，如香港与内地合作认购船只，成立公司，建造货柜船只、油轮及货运船队等，也可在经营管理、租赁船只等计划上合作，以及训练内地航运业人员。香港同时亦为内地造船业提供市场及为船只提供修理及维修服务。

（《大公报》1980年11月19日）

包玉刚在远东航运会上称香港、内地船务合作有利两地航运发展

本报讯：香港航运业发展之迅速，已使其在国际运输服务上的地位日渐重要，故此，一个为促进各国航运事业的“八〇年远东航运展览会”于昨日开始连续两天在港举行会议。

在昨日的会议中，八位代表分别发表演说。主持会议主席包玉刚爵士谓：香港与内地密切的贸易关系，将促进两地在航运方面的更加发展，他相信内地贸易的不断扩展，航运业前景向好是无可置疑的事实。包氏认为本港具备天然良港，而内地又不断发展对外贸易，两地联营将是今后发展的最佳方法。

香港船东协会主席顾国敏在演说中亦盛赞香港在船运发展的成就，他相信今次展览会促进远东各国与香港的船运发展。

在今次会议中，北京亦有三位代表出席，他们分别就内地现时的船务发展作演讲。由于当地的贸易发展，使船运亦日感需要，故此，内地现已大量训练航海人员，以便船运的发展基础更为稳固。以过去几年来看，内地在七七年的出入口贸易总值，较七六年增加百分之十，七八年的增长为百分之三十点二，去年则有百分之二十八点一的增幅，可见随着对外贸易的加强，船运发展的重要性也相应提高。

包玉刚又指出，内地船务到本世纪末相信有大规模的发展，相对而言，对本港此方面发展亦有好处。他认为就人们忽略了的香港船业维修服务来说，香港亦将受益。

包爵士说，虽然今日世界有许多不稳定因素，造成政治和经济上的紧张，但在本地区而言，局面是相当稳定的，这就需要香港和内地维持良好的关系。

（《工商晚报》1980年11月20日）

港督麦理浩参观远东船务展览会

本报讯：港督麦理浩爵士昨日往海运大厦参观八〇年远东船务展览会。

麦理浩爵士在包玉刚爵士及驻港英国商务专员马卓贤陪同下，到临展览会参观。

来自三十七个国家的五百间公司参加展出，财政司夏鼎基爵士在本周一主持今次展览会揭幕。

（《工商晚报》1980年11月21日）

国际联合船舶包玉刚昨与马登签意愿书

本报讯：香港会德丰船务国际有限公司向北京的中国船舶工业公司订建两艘载重量二万七千吨散仓货轮。这两艘货轮适合美洲大湖区航行，将由中国船舶工业公司的大连造船厂建造，预定于一九八三年交船。

这项协议是通过国际联合船舶投资有限公司的关系而达成。国际联合船舶投资有限公司为环球航运集团于本年初与中国船舶工业公司及中国租船公司为发展国际航运业而组成的合营公司。

订购该两艘新船的意愿书签署仪式，昨日在环球集团的会议室举行，由国际联合船舶投资有限公司主席包玉刚及会德丰集团主席马登代表签署。随后举行酒会庆祝。

（《大公报》1980年12月10日）

包玉刚爵士指出世界航运前景乐观

国际独立油轮船东协会主席，及环球航运集团主席包玉刚爵士，展望今年航运事业，与去年相较不会出现太大差距。

过往一年，世界航运可谓荣辱互见，超级油轮因七三年石油危机引起之恶果，并未全消，故去年经营仍未令人惬意，但中型及较小型油轮，尤其是六万吨级（巴拿马级）及以下者，业绩尚佳。就散装货轮言，有的地区需输入大量货物，及煤矿转运量日增，情况满意。

展望今年，与去年较相信不会出现太大变化。超级油轮复苏，不会是年内之事，中型油轮及散装货轮之经营，会保持佳态，而运煤船表现相信将较突出。

航运虽为世界性事业，但其重心已逐渐东移，过去二十年来更显著，此基于经济发展，资源开发，经营良好，及国民就业意愿种种因素使然，国家政策之转变，尤其东南亚各国致力于发展本国船队，更促成远东船队日益壮茁。

以上是包玉刚爵士（国际独立油轮船东协会主席及环球航运集团主席）在展望八一年航运而作出的提示。包爵士称：虽然世界航运去年普遍不景，但在东南亚区的船东，却并不如是。

二十年来世界船业命脉东移，已有明显迹象，重心由欧洲移往太平洋。本港船东在世界航运地位，有举足轻重之势，其拥有船舶，已超过五千万吨，比英国拥有的吨位为多。

当然，东南亚发展中国家积极发展船队，故为主因，而在海员方面，欧洲人多不愿参加航海，而亚洲海员却与日俱增，亦是亚洲航业发展一日千里的原因，中国内地近日积极发展航运，亦成亚洲区航运发展之新动力。

在国民生产进展方面。东南亚已有凌驾欧洲之势，此表示本区经济发展之蓬勃，亦相对地形成航运的发达。东南亚区拥有丰富的资源及物产，对运输工具的需要扩张，更有利于航运业之拓展。内地实行四化以来，对外贸易量有显著增加，对行业发展更有积极性的鼓舞。

至船舶吨位过剩问题，包爵士表示，联合国政府间海事协商组织（IMCO）要求船只加紧安装海上安全及环境保护等设备。这样将使不少现有船只需要拆卸，间接帮助解决吨位过剩。

至联合国贸易发展联会（UNCTAD）提出的货运配额法，如付诸实行，将严重影响现存的市场制度，并带来恶性后果。

包爵士强调，现行高度竞争性之海运制度，令国际海运服务费用廉而效率高，若实施货运配额则此种优点将不复存在。

（《华侨日报》1981年1月1日）

地产业兴旺将持续　包玉刚对前景乐观

地产兴旺景象，自七五年第四季起已连续第六年，地产商对来年发展仍抱乐观态度。

包玉刚爵士认为：地产业的蓬勃发展，在今年将继续以稳定的步伐向前发展。

他不否认商业楼宇租金高昂已打击到香港的经济发展，但由于香港仍具其他有利因素，例如与邻近各国的紧密贸易关系，完善的金融设备及通讯设备等，这都是吸引外资的条件，故地产业也因而获发展机会。

至于住宅楼宇方面，在近日的高息因素打击下，无疑对楼价是有一冷却作用，对于一些有需要及有能力的人来说，却正好给予他们购买机会。

包氏指出：无论如何，地产业将继续为本港经济发展的主要支持力。以过去地产业的炽热发展看来，实已反映出投资者及商人对本港政局的稳定及经济增长充满信心。

不过，港府实应提供更多的土地作发展商业中心之用，以改善现时商业楼宇供不应求的局面。他亦深信更多的供应，可使楼价亦得到适当的缓和。

（《工商晚报》1981年1月3日）

包玉刚在穗签合同　购两艘三万吨货轮

新华社广州十四日电：国际联合船舶投资有限公司向中国船舶工业公司购买两艘三万六千吨位散装货轮，签字仪式今天在广州举行。

国际联合船舶投资有限公司董事长包玉刚和中国船舶工业公司董事长柴树藩代表双方在合同上签字。

包玉刚一行六人十三日由香港达到广州后，全国人大常委会副委员长兼秘书长杨尚昆会见并宴请了他们。参加会见和宴会的还有广东省、广州市、第六机械工业部负责人任仲夷、刘田夫、梁灵光、刘浩清等。

（《大公报》1981年1月15日）

包玉刚沈弼等八位专家展望二十年后财经贸易

（港讯）在以后二十年中，香港的海运业、航空货运业、银行业、保险业等主要行业的发展趋势如何？国际能源情况，香港同各主要贸易条件之间的贸易关系会有什么改变呢？关于这些问题，香港工业总会刚出版的《香港工业》创刊号的专文，可以为你一一解答。

《香港工业》的前身是一份双周刊。工业总会纯为适应时需，为读者出版一份全新而文章隽永、资料丰富的中英对照刊物，故决定把《香港工业》改为月刊。《香港工业》一月号既是创刊号，又是工业总会创会二十周年纪念专辑。

今期有八位专家亲自执笔之鸿文为："未来二十年的海运业"——香港环球航运集团主席包玉刚爵士；"展望二十年后的航空货运业"——香港太古集团主席布立克先生；"二十一世纪的能源问题"——蚬壳石油（香港）有限公司董事长柯兆文先生；"香港以后二十年银行业"——香港上海汇丰银行主席沈弼先生；"谈以后二十年的保险业前景"——香港怡和有限公司保险部总经理沈茂耀先生；"我看未来二十年的港美贸易"——美国驻港总领事舒史明先生；"未来港日贸易关系之我见"——日本驻港总领事纯郎枝村先生。

《香港工业》月刊在香港工业总会发售，每本港币五元。地址：九龙红磡码头团道二十一号义达工业大厦十二楼A座,电话:三一一六五九零六一。

(《华侨日报》1981年2月3日)

国际船东协会会议　包玉刚在伦敦主持

本报讯:包玉刚昨日在伦敦主持国际独立油轮船东协会属下的执行委员会会议。包玉刚为该协会的主席。

国际独立油轮船东协会是一个大规模的海运组织,代表世界上二十三个国家的独立油轮船东。

参加该会议的人士,将就目前疲弱的油轮市场情况进行研究,内容包括原油的预期供求、主要消费国家(尤其是美国)的能源政策。

在伦敦停留期间,包玉刚将在该协会主持的晚餐会上,与英国新任船务大臣杜富嘉及贸易部船务政策组高级人员会面。

(《大公报》1981年2月4日)

包玉刚今日赴星

本报讯:香港环球航运集团主席包玉刚今日离港前往新加坡,为一个由联合国亚洲及太平洋经济及社会发展委员会和海洋技术印刷商联合举办的海事展览——"亚洲海洋技术八一"主持揭幕礼。

包玉刚将以国际独立油轮船东协会主席的身份参加一项集会,以《东亚船运发展远瞻》为题发表演说。

在新加坡逗留期间,包玉刚将与该国总理李光耀会面,另外,并将与当地的船运组织举行会谈。

(《大公报》1981年3月1日)

包玉刚昨呼吁船业发展港口、训练人才

合众国际社新加坡二日电:香港船业大王包玉刚,星期一呼吁世界船业团体

加强发展港口设施和地区人力潜能。

包玉刚在主持为期一周的亚洲海洋技术展览开幕时表示，由于港口挤塞，以及货物从船上卸下后，运往消费人时所遭受的耽搁，造成了资源浪费，我们不能不感到痛惜。

他呼吁各地的船公司“运用陆上设施，迅速而有效地与现代化船只配合”。

他说，亚洲尚未开发的船业庞大人力资源，是该地区另一个需要多加关注的问题。

他说，在某些东南亚国家，庞大的工业人口“为海员提供了一个自然的来源”。

他建议，这支劳动大军，只要给予专门的训练，并鼓励他们投身运输业，便可以更充实地开发出来。

亚洲海洋技术展览吸引了来自二十一个国家约五百家轮船公司参加。

（《大公报》1981年3月3日）

包玉刚昨赴美国

本报讯：香港航运界知名人士包玉刚昨日离港前往美国华盛顿，以主席身份主持国际独立油轮船东协会的周年会议。

会议由四月一日开始，为期两天，今次讨论的主题是：世界能源展望和海洋安全法例的推行。

前美国国务卿基辛格将会在首日的晚宴聚会上作客演讲。

（《大公报》1981年3月31日）

包玉刚在国际独立油轮船东协会致词

（特讯）包玉刚爵士昨日在华盛顿召开之国际独立油轮船东协会第十届周年会议开幕致词中，再次强调“货运配额法”对航运及消费者而言，实有害而无益。

包氏同时指称，船东为推展海上安全及防止海洋污染计划，虽然负担甚大，但皆乐意实行，惟避免引起市场混乱或不平衡，希望所有和航运业有关的地方政府或机构对此能共同切实推行。

在国际独立油轮船东协会首次在美国举行之周年大会上，包玉刚爵士谓：散装石油运输业可以说得上是世界上极少数竞争剧烈的自由市场。正因为这个原因，一直以来，这市场受到一般主张控制商业自由发展潮流的严厉的攻势。

他指出：国际石油海运业每年将数以亿吨计的石油从出产地运往消费国家，运费在数十年内不但没有增加反而每年退减，原因是由于油轮业是各船东努力去减低开支及增加效率，以应付市况的转变。

包氏说：假若油轮航运业没有个人决策的灵活性，去适应市况的突变，或假若这种灵活性被联合国贸易及发展议会所提出之"货运配额法"取而代之，则可能会带来不可想象的严重后果。国际独立油轮船东协会极力反对一切违反鼓励自由竞争及生产增加的措施，或一切将国内经济问题转移到国际航运业，以寻求解决的办法。

在推展世界性的海上安全及防止海洋污染计划这方面，他指出：美国一向处于领先地位，协会十分感谢美国政府在这方面所做出的努力，同时，也热心支持一切联合国国际海事咨询处所提的方案。

他继续称，对船东而言，要遵守这一切安全措施费用极为庞大，同时，油轮市场正处于低潮，这些开支无疑使船东百上加斤。但船东们都以维持海上安全为要务，而协会亦已极力设法协助这些政策的推行。无论在业内自行改进海上安全的水准，或对海事咨委会所定规则提出航运界的意见等。

包氏又说，他想特别提出美国海岸的防御局所作出有效而实际的措施，同时对一些遵守安全措施的技术性问题所显出的了解。协会希望所有和航运业有关的地方政府或机构对海洋安全措施能共同切实推行。若非如此，将会引起市场混乱或不均衡的情况。本人亦希望各国加紧海员训练工作，以免这些价钱高昂的安全或防止污染设备，非但不能达到预期目的，反而因为不按适当的操作而引致意外。

至于国际能源展望，他说：距今八年前，一般人都以为石油的来源用之无尽，取之不竭，而消耗量亦会不断上升，决计没有想到今天世界会面临能源短缺及消耗缩减的问题。以航运业来讲，石油危机所引起的后果可说是十分严重。事情已发生了八年，而航运业在这段时间内已作出了最大的克服，但至今未完全渡过艰难期。

包爵士更强调国际油轮船东协会及其本人并不是悲观论者。协会对任何困难都没有畏惧，反之会努力设法克服这些困难。协会的唯一目的是维护商业在自由竞争原则下正常发展，努力解决海洋污染及安全等问题。

（《华侨日报》1981年4月2日）

包玉刚在年报中透露九仓争取投资机会

本报讯：香港九龙货仓有限公司董事会主席兼行政总裁包玉刚在该公司一九八零年年报中透露，九仓董事会将求取新投资机会，尤其在物业发展方面，以求加速益利增长。九仓集团稳健充实的财政状况，足以应付本年度现行之各项发展计划，不致有筹措额外资金之需要。

包玉刚说，九仓集团已在过去六个月中采取较具机动性的物业发展政策，并加入三个集团合作发展及出售物业，包括在一个以长江实业有限公司为首的集团占有百分之十股权，该集团将参加投标争取兴建港岛地下铁路支线车站上盖的发展权，与长江合作发展九仓公司位于西环干诺道之货仓及员工宿舍，以兴建一个六十万平方呎之新颖综合性建筑物，加入银高公司百分之二十股权，银高公司将发展位于海港城对面之广东道一幅七万一千平方呎地产，建造商业大厦，预期于一九八三年竣工。

他说，九仓集团除于八零年十二月出售美国银行大厦之后，并已安排出售帝后酒店，以配合经营将于今年底落成启用之马哥孛罗酒店。除海港城第一期内的马哥孛罗酒店外，预期于八三年底完成的海港城第四期酒店也作好租赁安排。

他说，海港城第一期两幢写字楼大厦将于今年中完竣，酒店部分可于今年七月中完成，住宅大厦将于今年第三季内开始提供收益，全部写字楼已经租出，而商场及住宅单位租务亦颇有满意进展。海港城第四期预计于八三年底完竣，海港城第五期详细发展圈则已呈交港府审阅。

谈及九仓经营的公共交通业务时，包玉刚说，电车搭客人次及收入在本年内均增加百分之五，但不足全部弥补经营成本不断上扬，因此益利较上年底为低。港府现正审核一项增加票价之申请。天星小轮因经营成本不断上涨，尤以薪金及燃油为甚，因此票价在本年内有调整的必要。

（《大公报》1981年5月28日）

地产界财团进军新加坡

新加坡三十日法新社电：据此间报道，香港的地产业巨子正谨慎地向新加坡的地产市场进军。

《商业时报》报道称，他们是世界著名的地产公司香港置地公司，香港最大的证券公司新鸿基及船王包玉刚爵士。

他们已多次与新加坡一个庞大地产公司远东集团的吴天方（谐音）洽商，以共同参与发展数以百万美元计的四个地产，并预算其投资的款项平均分配，该四幅土地最近由此间的城市重建局出售。

现时已正着手计划两项住宅及两项工业用途的发展。

该报指出吴天方最近组织一个财团投资香港的地产活动，是与长江实业集团有限公司主席李嘉诚有联系。

根据亚洲城市重建局的规例，投得地产的发展商，必须在工程□内保留最少百分之十的资金，以保证发展商能够完成工程。

因为地产发展商人过去在“新加坡土地”从事投机活动，令到城市重建局感到不高兴，因此一般相信该局将严格执行这个规例。

在新加坡，除了政府外，吴天方是最大的地主，由于限制□□，吴氏将不能灵活地拉拢其他人士合作在地产中的发展。

（《工商日报》1981年5月31日）

包玉刚称地铁港岛线通车前电车仍是重要角色

本报讯：九龙货仓有限公司董事会主席包玉刚，昨日在该公司股东周年大会上透露，有关电车未来前途和屯门轻便电车计划，该公司仍有待港府的最后决定。他认为在地下铁路港岛线通车前，电车仍可担当重要角色。

包玉刚说，去年电车搭客人次和收入均增加百分之五，但仍不足以全部弥补经营成本的上涨，所以益利较对上一年度为低。他表示，港府现在审核增加电车票价的申请。

谈及该公司经营的天星小轮公司去年的业务时，包玉刚说，由于受地下铁路于一九八零年二月开始渡海服务影响，中区爱丁堡广场至尖沙咀线的乘客人次减少约百分之二十三；同期中区爱丁堡广场至红磡线的乘客则增加百分之十四。因为爱丁堡广场至尖沙咀线于去年四月一日起增加票价，来自两航线的全年总收入增加百分之十二点九。另一方面，因为经营成本不断上涨，尤以薪金和燃油支出为甚，去年年中该公司检讨所得的结论，是在今年内票价将有调整的必要。

包玉刚继称，港府现在正审核公司于去年十二月呈交的增加天星小轮票价的申请。外此，港府也就新的渡轮法例和专利权进行商议，目前已批准天星小轮现行专利权约一年。

（《大公报》1981年6月19日）

包兆龙包玉刚等在上海

香港环球航运集团名誉主席包兆龙、主席包玉刚、副主席李伯忠等一行，在七月七日参观了上海江南造船厂和沪东造船厂，并了解了上海造船行业为香港环球航运集团承担建造三万六千吨货轮的情况，以下为其中几个场面（图片略）：

① 香港环球航运集团名誉主席包兆龙、主席包玉刚等，于七月七日参观访问上海江南造船厂。

② 香港环球航运集团主席包玉刚、副主席李伯忠在江南造船厂参观时，和该厂职工交谈。

③ 包玉刚等观看江南造船厂的造船设备。

④ 包玉刚在上海沪东造船厂参观时，和该厂厂长交谈。（新华社供稿）

（《大公报》1981年7月22日）

包玉刚专程抵菲

本报特约记者马尼拉六日专电：香港船业巨子包玉刚今天也是到马尼拉机场迎接赵总理的重要人物之一。他回答记者的访问时，表示他是专程来迎接赵总理的，今晚他还应邀出席了晚会。

今天全菲电视均有动人的传真报道，显示菲律宾重视赵紫阳这次为期四天的国事访问。

（《大公报》1981年8月7日）

包玉刚近访墨西哥

本港航运业巨子包玉刚最近访问墨西哥时，获该国总统洛佛斯·波蒂诺接见，并商讨交换世界石油运输业务意见。图为洛佛斯·波蒂诺总统与包玉刚合摄于墨西哥总统府内（图略）。

（《大公报》1981年8月13日）

沪船舶公司首次董事会　香港包玉刚等致电祝贺

中国新闻社上海二十八日电：上海船舶工业公司董事会昨天和今天举行首次会议。

这家公司董事会董事长、第六机械工业部副部长冯直在会上报告了公司筹建经过，公司总经理、交通部副部长程望报告了公司今后的工作规划。

会上推举了十三名董事会常务董事。

上海船舶工业公司收到了香港国际联合船舶代理有限公司董事长包玉刚、总经理李伯忠，香港宇海公司董事长严达，日本神祝钢商市等发来的贺电。

（《大公报》1981年8月29日）

九龙仓主席包玉刚向本报记者透露
尖沙咀天星码头现址拟拆卸重建商业大厦

本报讯：香港九龙货仓有限公司董事会主席兼行政总裁包玉刚向本报记者透露，九龙仓有意在尖沙咀天星码头现址兴建一幢商业大厦，其下仍为码头。他并估计尖沙咀海港城的全部投资将为四五十亿元，全部工程将于八四、八五年完成。

包玉刚在讲述九龙仓的未来发展时称，九龙仓的主要资产是地皮。它发展的业务，除仓库外就是公共交通事业与地产。其中，以地产发展所占的比例较大，地产业务有两项发展：置地盖房子，另一种是自己有地皮，盖了房子之后出租。到目前为止，大多数是收租的。

他说，位于尖沙咀的九龙仓码头，有很大的地皮。第一、三期工程将可完竣，而第四期工程即将开始。连同计划中在天星码头西部的发展，全部需要动用四五十亿元的资金。这数十亿元的资金，一部分是自己付出，一部分是三四年后需要筹备进行。目前将开展的是第四期工程。估计这个计划将于一九八四、八五年全部完成（包括新落成旅馆二座）。

他又称，九龙仓还打算改建尖沙咀天星码头。计划是下面仍然是码头，上面是商业楼宇。目前港府还未批准有关计划。至于天星码头对开的一幅地皮，也将很快兴建房子。

包玉刚说，有关电车的问题，该公司现时正与港府研究它的未来，九龙仓还会继续经营电车。到一九八六年当地下铁路港岛线竣工之后，始再决定电车的命运。目前电车的容纳很大，它一天载几十万人。因此，要在港岛地下铁路通车之后才能确定电车的前途。这与海底隧道一样。在海底隧道通车之前，有人认为渡海小轮用不上了，但现在渡海小轮不是仍在服务吗？像天星小轮，从尖沙咀到中区，费用是六角，而地下铁路却要二元二角。因此，电车与地下铁路港岛线有同样的关系。

他说，九龙仓还与港府洽谈屯门的轻便铁路的问题，不过现时还未谈好。轻便铁路行走的范围将是屯门、元朗等一带的新界地区，这个计划亦相当庞大。

（《大公报》1981年9月1日）

包玉刚昨赴芬兰主持油轮船东会

本报讯：本港航运业巨子包玉刚，昨日（一日）前往芬兰赫尔辛基主持国际独立油轮船东协会于三日、四日召开的会议。

该协会为一国际性重要组织，代表世界二十六个国家和地区独立油轮船东的利益。参加该协会的船东共拥有达一亿九千万吨的船只。包玉刚自一九七九年三月起即出任该协会主席。

协会此次在赫尔辛基举行的会议，将有一百位以上会员参加，讨论世界油轮市场、海上安全及联合国贸易及发展委员会所提倡以货运配额法及取消“方便船旗”等重要议程。

除主持会议外，包玉刚将于三日设晚宴，款待各国使节及航运业人士。

（《大公报》1981年9月2日）

包玉刚在委内瑞拉航运业会议表示 航运业最佳成功途径为维持市场自由竞争

本报讯：国际独立油轮船东协会主席、环球航运集团主席包玉刚，昨日在委内瑞拉首都加拉卡斯举行的第四届航运业会议中发表演讲时说，一向建立在自由市场竞争原则下的航运业，所提供效率高超、费用低廉的服务，对世界经济有十分重要的贡献。因此可以说，航运业的成功，最佳办法莫如循商业途径来进行，任何干扰市场规律的措施，只会使国际通畅的贸易严重脱节。

他说，就航运业来说，有人建议：应该减少私营、增加国营，减少商业自主，多加国家管辖，抑低货物自由流通，增强国家对进口与输出的管制。国际独立油轮船东协会及其他航运机构曾经提倡要协助发展中国家去参与航运业，但却反对用货运分配这些倒行逆施的方法去达成。

他说，关于世界各国最近在散仓货方面的发展情况，斯里兰卡最近决定设立一个船舶注册处，并欢迎非本土船只注册。香港虽然经过长时间的提议，目前尚未打算设立独立的船舶注册处，以符合联合国贸易发展会议提倡“船只须挂其隶属国家之旗帜”的要求。

他说，目前，中国及象牙海岸等皆预备大力发展散仓货运的船队，而不少原料出口发展中的国家却在放缓船队发展并削减本身吨位。这一些现象，似乎和联合国贸易发展会议的理想，用强制方法让某些国家发展航运事业，背道而驰。

包玉刚表示，航运业的自由竞争制度有它的好处，有它的缺点。好处便是若要在这行业中谋求利润，必须努力提高效率和减低成本，缺点便是往往对环境污染问题不能兼顾，船运业对此问题正努力寻求解决办法。国际独立油轮船东协会全力支持国际海事咨询委员会防止海洋污染及增加海上安全等措施。

（《大公报》1981年9月9日）

包玉刚昨宣布庞大重整计划

本报讯：香港九龙货仓有限公司董事会主席暨隆丰国际投资有限公司董事会

主席包玉刚，昨日在记者招待会上宣布，九仓与隆丰董事会已达成协议，同意两公司依据公司条例透过一项协议计划进行合并，在合并之后，隆丰将成为九仓的全资附属公司。

根据合并建议，隆丰股东可获取之价值，有百分之九十二为九仓股份及百分之八的现金。在合并建议实施时，九仓将发行新股约四亿一千一百万股及九仓认股权证之认股权港币约十亿一千七百万元，并支付现金约五亿八千三百万元。

九仓、隆丰的股票今日将继续停止挂牌买卖。

根据合并计划，九仓向隆丰股东提出的建议如下：每一千股隆丰每股面值港币零点五元普通股或可换股递延股份，换取六百二十五股九仓每股面值港币一元股份及现金港币三百五十元。隆丰股东依据协议计划，将可收取之九仓股份中有六亿三千零二十八万四千三百七十六股将为隆丰若干附属公司现时所持有之九仓股份，此等股份将以减少隆丰股份溢价账作实物分配之方式配发予股东。同时隆丰股东在协议计划生效条件之下，将获派隆丰终期息每股十四仙，以代表截至一九八二年三月三十一日止年度之中期息。

（《大公报》1981年11月24日）

包玉刚宣称合并后九仓盈利将会提高

包玉刚表示，九仓在这次合并中所获得的好处包括，直接拥有世界规模最大及最良好经营管理之船队——总吨位将达八万吨而其平均年龄为四年之船队之权益。隆丰船只大多数均以长期租约租出，其平均剩余租约尚有五年，可带来巨额现金收益。合并措施有利于九仓获得更多流动资金，实施其物业及公共交通之庞大发展计划；有利于九仓加强资产，参与九仓或隆丰各自难以利用之投资机会，提高九仓的盈利。

在合并建议生效之后，包玉刚及其夫人将拥有九仓经扩大股本约百分之四十五，或假使已发行或依据有关建议将发行之全部可换取证券及认股权证皆换成股份，则将达到约百分之四十六。目前，他们共拥有隆丰已发行普通股本约百分之六十六、隆丰全部已发行可换取递延股本、隆丰认股权证约百分之六十一及还未达本之亚航债券约百分之十九。九仓董事会已向股东发出通告，定于一九八一年十二月二日星期三中午十二时在香港酒店玉莲厅召开九仓股东特别大会，以便投票通过其与隆丰合并的协议。包玉刚及其夫人已表示拟不参加这次大会的表决投票。

(《大公报》1981年11月24日)

包玉刚持隆丰股权益多达六成六

本报讯:对于九仓与隆丰合并所提出的条件,两公司的各自财务顾问获多利及霸凌兄弟公司,昨日皆认为有关建议公平合理,提示各股东接纳。

据透露,隆丰及九仓两公司主席包玉刚及其家族所控制的股份以及隆丰认股证、可换股递延股本约百分之六十一的权益。

换言之,包玉刚及其家属掌握控制性的隆丰股权,并决定在隆丰有关会议上投票赞成合并建议。

据悉,合并措施预料可在一九八二年二月底生效。

(《大公报》1981年11月24日)

九仓与隆丰合并计划　包玉刚突称撤销支持

本报讯:备受九龙仓少数股东批评的九仓与隆丰合并计划,昨日有戏剧性的新发展。原先对该合并表示赞成的九仓与隆丰两公司董事会主席包玉刚,昨日突然宣布撤回其对合并的支持,尽管这一"撤回支持"未必就意味着合并完全告吹,但股市分析家认为起码上述两公司的合并在现时阶段将有终止的可能。

事实上,在包玉刚及其家族以及他们所控制的公司宣告不支持该项合并建议之后,加上怡富所代表的逾百分之十四的九仓股东表示反对,这一合并建议将肯定无法获得多数票通过。

包玉刚的声明是透过隆丰国际投资有限公司的通告披露的。隆丰昨晚宣布,接获包玉刚的通知,谓自发表与九仓合并建议后,所发生的情况,使他及夫人有重新考虑是否赞成该项建议之必要。

声明又说:"由于证券监理专员要求更改其原先批准的建议基础,九仓董事会决定延期至一九八二年一月底始提请九仓股东大会通过该项合并建议,因而引起原所未能预料的时间差距。由于本合并建议之结果须于约七星期后才告明朗，故此难以预料其对隆丰所经营之船东航运业务及市场之影响及所蒙受之损失。因此，包玉刚及其夫人及他们所控制之各公司，已表示他们再不能就其拥有的股份对该项建议继续支持。”

声明最后说：“隆丰董事会研究接获此通告后可能发生的影响，并会再发表通知。同时有关事宜亦已知会九仓董事会及证券监理专员。”

这一个由包玉刚为主要推动者而提出的合并建议，昨日也由包玉刚及其控制的公司撤回对建议的支持而告“胎死腹中”。路透社昨日自香港发出电讯，形容这个涉及二百七十亿元的合并大计，以及将九仓与隆丰并为香港第三家最大公司的设想，已告动摇。

在包玉刚的“撤回支持”声明中，解释采取这一行动的原因是出现“时间差距达七个星期”，以致对隆丰所经营的航运业构成影响及造成损失。在这方面，声明没有进一步阐明“时间差距”对隆丰会有何种不利的影响，但一般相信，包玉刚取消这一计划，同受到九仓其他股东的强烈反对，以致少数股东表示要公开对抗的形势颇有关系。

（《大公报》1981年12月2日）

包玉刚宣布不再支持合并后
九仓隆丰今再停牌

本报讯：船王包玉刚爵士昨日傍晚发表不再支持九仓、隆丰两间公司合并声明后，九仓、隆丰系股份及认股权证，今晨在四间交易所再度停牌。

上次停牌在上月二十三日（周一）开始，当日下午包爵士披露有关“九隆合并”的详情，停牌前九仓最后收市价为六元三角半，隆丰则为三元五角二仙半。

停牌三日后，九仓、隆丰股在二十六日复牌，直至昨日九仓收市价为五元八角，隆丰则为三元三角二仙半，两次停牌时间仅隔六个交易天。

据一证券界人士指出，包爵士突然表示不再支持合并，并非“九隆”两间公司最终不会合并。包氏可能应小股东要求，重订合并换股条件，或重估九仓的资产值，以求顺利合并，否则时间推延，对负债不轻的隆丰来说，实有害无利。

九仓每股资产值言人人殊，有谓高值二十五元，但一般估计在十四五元间比较中肯。

今次再度停牌的原因，相信是该项声明对隆丰股价虽然不利，未免隆丰及九仓股价因情况未明朗已大幅波动，两间公司遂向交易所要求停牌，待消息消化后，才再次复牌。

“九隆合并”峰回路转，船王包玉刚爵士在上周才提出两间公司的合并计划，但昨日在一声明中却表示他已决定以隆丰股东的身份不支持两间公司合并。

包氏反对合并的理由，主要是九仓特别股东大会推延七个星期至明年一月才举行，合并事宜迟而不决，将有损隆丰的航运业务盈利。

倘“九隆”合并，将成为本港第三大公司，资产总值包括九仓庞大物业及隆丰船队，共达二百七十亿港元（合四十三亿美元）。

包玉刚爵士现为九仓与隆丰两间公司的董事局主席，占九仓百分之四十五股权，占隆丰股权则为百分之六十六。

包玉刚表示，九仓特别股东大会的性质，属于法律问题，他本人对此亦不太清楚，不过他相信延期举行的九仓特别股东大会应属例会的性质。另一方面，当被问及九仓资产应否进行重估时，他表示主要是要看大多数的股东意见而定。

九仓今午在九龙香港酒店召开股东特别大会，据悉将不涉及“九隆”合并细节，只会安排一月的特别大会日子及有关事宜。

（《工商晚报》1981年12月2日）

九仓与隆丰合并计划只经历九天即告终止

本报讯：由于包玉刚及其家族宣布对九仓与隆丰的合并建议撤回支持，昨日九仓及隆丰的董事局分别召开董事会，结果九仓决定将该合并建议取消，而隆丰亦决定对合并事不予进行。

至此，这一个涉及二百七十亿港元市值的大合并计划，只有九天的“寿命”，昨日终于“寿终正寝”。

相信，这是上市公司中最短暂的“不成功的合并”，其戏剧性急转直下的变化，也写下了本港证券史上罕见的事例。

本报讯：九仓股东会议于昨日中午十二时在香港酒店玉莲厅举行，会议上以十八票赞成、零票反对而通过一项决议，赞成把九仓股东特别大会的开会日期延迟最少三十天之后举行。

九仓董事局主席包玉刚主持了这次会议，并举手赞成延期召开股东特别大会的决定。

另一方面作为隆丰董事局主席而与其夫人一共持有隆丰百分之六十六股份的包玉刚，已于前日发表声明，表示他及其夫人已决定不再支持九仓与隆丰的合并计划，理由是表决这项合并建议的九仓股东特别大会延期举行，因此引起达七个星期的时间差距，以致对隆丰所经营的航运业构成影响及造成损失。

在九仓股东会议结束后，包玉刚被记者问及他不再支持合并建议是否意味着他决定反对时表示，他是决定反对这项合并建议，并且不会有修改后的新建议提出。他以买家与卖家进行交易作为比喻，他说，当买、卖双方同意了交易条件之后，其中一方突然改变原来的承诺，另一方有权决定不再进行这宗交易。以下是包玉刚与记者的问答：

问：你亦发表声明，表示不再支持这项合并建议，是否意味着你对此反对，或是有修改后的新合并意见提出？

答：不会，不会，我无意改变条件。这十分简单，譬如你是买家，我是卖家，但在交易进行时你说等一等，那么一切便会告吹。

问：你的“不再支持”表示，是否即是说反对？

答：是的，是反对。

问：你是否会投票反对合并建议？

答：噢，是的。

问：假如九仓股东特别大会改在短时期内开，你会否改变主意呢？

答：协议已经通过了（指九仓决定延期召开股东特别大会），因此不会更改了。这非常简单，一位买家，一位卖家，大家原先同意了交易条件，但现在要把十二月二日决定的事，改为一月二日之后才决定，交易便会告吹。

问：你将会怎样做？

答：在今天下午的九仓董事局会议和隆丰董事局会议便会有所决定。

问：隆丰的船队大都已以长期合约租出，合并建议延后一些决定，恐怕对隆丰不会有太大影响吗？

答：船队虽以长期合约租出，但世事是瞬间万变的，难于逆料，譬如说，苏伊士运河于明天关闭也说不定。

（《大公报》1981年12月3日）

取消合并建议　包玉刚解释个中原因

九仓、隆丰董事局主席包玉刚解释是次取消合并建议的原因，主要是反对九仓延迟特别股东大会至明年一月，因该会延迟七星期后，再举行是否通过该项合并建议，产生不可预料的时间差距。

而船运业瞬息万变，此段时间差距对隆丰的业务及市场形成影响实难以估计，无形上影响隆丰业务的灵活性及发展机会，加上包氏对九仓收购条件需作出无条件承诺，实不公平，因此撤销支持原先合并建议，亦可谓反对两间公司以延长时间合并。

包氏以中东局势为例，笑谓一旦苏伊士运河关闭，对航运业打击甚大，隆丰不应因合并拖延而甘冒风险。他又指出，为保障隆丰股东的权利，免因在此段时间内股价波动而出售手上持有股份受损，取消合并为上策。

但证券界人士讲，怡和系今次胜回一局。

（《工商日报》1981年12月3日）

包玉刚谈中国航运事业

本报上海九日专电：香港环球航运集团主席包玉刚于最近抵沪，九日在出席上海举行的国际海事技术学术会议和展览会开幕晚宴上发表题为《中国航运业之发展》的演词，对当前中国航运方面上的一些问题提出了率直的意见，请看详细内容如下：

请允许我对上海市造船工程学会和国际海事技术出版社今晚的热情招待表示感谢。对于被邀参加如此杰出的会议，能够和关怀中国海运事业发展的各位名流共聚一起，我感到十分荣幸和高兴。我和在座各位的共同心愿就是，我们愿意对中国海运事业的发展以各种不同方式做出贡献。自从开始四个现代化规划以来，中国已在航运领域中加速前进，从她在航运、造船及其关联工业近来的显著成就来看，无疑她将会发展成为雄厚的海运力量。

中国进入海运舞台的看法

在这开幕的宴会上，我代表“海外贵宾”来致词，有责任对中国航运各方面提出我个人的看法。

对于中国进入国际海运舞台的一点看法，就是她迄今还相对较少地受到官僚政治的阻碍。这可能是由于国际上奉行的“海运自由”法则的关系。散装航运市场是当代仅存的少数自由竞争市场之一，还没有受到限制进港出港的人为障碍。只要得到必要的资金及技术，充分注意到港事安全及防止污染，任何有抱负的国家都可以按照自己的意志和步调发展船队。由于传统上用自由竞争形式，生存与否主要靠船东能否提高效率、控制成本作有效地营运而定。我认为这种原则才最适于航运的发展。通过早期就暴露在这种环境内，从而训练出对业务的敏锐性，促使海运发展建立在一个更健全合理的商业基础上，比那些依靠政府津贴及保护而进入市场者要强得多。此外，当一个国家在管理、船员配备及船舶资金周转等方面，还不能足以应付竞争的挑战时，可以通过技术交流或企业合营来获取所需知识。不过，这种自由竞争的条件能否将来还继续存在，近来反而不那么肯定了。

我所指的，当然是近来的保护主义势力，企图用“货运分配政策”来威胁及扰乱现在的自由市场（“货运分配政策”要求输出国、输入国及挂第三国旗船舶承担货运的比例为4 ∶ 4 ∶ 2）。作为国际独立邮轮船东协会的主席，我曾多次提出，我认为违反了现行方式，其结果只能是在运输行业中不按经济规律，导致效率低落，最终使全世界的消费者会遭受损失、加重负担。在这里，我不准备再谈。我只是提出：从中国的事例，明显地说明在现行的海运领域内，自由竞争环境下，可以任选经营方式，要比执行“货运分配政策”更有助于船队的发展。正在进行中的国际争辩论坛上，明确指出保护主义的有害性，主张维护现行方式，显然是符合中国本身利益的。

决策要快　减少官僚主义

很明显，仅仅有了理想的环境，还不足以保证航运事业的成功，我认为还需要有一个善于利用现有环境有利因素的管理作风。需要什么作风？这还没有一成不变的规定，我认为主要应包括：

对航运各有关方面，如财务、法律、商务等具有第一手知识（但不一定是专家）。
有一个明确的决策中心及权力。
尽可能地减少官僚主义的趋向。

为了保证高效率，应该尽量利用时间，清理积压工作，对决策路线和职责范围给以明确定义，简化程序。一句话，就是：清除足以影响快速传达信息及迅速做出决定的任何障碍。目的在：当市场出现急剧变化时，领导层能够迅速而恰当地应付。我所讲的可能是人所共知，但是真的要想做得到，却不容易，而一经能够做得到，将会大大的受益。

增添起卸装置、泊点、仓库

中国海运事业的发展，如果决心立足于坚实的基础上，随着航运的开展，基本建设也要跟着改变。例如：沿海贸易活动增长，就要添置或改装较高效率的起卸装置，更多的泊点、仓库。为了容纳大船，需要加速港口的疏浚计划等。基本建设的改变是一个渐进而复杂的过程，常需要长时期才能完成。因此，中国航运有关方面应高瞻远瞩，不局限于只考虑眼前的发展，而要看到今后若干年。一开始就宜防止将来可能出现的缺口、紧张局势和各种问题。除了迅速反应并完成物资建设外，还要在多方面及时创造条件，以便更有利地参与发展国际航运。我深信：有远见的系统规划和及早的行动合算的，会给国家总的海运工业将来带来巨大利益。

造船工业所起的作用

在中国决定重新进入国际海运市场以来，而开始后兴的中国造船工业也应该永久重视长远规划。在措施方面要研究国际一般习惯分期付款办法，来保持船东对订购新船的兴趣，使造船工业不但有一个协调而准时的生产和交船计划，而且明确售销对象和对其所采用的策略。我还要强调对施工质量应高度地、不断地予以重视，因为每艘船在其营运的几十年间将要受到严峻的考验。我很高兴地看到自从中国在几年前开始推动船舶出口以来已得到许多订单，其中以来自香港船东的最为突出。新船正开始从中国的造船厂开出，加入全球性运输服务的行列。从造船方面对中国四个现代化规划所提供的好处来看，例如：造船及关联工业技术水平的提高，外汇收入的增加，肯定值得进行长远规则的制订工作，以便中国进一步提高她的地位，更多地从造船工业取得长远利益。

发挥群众的聪明才能

最后，我极为坦白诚恳地提出建议，中国的人力充沛，资源丰富，发展航运的关键，和其他行业一样，在于找出一种方法，使每一个人革新创造的能力得到充分发挥，引导群众工作能力和聪明才智用于生产上。记得今年早期一位中央领导人曾讲过："过分吃大锅饭会消沉群众的积极性。"在某些西方工业国家优厚的社会福利制度下也有类似情况。如果制度设计得只要求唯命是从、努力工作而不考虑更高理想的发挥，那么辛勤工作和革新创造就不会得到充分的鼓励。我深信，不仅限于航运，中国的各种工业，如能充分调动群众的积极性，肯定会对达到四个现代化目标的速度有所裨益。

（《大公报》1981年12月10日）

包玉刚谈本港经济

本报讯：环球航运集团主席包玉刚爵士在北京就本港的经济情况发表讲话时估计，明年本港的经济将仍因世界经济不景影响，发展速度会放慢一些。

包氏表示，过去几年本港经济的发展速度太快，今年全年的增长率估计在百分之七至八左右。

他又认为，过去几年，本港房地产价格增长太高，而现在已出现供过于求的不平衡情况，需要一个调整时间。

他最后表示，内地经过经济调整后，将有较大的发展，对本港的经济发展亦将产生有利的影响。

（《工商日报》1981年12月10日）

国际海事学术会议　三百中外专家参加

中国新闻社上海十日电：国际海事技术学术会议和展览会，今天上午在中国造船和航运的最大基地上海开幕。

由上海市造船工程学会和国际海事技术出版集团联合举办的这次盛会，是建国以来在中国举行的造船界规模最大的一次国际科技与经济交流活动。参加这次盛会的共有十九个国家和地区的代表人士三百七十多人。包括香港环球航运集团主席包玉刚、香港惠尔洛克·马登公司董事长马登、日本三菱公司最高顾问古贺繁一、美国银行总裁邓肯等在内的国际造船、航运界的许多著名人士参加了这次盛会。参加学术会议的中国代表共二百二十多人，特邀代表三十多人，荟萃了中国造船界的著名专家和知名人士。

参加展览会的有英国、西德、瑞典、丹麦、挪威、美国、日本、葡萄牙、新加坡、法国、意大利、瑞士、荷兰等国家和香港等地区的一百二十多家公司。中国船舶工业公司和上海船舶工业公司的展品也参加了展出。

会议期间，还将组织外国代表到上海和无锡的船厂、研究所和有关学校进行专业参观。

（《大公报》1981年12月11日）

白朗加入地铁管理局
包玉刚再成管理局成员

本报讯：港督业已委任立法局非官守议员白朗为地下铁路公司管理局成员，任期直至一九八四年四月三十日止。

白朗现为渣打银行地区总经理，他是接替原由包约翰接任的席位。包约翰去年九月离港。

□报亦宣布再度委任包玉刚为管理局成员，由今年五月一日起生效，任期两年。

（《大公报》1982年1月30日）

环球新轮下水

本报讯：环球航运集团在英国订制的货轮“联营”号建造完成，十二日举行下水仪式，由该集团主席包玉刚主持，并邀请候任港督尤德爵士之夫人主持命名仪式。

出席下水仪式的人士，还有中国驻英大使柯华及其夫人(图略)。

(《大公报》1982年2月15日)

国际油轮船东协会讨论世界航运问题

本报讯：国际独立油轮船东协会执行委员会，昨日上午在本港文华酒店举行会议，与会者由包玉刚率领，今日将启程前往北京及上海，作为期七天的访问。他们将与副总理谷牧及航运界人士进行会谈。

昨晚，该协会举行宴会，并邀请港督麦理浩及其夫人出席。在港期间，协会各执委除了昨日就世界航运问题进行讨论外，还与本港各船东、银行界及港府高层人士交换有关意见。

今次参加会议及前往北京访问的执行委员，来自瑞典、西德、英国、挪威、丹麦、希腊、西班牙和日本等地。会议由环球航运集团主席包玉刚主持。

包玉刚昨日对记者表示，今次是协会首次组团前往中国内地访问，他们将与中国领导人就世界造船业、油轮市场、海上安全及环境污染等问题进行广泛性的交谈。

他表示，目前内地造船及拆船业发展蓬勃，协会希望今后能够向内地提供更多技术协助。他在回答记者的问题时说，内地地方广阔，人力资源丰富，很适宜发展拆船工业。同时，协会会员今次与中国领导人亦会就这个问题交换意见。

国际油轮船东协会的总办事处设于挪威首都奥斯陆。协会由二十六个国家和地区的独立油轮船东组成。该会的会员拥有一亿九千万吨油轮吨位，占全世界独立油轮船东所控制吨位的百分之八十五。

(《大公报》1982年2月16日)

包玉刚呼吁应加速拆船

本报讯：国际独立油轮船东协会主席及环球航运集团总裁包玉刚，昨日发表谈话，呼吁航运界加速拆卸旧船吨位，以解决航运界面临的载重吨位过剩问题。

包玉刚指出，有两种因素会影响到拆旧船的数量，其一是拆卸船只的设备是否足够，其二是市场对拆卸后废铁的需求情形。关于增加拆船设备的问题，包玉刚相信内地有足够的人力可以从事建立此项设备。至于废铁的需求，他认为应推广废铁的应用范围，包括将废铁翻新或碾轧。最近国际油轮船东协会曾访问内地，与北京有关部门谈及此项问题。包玉刚称该协会将继续与内地咨商发展这方面工业的可能性。

包玉刚说："拆卸旧船是解决吨位过剩问题唯一的有效方法。虽然许多船东都不愿采取这无可奈何的最后步骤，但由于过剩油轮吨位达八千万载重吨，任何其他的方法均不能有效地使市场供求趋于平衡。同时，将船只空置，虽在短期内有助于减少吨位，但搁置的船只，随时可恢复使用，对吨位过剩问题仍不能根本解决，况且在利率高昂及航运业不景情况下，船只空置所需的费用甚大，大多数船东会感觉过重负担。"

包玉刚认为某些旧船，尤其是需耗大量燃油的船只，更应考虑拆卸。他更强调国际油轮船东协会对国际海事咨询会议所签订的海上安全及防止污染的措施，一向极力支持，认为此项措施不但有助于改善海上安全，且因安装此项设备，所费不贵，将间接促使旧船拆卸率的提高。在此情况之下残留的船只日将次第遭受淘汰，船龄轻而效率高的船只始有机会获得较为合理的利润。

一九八一年间，油轮拆卸率有显著增加，所拆卸的船只中有四十一艘系在一九七零年代初所建造的巨型油轮，而一九八二年初的油轮拆卸情况亦令人满意。包玉刚希望拆卸率能持续下去，而不论在发展中或已发展国家的独立船东、石油公司及政府亦能积极支持此项建议，并衡量及早拆卸旧船的好处，及一个长时期航运不景气所导致的不利影响。

他认为，由于种种因素，世界石油运输量已显著下降，油轮吨位的需求面临长期的削减。油轮业不景已持续八年之久，而始终未见复苏，为欲使航运业再呈起色，船东必须加倍努力争取拆卸更多旧船吨位。

他说，油轮吨位过剩为既成事实，而干货运输在一艘船东最近数年不断的订建下亦将有产生过剩的可能。在此种情况下，国际独立油轮船东协会推行船只拆卸的建议，亟应争取世界航界的普遍支持。该协会本月十七日在雅典举行的周年大会将就此等问题继续进行讨论。

（《大公报》1982年3月4日）

包玉刚赴雅典主持船协大会

本报讯：环球航运集团总裁包玉刚，前日飞往英国转赴希腊首都雅典，以主持身份主持国际独立油轮船东协会在该地由三月十七至十九日举行的周年大会。

国际独立油轮船东协会为代表百分之八十五世界独立油轮船东权益的机构，在国际航运界深具影响力。该协会总办事处设于挪威首都奥斯陆，此次系应希腊船东协会之邀在该国举行会议。该会并于三月十七日晚上特别举行晚宴，招待希腊航运界及政要人员。此次出席会议的油轮船东达三百人，希腊政府海洋事务总理史塔菲尤达斯已应邀出席致开幕词。

（《大公报》1982年3月12日）

包玉刚今日赴英主持航运业会议

本报讯：航运界知名人士及环球航运集团主席包玉刚，将于今日离港赴英，主持三月三十至三十一日在伦敦召开的“金融与航运”会议。

该会议由英国著名海贸杂志逐年举办，是次会议地点为高士云拿酒店。

“金融与航运”是一个颇具重要性的国际航运业会议。每年与会者均为国际航运业领袖、银行界、造船业、保险界、轮船协会及港口事务业知名人士，会议目的为检讨世界财政动态、航运业市况等。

今次会议将重点讨论实施国际海事咨询协会所提倡的海上安全措施对船东经济上的影响，美国海运的政策动向及如何节省燃油等种种问题。包玉刚以其世界最大独立船东的地位，及甫卸任国际油轮船东协会主席的身份，被邀主持此次会议。美国大通银行主席布查尔亦被邀参加，将为该会主要演说成员。

（《大公报》1982年3月30日）

包玉刚设宴

【据新华社上海十日电】香港环球航运集团主席包玉刚今晚在锦江俱乐部举

行宴会，庆祝在上海江南造船厂建造的“世沪”轮命名及交接典礼。

（《大公报》1982年6月11日）

上海江南造船厂为环球集团建造世沪号货轮命名礼

【据新华社上海十日电】上海江南造船厂为香港环球航运集团建造的二万七千吨散装货轮“世沪”号今天上午举行命名交船典礼。

菲律宾总统夫人伊梅尔达·马科斯应邀主持仪式并亲自为该船命名。香港环球航运集团主席包玉刚和上海市市长汪道涵、外交部顾问韩念龙、中国船舶工业总公司董事长柴树藩等出席了命名交船典礼。

今天，具有一百一十七年历史的江南造船厂整饰一新，崭新的“世沪”号停泊在厂区码头旁，九时许，当马科斯夫人和包玉刚等贵宾由汪道涵、韩念龙、柴树藩等陪同来到工厂时，数百名工人敲锣打鼓夹道欢迎，乐队高奏迎宾曲。

十时十五分，命名仪式开始，江南造船厂厂长胡传治致欢迎词。然后，马科斯夫人为“世沪”号命名。她高兴得用一把银质小斧头砍断绳子后，一瓶香槟酒撞碎在船头，紫红色的绒幕启开，露出了黄色的“世沪”中英文船名。这时，锣鼓、鞭炮齐响，几百只鸽子腾空而起，五颜六色的气球飞向天空，会场响起一阵阵热烈的掌声。

接着，马科斯夫人等贵宾登船参观。

十二时许交船签字仪式在上海宴会厅举行，包玉刚和柴树藩分别代表双方在交接文件上签字。

（《大公报》1982年6月11日）

包玉刚爵士在年会上表示现阶段并无意合并九仓隆丰

【本报讯】九仓隆丰合并计划去年告吹后，市场上一直盛传两间公司近期又将旧事重提，但昨日九仓主席包玉刚爵士从容地表示，去年隆丰向九仓提出收购建议计划取消后，目前仍无意将两间公司合并。

至于近期九仓及隆丰股价又见异动，他解释此是市场上对合并消息的猜测，引致股票上扬，事实上股价变动，是很正常的事。

包玉刚表示，去年地产市场不景，对九仓业务影响不大，主要是九仓未来发展主力在海港城，而名下海运大厦、海洋中心、海港城第三期及香港酒店等商业单位，年均出租率百分之九十五至九十八，盈利已有保证。

至于港当局欲将尖沙咀永久码头第五十四号公开招标，兴建中港货客运码头，是否表示港府与九仓商议将湾仔云东街电车厂地交换码头发展权一事告吹。包玉刚表示目前仍与港当局商议，并未接到港当局通知将码头公开招标，但若真的公开招标，九仓要看过招标条件才决定是否参加承投工程。该码头面积四千六百三十二平方米（约五万零四百四十平方呎，其中露天货位占用四千四百二十三平方米），为港府租予九仓，需每月续期。

据一项消息谓，港府在今年内将会终止租约，届时九仓需放弃该码头行使权。

至于电车厂地皮□□□与仍在聆讯，会德丰集团及联邦地产与九仓各称拥有该地产权，迟迟未见解决，因此目前港岛地铁支线仍未将车厂列入工程范围。

（《工商日报》1982年6月19日）

屯门轻便铁路兴建　目前仍在详细研究

【本报讯】香港九龙货仓有限公司董事局主席包玉刚，昨日在股东会议后对记者表示，尽管元朗天水围发展计划目前有所改变，但屯门轻便铁路发展计划不会受此影响，但由于轻便铁路的兴建是一项长期而大型的发展计划，因此目前仍在详细研究。

屯门轻便铁路计划是于一九七七年提出，当时仍没有天水围的发展计划提出。

被问及尖沙咀中国货运码头的兴建，包玉刚说，目前港府对于这个码头的兴建采取招标方式，九仓对这项发展有兴趣，但要视乎招标条件如何才能决定会否参与。

较早时，港府有意把中国货运码头的兴建权给予九仓，换取湾仔云东街电车厂地，作为地下铁路车厂，然而会德丰集团及联邦地产声称对电车厂地拥有发展权，这项交换计划也因电车厂地发展权问题而告吹。九仓因电车厂发展权问题与会德丰及联邦发生争执。

被问及这次争执的进展，包玉刚表示，争执目前仍没有解决。

他说，目前的地产市道对九仓没有多大影响，九仓所拥有的写字楼及商场，租出率达百分之九十五至百分之九十八。海港城第三期现已完成，商场已全部租出，另外海港城第一期一百一十九个豪华住宅单位，均已全部租出。

问及九仓会否再收购隆丰，包玉刚表示，事件已成过去。

九仓董事经理吴光正透露，位于尖沙咀码头与海运大厦之间的一幅八千平方呎土地，仍考虑发展，不过详细发展计划要在今年底或明年初才拟定出。

（《大公报》1982年6月19日）

包玉刚赴英开会

【本报讯】本港环球航运集团主席包玉刚昨日离港前往伦敦，参加劳埃氏验船协会于本月二十四日举行的会议。参加该会议的人士，将在会上讨论有关世界经济、造船业市场及航运法例等项目。

包玉刚现任劳埃氏验船协会东亚委员会主席，该委员会成员包括八个国家和地区，即菲律宾、新加坡、马来西亚、印尼、泰国、缅甸、南朝鲜及香港地区。

（《大公报》1982年6月23日）

包玉刚展望航运业对香港前途表乐观

【法新社东京二十六日电】香港航运业巨子、环球船务公司主席包玉刚今天在共同社发表的访问记中预测，当前全球航运业的衰退，可能要持续数年。

他说："任何复苏，要看世界贸易的复苏而定，也要看加速拆毁陈旧过时的船只，以及订购新的船舶总吨数时要额外小心。"

"另一方面，亚洲造船厂克服经济衰退，比西方造船厂稍为好些。"

这是由于像日本、南朝鲜和中国等地，劳工成本较低，以及船只设计和造船工艺较为先进。

包玉刚对于香港前途也感到乐观。"我相信，这块土地将继续保持它的重要地位，作为远东的贸易、金融和制造业中心。”

他说：“你可以从这块土地多年以来，在帮助中国实现现代化目标，以及作为吸取外来资金和投资的重要渠道，扮演着建设性角色，因而得到信心。”

他说，他相信，中华人民共和国的现代化计划会取得成功。

（《大公报》1982年7月27日）

巴西总统夫人来沪主持“东星”轮下水礼

【中国新阳社上海八月四日电】本社记者报道，中国建造的第一艘三万六千吨级远洋货轮“东星”号八月十八日在上海下水，巴西总统夫人杜尔塞将应邀来华参加下水典礼并为该船命名剪彩。

这艘船是由香港国际联合船舶投资有限公司订购，上海沪东造船厂建造的。该厂一共承接了五艘三万六千吨级出口远洋货轮的建造合同。

中国船舶工业总公司董事长柴树藩、总经理冯直，香港环球航运集团主席包玉刚、副主席李伯忠，以及日本、挪威、澳大利亚、巴西、巴布亚新几内亚、丹麦等国和香港地区造船、航运界人士三十余人也将专程来上海参加“东星”号货轮下水典礼。

“东星”号是中国目前建造的最大吨位的出口货船。该船总长一百八十六点二米，型宽二十八点四米，型深十五点六米，设计吃水十八点四米，保证航速十六点八节，服务航速十五点二节，可装运谷物、矿石、原木等散装货物。

（《大公报》1982年8月5日）

包玉刚赞中国造船可与先进国家媲美

【新华社上海十八日电】香港环球航运集团主席包玉刚今天说，三万六千吨“东星”号出口散装货轮在上海成功地下水，是中国造船工业速度发展的又一明证。

包玉刚是在中国船舶工业总公司为庆祝“东星”号命名、下水举行的招待会上讲这番话的。

包玉刚说，近年来国际间对中国的船舶工业已经有了一个深刻的印象。这艘新船下水，更说明中国有能力与世界上任何先进的传统造船国家并驾齐驱。

应邀出席招待会的有巴西总统夫人杜尔塞·菲格雷多和她的随行人员，还有英国、日本、挪威、澳大利亚、巴布亚新几内亚等国家和香港地区的造船及航运及新闻界人士一百五十人。

（《大公报》1982年8月19日）

包玉刚在海运会议表示完全自动装置船只可以解决船主难题

【格拉斯哥二日法新社电】香港航运业巨子包玉刚爵士在此间表示，完全有自动装置的“电池船只”，船上并无一人而能在世界上各海洋上行驶，可以解决船主的难题。

以香港为基地的环球船运业闻人包玉刚爵士认为，以目前技术水平，上述构想可以实现，他的演说词，由一名同僚在此间史特拉克里德大学召开的国际海运技术会议上宣称，包玉刚未有出席会议。

他说：“海上航运各种仪式和设备，诸如气象传真等，均有极高的发展。”他说：“其他工业若能高度发展，尤其是航空与太空探险方面的科技，将不会有困难，则发明一种不需船员的船只，将不会有困难，这种无人的船舶，不再只是科学幻想故事，但他指出，虽然这是一个人们企求的目标，不过，目前倾向于较少船员的趋势，只限于船只驾驶，若少于所需之驾驶员数目，公众不会允许船只成行。”

在会上发言人的另一人，也同意他的说法，认为无人驾驶的船只，不再只是科学寓言。

参加这个会议的，有一百二十名代表，分别来自美国、欧洲、日本及香港地区。

（《工商日报》1982年9月4日）

包玉刚在巴拿马参加海运会议

【本报讯】环球航运集团主席包玉刚最近赴巴拿马参加国际海运会议。该会议由巴拿马海事法例协会、海运商会及海事基金会联合主办。会期由九月二十日至九月二十二日止。

该会议将由巴拿马总统德拉埃斯普列利亚揭幕。包玉刚将以《竞争与船业》为题发表演说。预料将谈及现今自由竞争制度下的散仓货轮市场及“开放船舶注册处”在此种市场制度内发挥的重要功能。

巴拿马总统亲自款待包玉刚，并授予该国最高勋衔“VASQUO NUNEZ DEBALBOA”，以表扬其对世界航运业的贡献。

（《大公报》1982年9月20日）

包玉刚称中国造船质素可追及日本水平

【本报讯】劳氏船级社主席赫士基孙昨日在记者招待会上指出，由于世界经济衰退，世界航运业面临非常困难时期，但一般来说，东南亚区较为乐观，一旦经济复苏，亚洲之航运业将首先得益。

他说，目前在世界航运业中，不管船只吨数或者造船能力，均已过剩。这种情况只有在世界经济，尤其美国经济明显复苏时，方能得到改善。

环球航运集团主席、劳氏船级社东亚委员会主席包玉刚表示，目前要预期世界航运业何时能够复苏，是相当困难的事。相信最快也要在明年中对美国经济表现重新检讨后才可作出预测。

他说，目前船只吨位过剩情况确是相当严重，特别是油轮。在散装货轮方面，情况较好，但仍将有一千五百万吨至一千八百万吨新船即将交货，这可能会使过剩情况加重。自一九八零年以来，全球已有二三百艘二十万吨重的船只拆卸，假如这种情况继续，一旦世界经济好转，在航运界很可能出现船只的求过于供情况。

包玉刚说，本港船东在这次航运低潮中，所受的影响较轻，这主要是由于本港船东的船队，大部分具有长期租约，而且本港船东的经营谨慎，流动资金充裕。他说，以环球航运集团而言，属下船队全部均以租约租出，其中百分之七十五是属于长期租约，部分的租期甚至长达至一九九五年。

他说，环球航运集团向中国内地订购了六艘新散装货轮，其中两艘已交货。中国的造船素质相当好，已可追及日本的造船水平。交货期也相当准，环球航运集团这次订购新船是以现金方式支付，但目前中国内地已开始接纳更灵活的付款方式。

赫士基孙表示，尽管世界经济不景气，但劳氏船级社仍会进一步扩展它在亚洲的业务。该社香港办事处原属该社东京远东北部，但现已提升为地区办事处。

（《大公报》1982年11月25日）

在上海沪东船厂订造　环球又一散装货轮

【本报讯】环球航运集团在上海沪东船厂订造的第二艘载重三万七千吨散装货轮MANILA FAITH号，二十九日将举行命名礼。该集团主席包玉刚特别邀请日本已故前首相大平正芳的夫人赴港主持此项仪式。

该集团在沪东厂订造的第一艘同等级货轮"东星"号，已于一九八二年八月命名交船；第三艘同级货轮将于本年九月建竣交船。

环球在上海江南船厂建造的"世沪"号及"世谊"号货轮，已分别在一九八二年六月及九月交船。上述三艘货轮现服务于日本、美洲、欧洲及澳洲等货运航线，成绩满意。

又讯：美国总统里根上（三）月在旧金山狄杨纪念博物馆设国宴招待英女王，本港环球航运集团主席包玉刚亦应邀出席，并获介绍与英女王相见。包玉刚是本港唯一由美国总统邀请参加国宴的来宾。

（《大公报》1983年4月21日）

包玉刚新船在日本下水

【北京三十日法新社电】船王包玉刚爵士与前日本首相大平正芳遗孀，今日为一艘排水量三万七千吨轮船，举行命名仪式。

新华社消息透露：该艘命名为"马尼拉倍仰"号轮船，为船王包玉刚向"上海海军船坞"订购的第三艘船只。

包玉刚在致词时指出，中国现时的造船设备，已可出产高级的船只，而造船技术亦已达到世界水平。

去年八月，包玉刚在为"东方之星"号命名时也指出，中国的造船技术，已达世界水平。

（《工商日报》1983年5月1日）

九仓主席包玉刚表示对地产前景仍具信心

【本报讯】九龙仓集团主席兼行政总裁包玉刚昨日在股东大会后对记者表示，近期港元疲弱，主要是世界经济衰退波及本港及香港前途不明朗两个因素造成。

但他补充说，美元在全球外汇市场均动升，兑马克及法国法郎均不断创新高峰，币值下跌并非本港孤立的问题。

至于加息挽救港元，他认为加息三厘对地产市道复苏造成很大打击。不过，他本人对九仓之将来仍深具信心，地产市道则尚需一段时期，方可达至供求均衡。

他表示，该集团名下各项物业大致均能全部租出，该集团经常性盈利基础亦日趋牢固，年内地产市道虽持续不景，该物业于年终时大致仍能全部以满意之租金租出，出租率达百分之九十六。

海港城第一期工程已于八二年完成，令九仓在地产方面之资产大幅增加。该期建筑物包括十万九千平方呎之出租商店用地，四十三万九千平方呎之办公室用地，一百二十九间豪华住宅，及拥有四百四十间客房的马哥孛罗酒店。

港府于上周公报中公布，将位于海港城桂芝阁对开之九龙第六号永久码头批于九仓，作为兴建一座四层高的体育综合中心，租约年期为二十一年。整个发展计划估计耗资一亿港元。设施将包括壁球场、泳池及室内运动场等。落成后估计将成为全港最大之私人体育中心。

该集团在海港城之其他发展计划包括在海港城北面兴建一间专为中国海运旅客而设的码头，目下正就此与港府进行磋商。此外，九仓亦有意发展海运大厦入口之行人广场，及建筑一道连接海港城及新港中心之行人天桥。

（《工商日报》1983年6月11日）

包玉刚在公司年报中表示
航运市场仍疲弱不振

【本报讯】目前虽有多种良好迹象显示美国的经济已处于复苏之际，但由于美国的实质利率持续偏高，使巨额的资本性生产建设投资计划望而却步，预计商品原料市场于短期内亦难从现今低水平出现转机。隆丰国际投资有限公司主席包玉刚在该公司年报中作以上表示，基于这种情况，他认为本年下半年航运市场亦不易有所改善。

包玉刚表示，航运市场仍疲弱不振，船只吨位供过于求，致使市况于短期内难以改善。在此不景气的情况下，该集团不断降低所负的债务，并将租约期满，经营而无利可图的船只出售，以保持充裕的流动资金。

该公司是年度内共出售十一艘船，而自八三年四月一日以来，又出售另外四艘船及一艘建造中的散装货轮，共获现金五亿六千万元。虽然如此，该公司年内的政策仍将继续进一步减低债务。

该集团本年度共有六艘新船建竣投入服务。目前该集团管运中的船只为三十八艘，载重吨位共四百三十万吨。该集团于八三年三月三十一日的债务总额比上年度减少百分之十五。集团的债务总额对股东权益的比率为百分之四十八，而上年度为百分之六十二，对有形资产总额的比率则自上年度的百分之三十八进一步减至百分之三十三。

该集团是年度纯利为四亿七千六百四十万元，较上年度增加百分之七。每股派息总额十二仙，共计一亿四千五百二十万元。

（《大公报》1983年8月23日）

九仓属下三间公司包玉刚辞主席职位

【本报讯】香港九龙仓有限公司董事长主席兼行政总裁包玉刚爵士，昨天宣布因最近事务繁忙，已决定自八三年十二月三十一日起卸任香港满天星小轮有限公司、香港电车有限公司及新加坡马哥孛罗酒店有限公司之董事，并辞去该等公司董事会主席职务。

香港九龙仓有限公司董事会副主席兼董事经理吴光正已获选由一九八四年一月一日起出任上述公司之主席。

吴光正为美国哥伦比亚大学商业管理系硕士，主修财务，吴氏曾任职于纽约大通银行，及后于七五年离开银行界转入环球航运集团，自始于集团内担任各项行政要职。

吴氏现亦为纽约美华银行国际咨询委员会委员、纽约青年总裁协会香港分区委员、美国哥伦比亚大学商科研究院院务咨询委员会委员、香港艺术中心监督团成员及香港协会学院校务议会委员。

（《工商日报》1983年12月30日）

英国《泰晤士报》报道包玉刚 李嘉诚转向中国内地发展

（本报驻英记者报道）据英国《泰晤士报》报道，香港的两位商业巨子包玉刚爵士及李嘉诚，目前已开始转向中国内地方面，以求发展，而对英资已不复当年兴趣，同时怡和集团亦开始在英国出售所拥有的各项股权及物业。

报道中指出，香港置地及怡和集团主席西门凯瑟克于星期五的股票市场中，以每股拾贰元叁角成交，筹得总值八亿五百六十万元。

以这个股值来算，香港置地公司损失非常大，但以目前该公司的财政状况，有此笔流动资金可有助于减轻公司一些负债。

但同时由于是次交易，怡和集团形势亦不佳，相信亏损数目会达亿元计算，十分庞大。

自香港前途被关注以来，怡和与置地双方都有交换股份政策，此行动是对其相互经济稳定做出保护。当时置地共购入怡和百分之十八股权，而怡和则拥有置地百分之四十的股票。

至八三年，香港置地公司经济开始不稳，负债甚重，要售出手上所拥有多项股权来偿还债务，数目高达近百亿港元。最近他们刚借到一笔相当大的中期贷款，以解燃眉之急。

与此同时，置地亦对在美国、澳洲等地所拥有的股权物业（出售），来筹集资金，但据金融界人士认为，这些批售行动所获得的只是大海的一滴水而已，售出南非一IEMMIESSOMSOLIATED HOLDING公司，获得十亿港元，对财政有不少帮助。

自从香港怡和公司主席纽璧坚及置地公司主席鲍富达离职后，两公司财政仍然处于困境。

消息表示，香港置地公司有机会再卖出世界著名的香港国际文华酒店来筹集资金，但价钱仍未定，相信帮助不大。据消息指出，置地公司财政出现问题是由于香港地产市道不振，其中以新旧的交易广场亏资最巨。

（《华侨日报》1984年1月15日）

太平洋会选理事会

【本报讯】CLUB CORPORATION OF ASIA LTD，宣布委出太平洋会的理事会成员。太平洋会是为本港工商界中外人士而设的最新会所。

太平洋会名誉主席分别为包玉刚爵士及沈弼议员。主席为汇丰银行总经理简培怡，其他理事会成员包括：新鸿基银行有限公司副主席廖百禧、嘉和集团总裁郑文发、利丰有限公司董事冯国经、集友银行经理石崎、CITY CORPORATION OF ASIA LTD主席万文、胡关李罗律师行李业广、远东证券交易所主席李福兆、高特律师行马可飞罗宾、交通银行高级副总裁杜亮年、九龙仓有限公司执行董事吴光正。太平洋会位于中区环球大厦二十五楼及二十六楼，即目前香港会所的会址。

在首次举行的理事会议上，经已决定于本月份向经过挑选的五百位本港工商界人士发出请柬，邀请他们加入成为创始会员。

太平洋会以尽善尽美为宗旨，特别重视会员的资格、会所的设施、装饰格调、食物素质、个人服务，以及多样化的会员节目活动等。

（《工商日报》1984年1月20日）

包玉刚在伦敦发表演讲
呼吁对保护主义作反抗

【本报讯】环球航运集团主席包玉刚前天在伦敦一次讲话中，谈到中国的发展、香港的成就。他指出如果香港工商界真的有些恐慌的话，主要是担心各地的保护主义日趋严重。他说，对保护主义必须做出坚决的反抗。

包玉刚以《无往不利》为题，在伦敦董事学会周年会议发表演讲。约三千人参加会议。

包玉刚说，香港地域极小，没有天然资源，但成了世界二十个最大的贸易地区之一，在世界各个主要货柜运输中心之中占第三位，拥有世界最大私人管理的船队之一，是一个主要的世界性金融中心，并且居交通运输枢纽。取得这些突出的成就，最大的关键是香港居民知道自己付出一分努力，便有一分报酬，愈是勤奋工作，报酬也就会多。

谈到中国内地，包玉刚说：十年前，很多人还有些怀疑，认为中国内地很难取得现在已经达到的经济目标，但事实证明，最近一次的五年计划，花了三年时间便已完成，并且超出了预期每年百分之四至五的经济增长率，而达到了百分之七。照这种进度来看，国家希望在二零零零年时的总生产额比一九八二年增加四倍的目标是不难达成的。这种发展对香港的前途来说，也有其一定的重要性和利益，国家屡次保证要保持香港为一块安定繁荣的乐土，使民众继续享有他们已习惯的生活方式，这些发展使国家的保证具有说服力。当然，中国内地今后在经济方面要做的事还很多，各部门亟须努力的是如何改进生产制度和过程，以配合全国高度发展的目标。他相信在正确的领导和上下一心的精神下必定能做到。

包玉刚说，万不能以为中国内地的发展必须依赖香港，这样的想法，是把一只大象看做一只跳蚤。但香港可以发挥它的助力，纵然有些地方仅仅做一个榜样的作用。

谈到八三年的动态，包玉刚认为："我们没有理由感到衰老消沉。虽然我们深知许多关于本身前途的附带问题有待澄清和解决，但我们也深知我们决不能一味呆等而坐失种种良好的投资机会。须知一旦成功来临，一定要继续努力争取更大的成功，抱了这种精神，才能和他人竞争，而无往不利。"

包玉刚说："要是香港的工商界果真有些恐慌的话，这种恐慌和其他国家所遭受的大致相同。我们很担心各地的保护主义日趋严重，也必须对这些主义作出坚决反抗，无论它们的出发点理由如何动听、如何合理；因为任何保护主义只能减低甚至消除必要的竞争性，使就业机会减少，和严重阻碍经济增长。这是我要讲的话和要传达的口讯。我们大家必须将这口讯传达到各国政府的当政者和普遍的大众，我们必须为我们的新年作强有力的辩护，务使全世界明白使经济繁荣或失败的真正动力和原因。我们必须面对我们所遭受的问题，不能逃避，不能采取鸵鸟政策，我们决不能再设立更多的贸易或工业障碍，因为这种障碍及藩篱正是引导我们到'衰退心态'的主要原因。"

（《大公报》1984年2月23日）

清水湾乡村俱乐部　债务问题仍未解决

【本报讯】负债高达一亿九千万元的清水湾乡村俱乐部出现财政危机。据说，俱乐部部分会员未缴会费，而一些创办人又不愿代还银行债务。

香港环球航运集团发言人昨日发表声明，表示该集团董事长包玉刚“已于一九八二年九月退出该俱乐部的常务委员会，此后与该俱乐部委员会的一切事务一概无涉”。

（《大公报》1984年3月4日）

董建华白朗任地铁董事

（港讯）港督经已委任董建华及再度委任白朗为地下铁路公司管理局成员，任期两年，由一九八四年五月一日起生效。

董建华是接替行将卸任的包玉刚爵士。包氏是管理局创办人之一，服务达九年。

董氏是东方海外客运有限公司董事及香港船东会主席。他亦是香港管理专业协会理事会会员并曾任该会主席。

地下铁路公司管理局主席是李敦，其他成员有张奥伟、郎达如女士、麦蕴尼、白礼宜（金融事务司）、地政工务司、运轮司及地下铁路公司总经理。

地下铁路公司主席李敦对包玉刚爵士退任董事加以表扬，并对董建华出任董事表示欢迎。

（《华侨日报》1984年3月24日）

包玉刚船队重量虽下降仍为全球最大独立船东

（港讯）昨日出版的香港总商会《工商月刊》四月号引述苏海文博士，指出其岳丈包玉刚爵士仍为全球最大之独立船东。包氏船队有船一二八艘，合共一千三百万吨重量。

苏海文博士为环球轮船代理有限公司第一副主席。他指出包玉刚爵士的船队较数年前巅峰时期已下降约六百万重量吨，不过由于其他独立船东于航运业不景下也纷纷收缩船队，因此包氏仍保领导地位。

苏海文博士对《工商月刊》表示：“我们会逐渐出售多几条船，也可能少造点新船。对前景我们仍有点悲观。”

今期《工商月刊》主题为维多利亚港及香港船务业。月刊报道，一九八三年终时，本港船东拥有及管理之累积船只数量及吨位可能已超越希腊，成为仅次于日本之世界第二大商船队。

（《华侨日报》1984年3月27日）

汇丰银行发言人宣称
董事包玉刚马登利国伟三位将于五月八日退休

【本报讯】汇丰银行发言人昨日称，该银行的董事包玉刚、马登及利国伟将于今年五月八日退休。

该发言人说，三位董事的退休，并无什么特别的原因。他们均已届退休的年龄，所以不再继续担任汇丰的董事。五月八日汇丰的普通股东大会时，他们将会退休。

被问及会否有人代替三位将要退休的董事时，该发言人表示“暂时未有任何决定”。他说，汇丰董事的人数是有弹性的，它没有硬性规定人数。

将要退休的汇丰三位董事为：环球轮船公司主席包玉刚、会德丰主席马登及恒生银行董事长兼总经理利国伟。据汇丰银行章程第八十九条H项，凡董事年届六十五岁，均要退休。

（《大公报》1984年4月14日）

环球主席包玉刚拜访陈雷省长

【本报讯】在港访问八天之后，黑龙江省经济贸易代表团将于近日离港前往澳门，《大公报》、香港滨港咨询开发有限公司昨晚在世界贸易中心会设宴欢送。

《大公报》副社长兼总编辑李侠文在宴会中讲话，他说，陈雷省长和代表团的到访，拉近了我国最北省份黑龙江与香港的距离，希望黑龙江与香港之间今后关系更趋密切。

黑龙江省省长陈雷致词说，此行探访了旧朋友，结交了不少新朋友。香港虽然天气炎热，但人心更热。他对本港各界给予代表团的帮助和支持表示感谢。

《大公报》负责人李侠文、马廷栋、陈彬、赵泽隆、尹任先、唐驾时；滨港咨询开发有限公司常务董事兼总经理茁树贵、副总经理费龙接待来宾。

昨晚应邀出席的工商界及知名人士有张建华、王光英、宝自爽、姬江会、王宽诚、霍英东、安子介、茁世平、方善桂、包玉星、查济民、曹文锦、曹光彪、王东文、吴志岗、冯少夫、黄振辉、费大中、吴庆星等。

新华社香港分社副社长曹维康、副秘书长杨奇亦应邀出席。

又讯：环球集团主席包玉刚昨日拜访陈雷省长，交谈时彼此对黑龙江省的发展均甚表乐观。

（《大公报》1984年7月18日）

包玉刚称地产未复苏

九龙仓有限公司主席包玉刚今早在该公司股东大会上表示：由于美国经济复苏，带动出口增长，本港之贸易及制造业前景乐观，预料这个佳绩可望在八四年内持续。虽然目前本港各类楼宇仍处供过于求阶段，需要一段时间始能消化，使短期内之物业市道难望瞬即转好，但最近租金水平普遍上升，已显示出租金市场已趋坚稳。

他又表示，该公司除继续发展名下物业外，亦会致力于改善现存之物业素质，加强盈利能力。

此外，该公司也会适当运用其庞大的收益来源，使其在香港及海外作出计划时，能处于应付自如的地位。

除了九龙仓股东大会之外，海港企业有限公司亦于今早召开股东大会。

包氏在海港企业股东年会上指出：董事会相信香港仍将继续保持其在亚太区最受欢迎旅游中心地位。本港实质经济增长已有超越其他地区之姿态，而香港之成为促进工商制造业财经中心，也将使其领导地位更形坚固。

九龙仓董事局副主席吴光正会后对记者表示：虽然市内会传出隆丰改组后，九仓与隆丰有可能合并，但董事局目前仍看不到两者合并后之好处何在。

（《工商晚报》1984年9月7日）

包玉刚谈前途协议

【本报特讯】隆丰投资有限公司昨早召开股东大会之后，随即召开“计划普通股”持有人大会、股东特别大会及认股权证持有人大会，会上正式通过隆丰国际及亚洲航业之改组建议。

隆丰投资有限公司董事局主席包玉刚在会后对记者表示，有关中英即将签署的香港前途草签协议，内容很好，而他将会继续在香港投资，不过，该公司暂时没有新投资计划，一切仍需要看九仓业绩，而九仓业务保持良好，他并指出，该公司暂时不会有供设或集资，且他不赞成在目前高息情况下贷款。他深信未来九仓的业务发展将向好，但对船务业未来的发展则不大乐观。

当记者问及未来的投资重点时，包氏回答说，只要是有盈利的投资项目，该公司也会作投资，但董事局的原则是不会借款进行投资，这主要是因为目前的息口仍高。包氏并对记者表示，亚洲航业暂无意发行新股集资。

（《工商日报》1984年9月26日）

包玉刚爵士是本港股市叱咤风云人物

（特讯）提出反收购会德丰股权的香港九龙货仓有限公司董事会主席兼行政总裁包玉刚爵士，曾于八零年六月与置地公司争夺九龙仓股权，备受股民注意。

据资料显示，争夺战是由置地公司宣布拟以两股置地股票及七十五点六元之债券，换取一股九龙仓方式增购九龙仓发行股权百分之廿九，而揭开序幕。

当时包玉刚宣布动用廿三亿元，以每股一百零五元现金增购九龙仓股权至百分之四十九，由于以现金增购的关系，增购之行动迅疾完成。而当年动用资金之广大，亦为本港有史以来第一次。

九龙仓全名香港货仓有限公司（the Hong Kong & Kowloon wharf & godown co.ltd），发迹地在上海，但自一九四九年以后，即移师香港发展。

九龙仓所投资的业务，包括由地产及酒店投资、货仓、运输及公共交通经管等。

地产投资大部分集中于尖沙咀广东道，包括海运大厦、海洋中心及一系列海港城，至去年三月止，可供出租写字楼面积约一百三十四万平方呎，商店面积约一百零六万平方呎，住宅面积约九十四万平方呎。除海港城第四期出租率为百分之九十四外，其余楼宇的出租率则为百分之九十六。

酒店业透过附属公司经营，包括香港酒店（七百九十间房）、香港马哥孛罗酒店（四百四十一间房）、香港太子酒店（四百零二间房）及新加坡马哥孛罗酒店（六百零三间房，占百分之四十二股权）。

至于货仓运输方面，九仓拥有货仓面积一百五十万平方呎，全资拥有荃湾D仓及E仓，葵涌冷藏仓库百分之六十，香港空运站及现代货箱第五号码头权益，原投资于新加坡仓库权益，已于去年七月以六千六百万元坡币售出。

有关九龙仓在公共交通投资方面，主要是全资经营电车及天星小轮业务。

截至去年三月底为止，九仓共聘用之员工，包括酒店职员在内，共有四千五百一十六人，而存款总额达十四亿六千一百万元。

另九龙仓的主要附属公司及联号，包括海港企业，占百分之五十六股权，天星小轮及电车公司，均占百分之一百股权，现代货箱第五号码头，占百分之四十股权，空运站占百分之十五股权，新加坡马哥孛罗酒店占百分之四十二股权。

（《华侨日报》1985年2月17日）

包玉刚谈购会德丰

【本报讯】香港九龙货仓有限公司主席包玉刚昨日对记者表示，收购会德丰的行动已经接近结束，目前该公司拥有会德丰的股权约达百分之四十九。

他说，会德丰船务的问题将由会德丰集团本身去解决，并不会对收购造成任何影响。记者问及为何要收购会德丰时，他表示，等待收购完成之后将会公布，目前暂不置评。

包玉刚又表示，收购会德丰的行动并不是如外界所传其不欲海外财团插手本港大企业，因为股票人人都可以买。他相信现时已稳操胜券。

至于电车厂房的发展，他说，计划已经完成，只等待港府批准，将车场安置于其他地方。

（《大公报》1985年3月14日）

会德丰收购战告结束　九仓获投票权逾五成

【本报讯】九仓在争购会德丰一役中“大热胜出”，九仓主席包玉刚昨日已入主会德丰董事局，当选为新主席。在九仓宣布获得会德丰投票权百分之五十的同时，星马财团亦表示准备接纳九仓的收购建议，使这场历时一个月的收购战告一段落。

（《大公报》1985年3月16日）

包玉刚爵士已被委任香港隧道董事局主席

（特讯）香港隧道有限公司董事局昨（廿二）日宣布，在马登辞任该公司主席及董事之职后，包玉刚爵士已被委任为该公司董事及主席，而吴光正亦以在梁汉华离任后被委任为该公司董事。

董事局已就隧道创办以来以任职为董事之马登及已任董事之职九年之梁汉华，与香港隧道在任多年来之宝贵意见及助力，向彼等致谢忱。

（《华侨日报》1985年3月23日）

包玉刚致股东书谈收购九仓

【本报讯】新任会德丰主席兼行政总裁包玉刚昨日在致会德丰股东收购建议文件中表示，九仓将研究整顿会德丰集团的业务，加强九仓与会德丰的合作，提高经济效率，但九仓表示不会支持会德丰集团的业务，且就仓船的投资做全面献捐的准备。

会德丰财务顾问东亚华实有限公司发言人博伊斯对本报记者说，该公司已接获获多利代表九仓发出的收购建议，大致上对其收购建议满意，并于一周内就应否接纳收购建议的意见函告股东，股东最少有三周对有关建议考虑应否接纳。

包玉刚在收购建议文件中说，九仓收购会德丰的行动会对九仓及会德丰的管理阶层极富挑战性，且令九仓对香港地产业务投资增加，也会将多间著名的零售、贸易机构以及若干海外事业纳入九仓业务范围内。

他说，由于九仓与会德丰部分业务重复，因此一旦整顿后，应可替扩展后的九仓带来利润。不过，在整顿组织过程中会德丰各部门要详细研究经营状况，故现时无法透露增长和盈利基础的具体建议。

他表明九仓会无意以任何方式津贴或支持仓船及他认为不能自立经营的其他公司，他强调，九仓提出的收购条件十分慷慨，故呼吁股东立即接受收购建议，接纳收购的截止期限为四月十八日。

文件提出三大接纳收购建议的原因：一、股东可获重大的资本增值；二、收购价格足以充分代表投资的资产净值；三、可立即增加投资收入。

（《大公报》1985年3月29日）

包玉刚持九仓为总数四成半

【本报讯】会德丰董事委员会昨日向少数股东寄发的推荐九仓收购函件中透露，新任会德丰主席包玉刚，以其个人名义拥有九仓数量达七亿二百零三万四千六百三十五股，占九仓总数四成半。以昨日每股六元二角的收市价计算，其金额高达四十三亿五千二百六十多万元。

（《大公报》1985年4月5日）

电车厂址发展事　包玉刚称获协议

【本报讯】会德丰主席包玉刚在股东会后对记者讲，有关霎东街电车厂土地发展的问题，已与港府达成协议，不过目前仍未解决的问题是未找到合适的地方作为新电车厂。

至于九仓收购联合企业一事，包玉刚表示会尽快公布详情。

（《大公报》1985年4月13日）

包玉刚爵士昨主持海底隧道公司年会

（特讯）昨日香港隧道有限公司召开之八四年度年会，包玉刚于上月中宣布董事局派发八四年十二月三十一日止年度之第四季末期股息，每股二角八仙半，即该年度共派发股息每股达一元一角四仙。

九仓于上月中成功收购会德丰后，九仓主席包玉刚爵士（左）昨日主持香港隧道有限公司年会。

（《华侨日报》1985年4月13日）

会德丰大厦六成租出

【本报讯】联邦地产有限公司主席包玉刚昨日在该公司股东周年大会上对记者表示，会德丰大厦的出租率现已达百分之六十左右。

该公司于年终接受会德丰大厦的办公室楼宇，虽然该幢物业位于本港中最佳地点，但受其附近新写字楼楼宇的强烈竞争，因此，出租的进展缓慢。

包玉刚说，在港岛的写字楼楼宇继续受到价格及租金低落的影响。不过，另一方面，豪华住宅楼宇的需求有所加强。

他指出，中英双方在香港前途问题上达成协议之后，物业市场已恢复一定程度的安稳，小型及中型住宅单位的销售情况稳定，出租的工厂楼宇需求也持续。

该公司的发展计划进展顺利，毕喇山春晖道的住宅楼宇地段整理及地基工程已开始进行。沙田银禧花圃住宅及商业中心第一期建筑工程定于今年年底完成，第二期工程亦已开始，预期八六年年中完成，其住宅单位的销售情况非常理想。

（《大公报》1985年6月15日）

包玉刚爵士已被委任联合企业主席及董事

（特讯）九龙仓主席包玉刚爵士已被委任为联合企业主席及董事，拥有行政主管之一切权力，而吴光正亦已被委任为联合企业副主席及董事，拥有该公司副行政主管之一切权力。

联合企业是于日前举行股东周年大会，于动议派发特别资本红利每股五元时，遭到绝大票数反对，故已不能派发。该公司已表示，派发一项八五年十二月三十日止年度特别中期息每股五角五仙，代替八四年度之末期股息。

该项特别中期股息将派于六月二十四日已登记之股东，合共一千六百一十万元。

（《华侨日报》1985年6月26日）

包玉刚论航运过去现在未来

（本报专讯）香港环球航运集团主席包玉刚爵士表示：港府在国际海运会议上并不经常发表有力的言论，而常常以英国政府的论点为依据，所以最近中英联合声明中提到关于建立香港的独立自主船舶登记的建议，得到本港航运界的热烈欢迎。他表示希望政府和船东们能在这方面早日进行讨论，达成实际的解决方案。

包玉刚爵士系于香港工业总会创会银福大厦特刊中，以《香港船运业的过去，现在，将来》为题撰文时，作出上项表示。他说：港府的放任经济政策，虽然给予一般工商业高度的经营和操作自由，但并不能对面临强烈国际竞争的香港船东作出支持。

他在文中指出："要是（香港）有了自主权，参与订定和实施国际性的海运条例，便比较直接、活跃而有效，以后在国际会议上的发言也变得振振有词，各航运从业之间的密切联系和合作必定会随之而来，从而达到集体的目标和利益。"

在展望该业发展方面，包玉刚爵士表现乐观。他指出航运业本身向来是国际性经济增长和繁荣的重要基层贡献者，它在未来的国际贸易发展中将永远担任一个不可或缺的重要角色。香港居民素具的无比耐力，必能将航运业再次导向稳定的领域，进一步为大众创造就业立身的机会和维护香港的继续繁荣。

他亦指出：航运业的前途看来必须有赖于技术的研究，以期能在节省船只航行成本这方面着手挽回，重振，并需要在改进船只设计、船只油漆的应用、推进引擎及自动化设备各点上不断努力。

他估计：将来经营航运业肯定需要更大的资金，更倚重于高技术的专门陆上和海上人员。

（《华侨日报》1985年7月4日）

包玉刚爵士评三光事件

【特讯】就三光汽船在日本公司重组法例下，提出财务重整的申请，环球轮船代理有限公司与亚洲航业有限公司主席包玉刚爵士发表意见书，希望日本当局允许三光的要求。

包玉刚发表评论声明，称航运界都对三光被逼寻求复原的事情而深感惋惜。因为这事件证明严重的不景气影响过去十年的航运业。包氏指出，三光的困难并非独一无二。

包氏希望日本当局准许它的财务重整要求，原因除了三光和债权人及业务伙伴即时有财政及法律问题外，日本船队规模及多样化亦受此影响很深。

日本要依靠有效的海上运输服务，故该国政府应认识到积极支持日本的船公司，以维持现实在国际形象的重要性。

同时，低迷的国际市场和无利可图的运费，对于独立船公司已有多年的不利影响，更不容忽视的是较低的运输成本对国家及该工业会有利益，这些事实对于决定三光的前途时应作慎重考虑。

由于许多公司与三光的管理阶层及职员在业务上常有往来，而且亦有合约及交易，所以希望重整能够成功达到目的。所有船东租予三光的船只，当然受到该公司最新发展的影响，而航运市场亦将惨遭衰退。环球的船务经理且会慎重地为船东尽力组织租船安排，就算三光业务无法继续经营亦不会在财政上对公司带来大影响。

（《华侨日报》1985年8月15日）

包玉刚昨日表示航运业将继续疲弱

【本报讯】环球航运集团主席包玉刚昨日预测，未来一段时期，航运业前途仍然会较为暗淡。

他对记者表示，在过去五年，环球航运集团已卖了一百多艘船，暂时不会再在这方面投资。包玉刚说，就算日本三光汽船破产案没有发生，世界航运业仍是疲弱不振。因此，环球航运集团陆续减少船队。他表示航运业好转的话，会再做投资。

他昨日为香港海底隧道公司第十一届急救比赛主持颁奖，包玉刚是该公司主席。

（《大公报》1985年8月23日）

主席包玉刚昨日表示会德丰重组将完成

【本报讯】会德丰有限公司主席包玉刚昨日在该公司年会后对记者表示，会德丰重组计划现已接近完成，并逐步关闭一些亏损公司。

他透露，最近已关闭公司，包括会德丰（澳洲）私人有限公司、会德丰（英国）有限公司及本港注册的华运有限公司，同时亦考虑关闭一间在菲律宾的电子公司。

包玉刚表示，该公司将致力发展一些潜质佳的公司，其中包括连卡佛及康时有限公司，连卡佛则正考虑发展中介市场。问及较早时盛传连卡佛珠宝部门有坏账的情况，他指出只是客户未能付款，且数目不大。

答复九仓收购会德丰后欠债高达为十多亿元时，包玉刚表示，目前海港城及海洋中心的物业收益，每月可达逾六千万元，相信九仓可于三年内偿清债款。

昨日股东大会上已通过将派息日期延迟至九月十六日，因为部分少数股东仍未将股份交于九仓（强迫收购少数股东股份日期将于九月十二日前截止）。

关于九仓将收购置地的传闻，包玉刚表示九仓已密切注意，但亦不排除遇到有兴趣的建议时便会考虑收购的可能性。

（《大公报》1985年8月24日）

包玉刚谈航运业何时复苏难预料

【本报社】据法新社香港五日消息：船王包玉刚在接受法新社记者访问时表示，一九八五年是本港航运业四十年历史中最恶劣的一年。

最近一家报章报道，倘若航运业持续不景，包玉刚将会出售其目前所余下的七十五艘船只，对于此项传言，包玉刚加以否认，并表示他会继续从事航运业。包玉刚表示，他会在一些船只的租约于两三年期满之后，考虑出售一些没有商业价值的船只，然而，大部分船只的租约是直至一九九四年至九五年。事实上，自一九八零年以来，其集团已没有购买新船。

（《大公报》1985年9月6日）

财政司昨参观电子厂

（港讯）财政司彭勋治爵士昨日先后参观了香港仔的一间电子厂和一间钟表制造厂，意实地了解本港制造业的最近发展情况。

彭勋治爵士在工业署副署长庄士信陪同下，首先前往黄竹坑道的会德丰半导体有限公司参观。香港九龙货仓有限公司主席包玉刚爵士在场迎接。该公司为香港九龙货仓有限公司之附属公司。

会德丰半导体有限公司于一九六九年成立，现有职工九百余名，专门生产集成电力线路板，主要外销往美国及欧洲。

财政司一行人其后前往一间位于黄竹坑道的乐声钟表电子有限公司参观。该公司附属于乐声集团，并获该公司副主席李源清热烈欢迎。

乐声集团于五十年代初期已开始装配机械式手表，而现时则生产一系列的液晶体跳字表及石英行钟表。该集团有工人一千一百多人，大部分产品供外销往北美洲、欧洲及东南亚地区。

（《华侨日报》1985年9月27日）

购入港龙三成股权　包玉刚爵士任主席

（特讯）港府已定于十二月二日公开聆讯港龙、国泰及金狮开办前往中国内地定期包机申请。

另外，港龙航空公司昨日宣布，包玉刚爵士已经同意用六千万元购入三成股权。当交易完成后，包氏会出任公司主席。

至于现任主席曹光彪则改任副主席，曹其镛亦会购入两成股份，剩余五成股份则由港澳投资公司及其他股东拥有。而港龙实收资本亦会由目前一亿元增加至二亿元。

此外，港龙航空公司董事长曹光彪暨首席行政总裁苗礼士，将于明天前赴北京，就公司开辟内地航线与有关航空部门开展磋商。较早时，中国内地有关部门曾表示原则上同意港龙开辟香港至内地间的航线。

港府曾于七月申请几条内地包机航线，但被民航处拒绝，不过，在上月民航处向港龙透露，除北京及上海外，原则上同意港府可开辟其他内地航线。稍后港府表示港龙可开辟广州、厦门及杭州航线，不过港龙先要获得中国内地有关部门批准。

（《华侨日报》1985年10月24日）

国泰航空公司下月起由港直飞北京

【本报讯】国泰航空公司下（四）月将开办香港—北京的定期班次，每周两次，五月四日开始又增飞往上海的班次。

该公司昨日宣布，下月一日将是该公司扩大其国际航线网的重要日子——飞往三个新目的地的首航日，包括香港至罗马及巴黎的直航班次，以及往北京的定期班次。

港京航线将每周两次，逢周二及周五下午二时十五分离港，下午五时十分抵达北京；回程航航机于晚上六时四十分离京，晚上九时四十五分抵港。

五月四日开始，该公司将开办第四班飞往上海的班次。换言之，国泰往上海的班次将是逢星期二、四、六及日，下午四时十五分离港，下午六时二十分抵达上海；回程晚上七时十五分由上海开出，当晚九时四十五分抵港。

又讯：国泰航空公司昨日宣布，鉴于国泰航空公司股份即将上市，而包玉刚已任港龙航空公司主席及行政总裁职位，故此他已向国泰航空公司辞去董事职务。董事局对此深表惋惜，但已接受其辞呈。

（《华侨日报》1986年3月28日）

斥资五亿七千四百万元　包玉刚全收亚航股

由包玉刚及其夫人所控制的一家私人公司，昨日宣布将斥资五亿七千四百万收购其尚未拥有的亚洲航业有限公司股份共三亿九千五百九十四万零三百四十六股，占亚航已发行股数百分之二十三点七六。

如果收购成功，亚航将成为包玉刚及其家族的全资公司。包玉刚所出的收购亚航作为每股一元四角五仙，此股较三月三十一日亚航的综合资产净值低百分之七点六，但却较亚航上周四的收市值九角六仙高百分之五十一。此一价位也高于亚航自一九八四年十月重新介绍上市后任何时间的市值。

与此同时，亚航所发行的周息六厘半债券共四千六百九十八万六千美元，也将被赎回。

据悉，亚航董事局已委任一个由钟士元及马登组成的独立小组委员会，研究包玉刚的收购建议。宝源投资已获委为少数股东的财务顾问。获多利则为包玉刚的公司的财务顾问。

亚航股份昨日已在交易所停牌，并定期明日（星期五）复牌。

包玉刚收购亚航的声明中表示，定出每股收购价一元四角五仙是基于以下三点因素而成：（一）有报价投资的现实价值；（二）亚洲航业的船队储备；（三）对亚洲集团及其联营公司所拥船只进行的独立专业估值，若有租约则会在估值中计及。

（《大公报》1986年4月3日）

包玉刚全面收购亚航刺激股市

【本报讯】股市昨日在包玉刚现金收购亚航股的利好消息刺激下回升，恒指涨廿五点二〇收市，开始报价的香港指数，也以一〇一三点七八收市，升十三点七八。

交投较前畅旺，总成交二亿六千三百万元，比前日多三千七百万元。

走势为平开后辗转向上，以公用股的表现最佳，在恒生分类指数中，公用类就升了五十一点，为其他分类指数之冠。中午收市恒指报一六二三点三五，升二十点〇八。香港指数报一〇一三点二九，升十三点二九，下午市情窄狭幅度波动，股价表现仍然稳好。

（《大公报》1986年4月4日）

包玉刚谈亚航策略

【本报讯】包玉刚昨日在住友银行的一个酒会上向记者表示，待亚洲航运的收购完成而改变为私人公司后，亚行的策略将会把属下的旧船逐步出售，以减少拥有的船吨位。

不过，包玉刚谓，旧船不会售予他另一家合资公司，因为两家公司的业务极为相似，以免引起不便。

（《大公报》1986年5月14日）

包玉刚招待记者畅谈港龙大计

【本报讯】香港港龙航空公司客机昨天首航杭州，逾百位中外来宾应邀前往杭州作一日之游。

这是港龙继厦门、广州之后开辟的第三条内地包机航线。港龙董事长兼总裁包玉刚昨天在杭州西泠饭店举行的记者招待会上表示，该公司计划陆续飞往南京、西安、桂林；至于外国航线，已提出申请飞往伦敦、曼彻斯特、荷兰、美国。他表示，这间完全由香港人组织的航空公司，将努力以“服务好，效率高”的精神发展业务，把港龙发展成为国际性的香港航空公司。

客机于昨天上午十时由启德机场起飞，中午十一时五十分（香港时间）抵达杭州笕桥机场。盛大欢迎仪式在机场举行，浙江省委书记王芳、省长薛驹，副省长吴敏达、徐起超，杭州市市长钟伯熙，以及浙江省旅游局等，分别在杭州饭店、望湖宾馆等设宴招待。中外来宾随游览西湖及其他风景区，傍晚返港。

在机场欢迎仪式中，浙江省副省长徐起超讲话称，港龙客机飞行于香港、杭州之间，将有助于浙江省旅游业的发展。

包玉刚致辞指出，自中英联合声明签署后，香港趋向长期安定繁荣，现在由于港龙的正式开航，使香港、杭州的距离更为缩短。

港龙副总裁曹光彪亦参加开航仪式。新华社香港分社副社长郑华应邀参加了杭州之游，应邀游杭州来宾尚有刘浩清、邵炎忠、李达三、王剑伟、张永珍、麦理觉等。

港龙杭州线包机每周两班，逢星期二、四飞行。

（《大公报》1986年6月27日）

包玉刚购标准渣打股

【本报讯】据路透社伦敦十日电，港商包玉刚已取得标准渣打银行百分之五点四的股权。

标准渣打在一项声明中说，包玉刚是该银行的长期合作者，已在昨日收市时购入八百四十万股标准渣打股份。

昨日标准渣打也透露，远东富商邱德拔亦已持有百分之五点三的股份。

包玉刚与邱德拔的行动相信是支持标准渣打，以避免被莱斯银行收购。

（《大公报》1986年7月11日）

标准渣打争购战白热化　包玉刚持股量增至成半

【本报讯】港商包玉刚继续增购英国标准渣打银行股份。据标准渣打披露的资料显示，包玉刚持有标准渣打股份已达二千三百二十五万股，占该行已发行股本百分之十四点九五。

英国莱斯银行向标准渣打提出的收购，将于今日伦敦时间下午一时（香港时间晚上九时）截止。

目前标准渣打的最大股东除包玉刚外，还有星马商人邱德拔（持百分之五点三股权）由澳洲商人雅高控制的贝尔集团及其附属的贝尔集团国际有限公司（共持百分之七点四）及与标准渣打有联营关系的非洲自由人寿协会有限公司的两家英国附属机构（持百分之一点三三）。

较早时，市场一度传出包玉刚持有标准渣打两成股权，但其后由该行证实其持股量只有百分之十四点九五。

上述各财团及商人虽然没有表明持有标准渣打股权后的态度，但市场一般相信他们会站在标准渣打的一方，对抗向其控方收购的莱斯银行。这批相信会站在标准渣打一方的股权共占总发行股数百分之二十八点七一。

令人感到有趣的是，曾经一度为争取会德丰控制权的包玉刚与邱德拔，可能在此役中反敌为友。照最近发展趋势，莱斯银行成功收购机会可能不大。

（《大公报》1986年7月12日）

莱斯收购标准渣打将揭晓

本报记者分访两当事银行

【本报记者李维庆伦敦十一日电】深受英国银行界注视的莱斯银行收购标准

渣打银行事件，现时出现峰回路转的局面。莱斯是否能够完成收购标准渣打，将于明（十二）日下午五时（香港时间十三日凌晨）揭晓。

莱斯计划收购标准渣打，这是英国有史以来最轰动的银行收购事件。较早时，英国银行界人士认为，莱斯会有很大机会成功收购标准渣打。但是，随着最近两天宣布的最新消息，标准渣打已得到包括香港知名人士包玉刚等的支持，因此，莱斯与标准渣打现正展开一场激烈的收购与反收购战。

标准渣打一位负责人今（十一）日在伦敦接受本报记者的电话访问。他透露，标准渣打现时已获得约百分之三十五左右股东股份支持。

该负责人表示，包玉刚现时正在伦敦，他较早时已表明会支持标准渣打。

他亦指出，标准渣打一向的政策是希望维持独立，因此不希望被莱斯收购。标准渣打表示欢迎包括包玉刚在内的人士或者集团支持该银行。

根据有关的收购条例，莱斯必须取得百分之五十一或以上股权，才可以完成收购标准渣打。换句话说，这次收购及反收购战的成败将取决于英国各大小股东身上。据英国银行界估计，莱斯若要成功收购标准渣打，便需要付出约十三亿英镑。

标准渣打的最新股票价格为七百七十四便士，而莱斯提出的收购价为八百七十二便士。今日莱斯在英国各大报章刊登广告，并且提出了上述的收购价，有关的股票收购将于明（十二）日下午一时截止。

莱斯一位负责人今日拒绝评论该银行收购标准渣打的成功机会。他答复本报记者询问时只说，最后结果明（十二）日下午五时便会揭晓。

莱斯负责人亦承认，该银行这次收购标准银行，目前已很难猜测它的结局。

（《大公报》1986年7月12日）

莱斯收购渣打失败

【路途社伦敦十二日电】由于亚洲及澳洲商人在最后一刻介入，莱斯（即劳埃德）银行要以十三亿英镑收购标准渣打银行的计划今天宣告失败。

莱斯银行发布声明说，今晨在最后期限已届之时，其只收购得百分之四十四点四的标准渣打股份。

莱斯银行负责人皮特曼说，若非海外商人在最后一刻大量购入标准渣打股份，他相信莱斯的收购计划可以成功，成为英国最大的交换银行。

香港船王包玉刚在星期四、五大量购入标准渣打的股份，共斥资一亿二千五百万英镑，目前他已拥有百分之十四点九五的标准渣打股份。

马来西亚富商邱德拔也加入收购战，持有标准渣打银行百分之五点三股权，而以珀斯商人霍姆斯·阿·考特为首的澳大利亚尔贝集团也持有标准渣打银行百分之六点四股权。

银行界人士称，他们三人都承诺支持标准渣打银行，从而保证莱斯银行的收购战注定失败。

（《大公报》1986年7月13日）

包玉刚谈为何购标准渣打股份

【本报讯】“船王”包玉刚昨日在一个场合谈论他于上周参与买入标准渣打银行股份以抗拒莱斯银行的收购，以下是包玉刚与记者的对话整理记录。（包玉刚简称：包，记者简称：记）

视作一项长期投资

包：目前，我拥有近百分之十五标准渣打的股份。我视作这是一项长期的投资，渣打银行是一家有信誉的银行，在香港、在远东均有很大的发展机会，特别是在中国内地，在上海、天津、大连、北京、广州、厦门和深圳共设有七家分行，最近并增设中国投资部门。

这次购入渣打股份的行动，若干人认为这是我与汇丰银行关系不佳的结果，事实上，我在汇丰虽然不再是董事局副主席，但我还是该行的顾问。

我的航运集团没有欠任何一家银行的一分钱，我若在汇丰的工作弄不好要亏钱，人家不就一脚把我踢走了么。

记：你这次购入标准渣打股份，支持他们反收购的行动，动机是什么？

包：我对银行有感情。我在上海的时代便是搞银行的。七一年我开始担任汇丰董事，七三年受聘为美国大通银行顾问，七七年受聘为日本兴业银行的顾问，我一直想参与一家国际性银行业务。

这次买股的决定是仓促的，上周三上午决定，周四便飞往英国部署去了，也没有与白朗先生详谈。是自己钱是自己买。

记：买股是谁先提出的？

包：我，是我主动的，这些事没办法被动，人家没办法逼我干。

记：资金来源哪里来？

包：我原是有一些的，我再往当铺里跑了一转。那么钱还是勉强可以够了（笑）！资金的来源不能详细说，说多说少人家都会议论。

我花的是自己的钱，是自己买，我在中国不做什么官，中国政府怎么会给这么多钱给我去买？汇丰更加不必说了。外界的猜测都是不确的，这是我的钱。

记：你对收购行动结束后标准渣打股价的波动怎样看？

包：对股价有两种看法，即使跌也没关系。

记：以后你会不会直接参与标准渣打的决策，会不会做他们的主席。

包：我现在不知道，现时他们还没有聘请我呢！可能性、机会是有的。我现时在香港工作，到英国当他们的主席看来是不太可能了，听他们决定去吧。要知道，这次事件很匆忙，周四我到英国，周六便回来了，详细的想法还没有哩。

购股者之间无默契

记：这次购买行动中，远东的几位股东购入了标准渣打那么多的股份，估计会否使渣打的经营方针有所改变？

包：莱斯银行能争取到百分之四十四点四的股权，说明渣打银行获得原来股东的支持是十分有限的，渣打银行的管理需要有所改进，这对渣打就是一个侧面的推进。银行要随着时代走。

在这次行动中，远东地区的购入者之间是没有默契的。我也在报章上知道邱德拔先生是购入者之一。我只管自己，买的股份都是在市场上吸纳。

记：渣打银行准备在香港上市的事，你有什么看法和做法？

包：我只在报章上看这个消息，待看过详细内容后方有决定。

动用资金三亿美元

记：及后，你在渣打拥有如此多股份会否与你在汇丰的职位有利益冲突？

包：我再说，我在汇丰的身份是顾问，只提意见，没有权。若果他们说不方便，那么……我已知会过他们了。

记：会否继续吸纳渣打的股份？

包：时间太短，目前未有计划，更加别说以九仓的名下去吸纳，因为九仓是公众公司。

记：这次购股共耗费多少？

包：全部资金约三亿美元吧。

（《大公报》1986年7月15日）

标准渣打委新董事 包玉刚出任副主席

【本报讯】据路透社伦敦十九日消息，英国标准渣打银行集团本周二宣布，该集团委任四名新董事，其中包括委任香港船王包玉刚为标准渣打集团副主席。包玉刚现任环球航运集团和九仓集团主席。

其他三名新董事，包括澳洲比尔集团主席霍姆斯·阿·考特、新加坡富商邱德拔，以及九仓集团副主席吴光正。

银行界人士说，这次委任，主要是由于较早前，包玉刚、霍姆斯·阿·考特和邱德拔购入了标准渣打银行股份，在最后关头使标准渣打不至于被英国莱斯银行收购。

目前，包玉刚持有标准渣打银行股权百分之十五，邱德拔持有股权百分之五点三，霍姆斯·阿·考特持有股权百分之六点四。

昨晚包玉刚接受本港一家电台访问时表示，他出任标准渣打银行副主席的动机是协助该集团推广在中国的业务。他透露，他将卸去在汇丰银行董事局顾问的职位，不过另一位九仓要员苏海文（包玉刚的女婿）在汇丰银行的董事职位仍然维持不变。

（《大公报》1986年8月20日）

航运业困难仍多 包玉刚先后售出船只一百四十艘

【本报讯】据路透社香港二十日消息，环球航运集团、董事总经理苏海文接受路透社记者访问时表示，尽管世界航运业出现不少困难，但船王包玉刚近期在对银行业、地产业和航空业进行多元化投资的同时，仍将在航运业方面维持一股重大力量。

苏海文说，包玉刚仍然对航运业有兴趣。在一九七九年，包玉刚的航运队伍拥有二百零二艘船只，但自那时开始，他卖掉了一百四十艘。目前，他拥有六十七艘船只，总重为八百万载重吨。

他说，由于船只吨位过剩，因此预料在未来两年内，世界航运市场势将不会有重大改善，不过，在出售船只之后，可有助于保留包玉刚船队的财政力量。

他透露，包玉刚今年初从日本三光汽船公司购入了两艘十二年船龄油轮，不过，他并没有考虑再收购三光的船只。

（《大公报》1986年8月21日）

汇丰董事会宣布包玉刚辞任顾问

上海汇丰银行董事会宣布包玉刚辞任董事会顾问之职。

该行与隆丰集团在若干有盈利的航运项目上仍维持合伙人关系，而包玉刚亦同意继续向汇丰董事长沈弼提供有关船务顾问意见。

包玉刚于一九七一年获委为汇丰银行董事，一九八〇年至一九八四年间出任副董事长，而一九八四年以后则任董事会顾问。

（《大公报》1986年8月22日）

包玉刚入渣打

【本报讯】汇丰银行董事长沈弼昨日被问及对汇丰董事会顾问包玉刚入阁英国标准渣打银行为副主席的看法时表示，包玉刚对标准渣打有大量投资，对他与汇丰之间的关系并无矛盾。因为，他并没有在投资后同时在两间银行的董事会出现，包玉刚已向汇丰提出辞去董事会顾问之职。包玉刚仍会向汇丰提出对船运的宝贵意见。

（《大公报》1986年8月27日）

苏海文十月起担任环球轮船公司主席
包玉刚任监委会主席

【本报讯】环球轮船代理有限公司宣布委任立法局议员苏海文博士为该公司董事会主席，由一九八六年十月一日起生效。包玉刚将出任公司的监事委员会主席。

（《大公报》1986年9月27日）

九仓隆丰隧道昨宣布
吴光正任董事会主席　包玉刚任九仓隆丰名誉主席

【本报讯】香港九龙仓有限公司、隆丰国际投资有限公司及香港隧道有限公司昨同时宣布，委任吴光正为董事会主席，而包玉刚已辞任主席之职，并自董事会退休及辞去一切行政职务，不过九仓及隆丰国际均建议包玉刚为该公司的名誉主席。

（《大公报》1986年9月30日）

市场传长实三菱购置地

【本报讯】市场昨日盛传长江实业将与日资的三菱置业合作收购置地股份，令置地股价急升。不过，长实及三菱置业昨日稍后已分别否认有关传闻。

长实副董事总经理周年茂表示，该公司并没有听闻上述传闻，如果是日资财团对置地有兴趣，则与该公司无关。他说，长实与和黄至目前为止，均无一独资或合资收购置地获怡和股份。

三菱置业发言人昨日亦称，有关该公司拟收购置地一事纯属传闻，该公司并无此计划。

稍后，市上又传出一间美资公司与包玉刚争购置地股份，令置地股份在尾市回升。

置地昨日收市造六元二角，较上日收市价五元八角五仙高三角五仙，即升百分之五点九，成交一千零九十九万四千六百零六十四股，总值六千六百五十九万零六百二十一元。

周年茂对长实是否涉及收购一间加拿大的石油公司亦不允置评，他说，该公司在适当时候会发表正式声明。

此外，盛传被收购的加拿大赫斯基石油公司，日前已正式与海外投资者接洽，涉及该公司的股权变动事宜。

该公司亦就此发表声明称，该项接触现时尚未完成，该公司希望能尽快达成协议，但最终决议需要获加拿大法院批准。

（《大公报》1986年11月14日）

包玉刚家族配售隆丰

【本报讯】新鸿基证券有限公司昨日宣布，该公司已为包玉刚及其家属向市场配售一亿股隆丰国际，每股配售价三元六角，较昨日收市价三元八角五仙折让百分之六点五，共套现三亿六千万元。该批股份占隆丰已发行股份百分之四点九，隆丰发言人表示，包玉刚这次配售行动纯粹属个人性质，与九仓系任何一间公司均无关。发言人说，配售行动相信是应市场对隆丰股份的需求而安排的。

新鸿基证券发言人说，今次配售的对象是新证的基金客户，整个配售在很短时间内便完成，他对基金客户的反应亦感到满意。

市场分析专家表示，包玉刚现时持有隆丰已发行股本百分之七十点六，因此配售该批股份后，包玉刚的持股量只稍减至百分之七十一点七，对其控制性股东的地位依然不会改变。可以说这是一次象征性的配股安排。

另一位分析专家说市场近期盛传九仓会继怡和系公司之后进行另一次大规模的重组，令九仓系公司股价上升，包玉刚应在澄清有关传言后才配售隆丰股份。

（《大公报》1986年12月4日）

包玉刚传再购新船

【本报讯】据路透社香港消息，船务经纪称，环球轮船代理公司已向南朝鲜船厂订购了一艘油轮，并取得增建两艘的选择权。

船务经纪说，环球已向大宇造船及重型机械有限公司订购了一艘油轮，并取得另一艘的选择权。

该集团早在九月，在现代造船及重工有限公司订购一艘二十五万吨的油轮，价值三千九百万美元，亦取得另一油轮的选择权。

经纪表示，该批新订单和有选择权的船只，全是超级油轮，均可运载二十五万吨货以上原油，可能在一九八八年交货。

若采用这三艘新油轮的选择权，成本将会达一亿四千五百万美元。

但环球轮船主席苏海文昨日表示，对于购买新油轮的报道不予置评。

他又称，这些报道是揣测的，而且实际上环球并不希望就订船作出公布。

（《大公报》1986年12月20日）

包玉刚谈增资发展港龙

【本报讯】港龙航空公司昨（二十一）日上午举行董事局会议。该公司主席兼行政总裁包玉刚于会后宣读声明，抨击港府的航空政策扼杀公平竞争及损害本港的声誉。他期望港龙能得与国泰航空公司同等的待遇。

包玉刚在声明中说，从公众利益来看，港府现时的一条航线只准一间航空公司经营的政策是不当的，因为他扼杀了公平竞争，这种政策只使一间私营航空公司得益，却令其他的公司受损。这种政策本身含有歧视、武断及保护主义色彩的成分，而香港政府所持的论据是不能令人折服的。这种政策只会损害香港一向作为一个自由贸易地方的声誉。

包玉刚说，当本港的投资者愿意冒大风险，去为本港及其他地方的旅行人士开发新航空服务的同时，为什么香港政府却阻挠这些投资者去参与香港现有航线的服务？他强调，“无论从什么角度来看，港龙是一间真正的香港航空公司，但为什么他却要如香港政府所认为，去接受跟着一间外资航空公司之后作为一间二等甚至三等航空公司般看待？”

包玉刚强调：“港龙的成立给香港带来新的就业机会，也提供了新的服务。他是一间负责、财政稳固及可靠的航空公司。他的股东是永远将眼光放到更远的将来，这一点可以从他们愿意接受所需的巨额开办投资这一事实，见诸一般。”

最后，他期望港龙得到港府公平的看待。

他表示，假如港府不改变其政策，港龙将会继续亏蚀，但仍会经营下去。昨日的董事局会议中，各董事得悉港龙的已缴资本已由二亿港元增加至四亿港元，使该公司有更多的资金可加运用，去增购飞机及开办新航线。包玉刚指出，一年前当国泰航空公司上市时，它的已缴资本是在五亿三千万港元。今年九月，该公司订购的第四架波音七三七飞机将加入航队服务，而港龙已另外增购两架MD－Ⅱ一型飞机，价值约十五亿港元。

（《大公报》1987年2月22日）

包玉刚委李松柏任助理

【本报讯】包玉刚办事处宣布委任李松柏为包玉刚的私人助理。

李松柏有广泛的行政经验，曾在公共及私人机构任职。转职之前，他为香港中文大学联合书院的院务主任，并曾在新加坡政府任职政务主任，参与有关劳资关系、土地行政以及社区发展等方面的决策厘定和执行；一九七八年至八一年期间出任东华三院人事部主管。

李松柏在一九六九年获中文大学颁授社会科学学士，其后获香港大学颁授公共行政学硕士，此外，李松柏为香港人事学会会员。

（《大公报》1987年6月23日）

包玉刚看好港龙业务

【中新社香港七月十五日电】港龙航空公司董事长包玉刚对本社记者说："港龙航空公司成立已两周年，就港龙的前景来说，我一直持乐观的态度，因为世界航空业特别是远东地区，面临一个不断增长的市场，而且中国旅游事业前途又大有可为。"

包玉刚说，港龙目前已拥有三架七三七客机，经营航线十四条，其中七天飞往内地的南京、杭州、厦门、广州、海口、昆明和桂林，每周共十八定期包机。四条飞往日本的长崎、大分、鹿儿岛和熊本，每周共三至四班包机。三条飞往泰国的布吉、清迈，每周四班定期班机和芭提雅的不定期包机。

但包玉刚指出，由于港龙是一间新开办的航空公司，而港府现行的“一条航线只准一间航空公司经营”的航空政策，使港龙发展受到种种限制，航机运用率每天仅四小时半（每天运用八小时以上为正常），载客率也偏低，每月亏蚀颇为巨大。

他透露，港龙已再次申请飞行北京及上海的两条航线，有关这项申请的聆讯已定于七月中举行。

包玉刚续称，为了扭转港龙亏损的局面，需在短期内增加香港至内地的包机班次（如桂林、厦门等），并要在将来争取更多国际航线飞行权，使港龙能开办更多重要地点的班机服务。他还说，港龙经营四条日本航线，而由日本来港的旅客中有三分之一是赴中国旅游或公干的，港龙能在发展中国旅游事业中充当重要角色。

包玉刚说，目前相关还没有一个港人机师，港龙聘用的二十三名飞行员全是外籍人士。港龙现已派了四名香港人赴英国飞行学校训练，将来会训练更多的华人飞行员，使港龙成为具代表性的本港航空公司。

（《大公报》1987年7月18日）

环球集团监理会主席包玉刚称经济增长较预期佳

【本报讯】据中新社报道，环球航运集团监理会主席、伦敦标准渣打银行集团副主席包玉刚接受该社采访时表示，今年上半年香港经济在出口贸易的带动下强劲增长，主要经济活动或行业都比预期表现出色，整体经济表现良好，估计下半年能继续好景，今年经济增幅可以高于年初财政司翟克诚预测的百分之六点二。

包玉刚说，表现突出的是出口贸易，从统计看到今年首五个月出口值达六百九十五亿港元，比去年同期增加百分之三十一点六，为一九八零年以来最高增幅，出口贸易总值六百五十四亿二千九百万港元，比去年同期剧增百分之五十点六。首□个月出口贸易总额比年初高出二十六个百分点。

包玉刚说，由于出口强劲的带动，刺激其他投资活动更加活跃。今年上半年，投资物业的意欲强烈，各类物业价格上扬，商业和工业楼宇价格升幅均高达两成，□生宅楼宇价升幅达一成，一亿元以上的大额物业交易超过三十宗，金额逾一百二十亿元。

包玉刚认为，财务及股票市况亦会继续长时间保持强势，特别是生产扩展，投资和消费活跃缓和了银行业资金缺乏出路的问题。资料显示，五月底银行业存款总额比去年年底增加百分之八，放款额增长百分之十四点六。贷款额中用以资助有形贸易的贷款增加百分之五十三点三。银行业已开始走上良好发展的轨道。

包玉刚指出，香港目前经济发展中尚存在一些问题。如投机活动及过分集中的投资对香港经济都有不利影响，如果万一出现任何重大的因素，足以引起暴涨暴跌，这对香港经济将有严重冲击。同时，对日益高涨的美国与一些西欧国家的保护主义及可能卷土重来的通胀，必须提高警觉。航运市况方面，包玉刚认为，运费和二手船价在过去几个月均有起色，从整体来讲，市场前景出现足以令人鼓舞的转机。这是因为整个航运业吨位过剩的问题逐渐在好转，高龄船只需要继续拆毁，建造新船不很容易，所以改善吨位过剩的现象，继续有所成就。

他说，环球航运之所以比其他船东更能克服国际航运业不景气的劣境，是由于及早售出及减少了公司旗下船只，并且有一部分船只都有很长及有利润的租约。近十年来该公司船只从二百多艘减至目前不足百艘。但由于最近世界各国用油增加，"环球"因时制宜适当添置新油船，并继续出售老船，今年已向南朝鲜订购了六条二十五万吨的邮轮，明年中交货。他说，在航运业衰退中，"环球"的财政状况稳固。他相信在继续审慎经营下，"环球"业务将会继续发展，保持拥有世界上最庞大的独立船队的地位。

（《大公报》1987年7月24日）

传包玉刚向上海订船

【本报讯】路透社香港消息：环球轮船代理有限公司否认包玉刚向内地订购一批散货船的市场传闻。

据环球轮船一名发言人称，该公司正欲购买新船，但至今仍未下订单。

据本港船务经纪称，他们相信包玉刚打算在内地订购约十二艘新船。其中一名经纪更称："我认为他们在否认下订单之际正在玩弄字眼。"

一名欧洲船务经纪说，包玉刚已在上海沪东船厂下了四艘巴拿马斯型散货船的订单，每艘一般载重六万二千吨，价值均约一千七百万美元。

他又称，包玉刚亦正与其他内地船厂洽商，建造四艘均载重十三万八千吨的巨型散货船，每艘价值约二千六百万美元，并有增建两艘的选择权；此外，再加四艘苏伊士型散货船，每艘约十六万吨，造价均约三千万美元。

现时包玉刚的船队约有七十艘散货船和邮轮。

（《大公报》1987年10月3日）

置地收购传闻版本多

【本报讯】有关置地被收购的传闻，昨天仍在本港及伦敦市场不胫而走，根据市场消息透露，置地已在近日接连获十个财团提出的收购建议，其中部分财团的出价已接近置地心目中的水平，故此其高层人员已开始就收购建议进行研究。据悉，置地主席西门·凯瑟克及执行董事包伟士已在昨日飞赴伦敦，与凯瑟克家族研究有关收购的问题。

市场消息透露，置地在近日一连接触十个财团所提出的收购建议，其中两个是日资财团，一个是澳洲财团，一个是英资财团，两个是本地财团及三个由数间大型公司所组成的财团。

消息指出，上述的其中两个财团分别是以李嘉诚及刘鉴鸿为首的财团，至于由数间大型公司所组成的三个财团，分别为：（一）由李明治、刘鉴鸿及李嘉诚所组成的财团;（二）由李嘉诚、郭得胜、鹰君李明治、信和及三井所组成的财团及（三）由包玉刚及黄廷方所组成的财团。

消息指出，上述十个财团都是希望向怡和购入百分之廿六的置地股权，每股作为十二元至十八元不等。由于部分财团所出的价格已接近置地心目中的水平，故此置地经已着手研究有关建议内容。

消息指出西门·凯瑟克原本于日前需要在港出席一个颇为重要的会议，但由于有更重要的事情要办而委派了其他代表出席。据悉，他已连同包伟士前往伦敦与凯瑟克家族的其他成员商讨有关收购建议的内容。

受到收购消息的刺激，置地的股价在昨日逆流劲升。以全日最高价十一元七角报收，较上日劲升一元一角。直至伦敦市场，置地甫开始已高于十二元三角水平，但出于巨风关系而令伦敦港股突告停市，故此其后已中断了买卖。

（《大公报》1987年10月17日）

包玉刚论股市风波

(特讯)九龙仓集团名誉主席包玉刚指出近日香港股票市场出现之危机,并非一个地区性问题,而是世界性问题,救市之行动亦并非一、两个人可以做到,要视乎美国经济之走向而定。不过,他个人对香港之股市很有信心,认为会很快复原。

包玉刚出席海运大厦重修工程完竣之剪彩仪式后表示:对于本港期指市场的情况,目前很难下定论,长远来说要等美国经济上升才对香港起作用。

至于停市的决定,包氏认为是必须的,但时间可能比较长,九仓而对于李嘉诚之救市行动,包氏不发表意见。包氏在被问及九仓会否作出行动时,指出,他目前已退休,不便表态。记者再追问九仓在事件中有无损失,包氏称:九仓一向作风保守,故情况尚好。

(《华侨日报》1987年10月30日)

隆丰售康时九成权益

【本报讯】隆丰国际的全资附属公司会德丰有限公司昨天宣布,该公司已将属下的康时发展(海外)有限公司九成权益,以现金四亿九千万元售予一间由包玉刚控制的公司。

隆丰国际已在上周五签署一项总值达十三亿五千万元的备用信贷协议,而同系的九仓集团亦正安排一笔一亿美元的贷款,今次又能套现四亿九千万元的资金,故此证券界人士都预计该系正酝酿巨大收购活动。

会德丰有限公司宣布昨日已达成协议,以相等于约港币四亿九千万元之现金价格,出售康时发展(海外)有限公司百分之九十权益。会德丰为隆丰国际投资有限公司之全资附属机构。

康时之主要业务在日本,包括有:贸易、保险代理及港内船舶服务等。当是项交易于Winfield Co Ltd. 于本月底完成时,预料将会为会德丰带来一项资本性利润。WCL为与包玉刚及其家族有关之公司,并持有康时其余百分之十权益。

是次交易由东亚华实有限公司担任会德丰以及隆丰之财务顾问,而两间公司董事局中，包玉刚爵士家族之成员并没有参与有关这项交易之表决。

（《大公报》1988年2月16日）

包玉刚名下百货店进军新加坡

（中央社新加坡十九日专电）香港航运业巨子包玉刚即将进入新加坡竞争激烈的零售业。

香港的百货店克洛福公司将于十月份在新加坡开张，它属于包玉刚的世界公司。这将是克洛福在海外开设的第一个分店，初期只卖珠宝。到明年，公司计划展开百货店。

香港克洛福公司总经理说："我们在香港扩张迅速，也觉得这是移往新加坡及台湾的时刻。在新加坡的珠宝店将给予我们基础，让我们熟悉新加坡的环境及贸易。"

（《华侨日报》1988年3月21日）

包玉刚健康消息　九仓系股价波动

【本报讯】九龙仓集团名誉主席包玉刚的私人秘书昨日就包玉刚健康问题作出回应，表示包玉刚本人不在香港，但健康并无问题。据悉，包玉刚现时正在美国。

因包玉刚健康问题的消息在市场流传，令九仓系股价昨日大幅度波动，而本港股市亦受到影响。

九龙仓股价曾一度上升至六元九角五仙，较前收市价六元七角，上升两角五仙。但最后以六元八角五仙收市，此外，隆丰国际投资亦曾一度急升至三元一角七仙半，最后以三元七仙半收市。

（《大公报》1988年5月25日）

港龙港京包机昨首航

【本报记者邓立彬北京专电】港龙航空公司董事长包玉刚昨表示，若在未来相当时期内，该公司香港至北京的航线仍不能争取到由包机转为定期班机，现有股东在经济上恐无力再继续支持，一旦这种情况发生，对各方面都会不利。他再次要求中英两国民航当局，及早展开航空谈判，切实解决港龙包机转为定期班机的问题。

包玉刚今日在庆祝港龙包机首航香港至北京宴会上说，该公司致力争取开办香港至北京及香港至上海定期班机服务。如能成功，该公司会购买大型飞机迎合需求。他强调，现时港龙行走的香港至北京定期包机服务，只为期一月，该公司会继续按月申请延续服务，并希望能将该线由定期包机升级为定期班机。

中国民用航空局副局长管德在宴会上透露，中国民航最近亦决定不让三叉戟客机飞到香港，而以波音七三七及七五七代替，飞行广州至香港线。

他指出，三叉戟客机是国内最古老的飞机，本身存在很多缺点，包括噪音大、耗油量多，而英国制造商已停止生产这种飞机，所以维修零件很贵。不过，由于国内的三叉戟客机飞行时间不多，所以即使要淘汰，也要在下一个五年计划才会执行。对于最近一架三叉戟在本港发生意外所引起的安全问题，管德表示，必须待香港取得研究结果，才会采取对策，虽然中国民航方面对此事件有内部调查，但不便对外公布。另外，在谈及中国与麦克唐纳·道格拉斯飞机公司，及波音飞机公司商讨发展干线飞机计划时，管德表示，中国民航仍在考虑中，希望能尽早有结论，但必须在互利的条件下达成协议。他又表示，中国民航已计划引进新飞机，大型飞机包括波音七四七—四〇〇及波音七五七。

昨日港龙航空公司由香港至北京首航包机共有乘客一百二十六人。

出席首航宴会来宾包括国务院副总理吴学谦、港澳办公室主任姬鹏飞、全国人大常委会副委员长荣毅仁及全国政协副主席谷牧等。

（《大公报》1988年10月6日）

标准渣打职位　包玉刚已呈辞

【本报讯】据来自伦敦的报道，包玉刚于前日以高龄为理由，辞去标准渣打董事及副主席一职。证券界人士相信，包玉刚辞职一事对于大市影响不大。

包氏家族现持有标准渣打百分之九点九股权。

（《大公报》1988年11月12日）

环球海运等三成股权　汇丰售予包玉刚家族

【本报讯】汇丰银行昨天宣布环球海运及环球船务投资有限公司所作的部分股权售予包玉刚家族，而另一方面则以六亿六千多万元购入香港国际货柜码头有限公司的百分之五股权。航运界人士对于有关交易之目的感到不明，而该行则解释出售环球股份的决定，是在权衡权益投资人以及商业贷款人的角色之后才作出，而购入国际货柜公司权益，则希望继续投资对香港整体有利之项目。

汇丰银行原本持有环球海运及环球船务投资有限公司的百分之五十及百分之四十八股权，其余股份则由包玉刚家族持有。

根据汇丰昨天的公布指出，该行已与包玉刚家族达成协议。由包氏家族向汇丰购入环球海运及环球船务投资的百分之三十及百分之二十八股权，至于余下的两间公司之两成权益，亦已与包氏家族达成买卖期协议，在完成目前股权交易后，该行将可在一年至四年内，将该等所余权益售予包氏家族。

汇丰银行执行董事葛赉就此等交易表示："汇丰银行集团乃世界上第一间在船务企业中投下重大股本之商业银行集团。本行早于一九六二年便决定与包玉刚合伙发展船务。本行一向珍视此项关系，并因此而获益，本行将继续为包氏家族之合伙人，但船务在香港现已是成熟而发展之企业，因此本行在权益投资人以及商业贷款人两项角色之间权衡轻重而加以调整，实属适宜。"

至于在国际货柜码头的百分之五股权投资，葛赉表示："长期以来，汇丰银行均有不时投资于客户之业务经营以及对香港整体有利之项目。本行在香港国际货柜码头有限公司货柜码头业务之投资正是根据此项传统而作出的。香港的港口乃是本港商业活动之中枢，其持续发展对于香港以及作为香港贸易主要融资者之汇丰银行，均甚为重要。"

（《大公报》1988年12月17日）

包玉刚增持环球股

最近汇丰银行宣布将百分之三十环球海运及百分之十八环球船务投资的股份

售于包玉刚家族，同时以六亿六千多万元向和记黄埔及东方海外实业购入百分之五国际码头有限公司的股份。

值得注意的是包玉刚家族的投资态度。因为从过去的发展，证明包氏对船业的发展看得通透，举世无人能及。

早在七十年代初期，包氏在汇丰的大力支持下，借着日本“仕租船”的政策，大力发展超级油船业务。包氏看到船业的不稳定性，以中、长期租约租予了一流的船公司。只要船租收入可以抵销所有开支（利息、工资及营运开支），租金少点也没有关系。

此举被希腊、挪威的船东认为“做银行”而不是“做船运”。但后来石油危机出现，船租大跌或根本租不出去。包氏的船舶仍收高额租金。而希、挪等国的船东便苦不堪言。

安度七四年至七五年危机之后，经过几年观察，包氏觉得航运业将长期沉降，难有大作为，于是便部署“上岸”。在八〇年短暂的航运景气中，包氏趁机收缩船业投资，反而部署收购九龙仓。而且，又企图安排九龙仓和隆丰合并，只因其他股东反对而作罢。

在八十年代初期，包氏不断售出船舶，其中有一些甚至以烂船的价格出售。结果，负债大大减少，流动现金大增，在以后不景气的日子里，有能力部署收购会德丰、标准渣打等公司。

同一期间内，东方海外、华光航业等还大举订制新船及收购外间船公司。结果，董氏集团做成了船王，却又使财政陷于困境。华光航业形势更糟，并且要出售古董来还债。此消彼长，对比甚为强烈。

目前，包玉刚已成功通过隆丰国际、联邦、连卡佛、夏利文等，实现了资产大转移。最近包玉刚又买回环球航运等股份，是否意味着他又重新看好世界航运业，世界航运有另一个“黄金时期”到来呢？

关乎此，必须加以详细研究，不可以轻率下结论呢！

（《华侨日报》1988年12月23日）

环球航运主席苏海文称劳工短缺日益严重影响外商投资意欲

【本报讯】环球航运主席苏海文昨日出席美国商会午餐会后表示，本地劳工短缺现象日渐严重，将影响外商在港的投资意欲，预料有关趋势在短期内将继续扩大。

苏海文表示，外商在港投资时，面对因员工不足所引致的业务效率下降，及盈利较预期为低，故部分已有计划减少在港的投资。若劳工问题短期内仍未得到解决，他担忧外商投资意欲减退将成风气。

较早前，本地一空运公司计划开办往达卡及加德满都的货运服务。苏海文表示，开办新的货运航线必须衡量市场需求及同业竞争。而港龙短期内若办货运服务，将首以内地为目的地。

他又说，包玉刚最近已向汇丰赎回所持环球航运约百分之十五至十七的股权，尚有约二成股权由汇丰所持有，环球仍有选择权，可在一年后再购入余下股份，现阶段董事局正商议赎回与否，预料将于二至三个月内有结果。

（《大公报》1989年1月14日）

包玉刚在英出售约一成渣打股份

【路透社伦敦十九日电】标准渣打银行发言人周一表示，香港商人包玉刚已经在市场出售其所持有的约百分之十标准渣打银行股份。

该行的股份周一上午在伦敦股市报每股五百零八便士，较上周五收市价跌了十四便士。

标准渣打银行发言人又称，该行不久将就此发表一项声明。

包玉刚已于去年辞去其在该行董事局的职务。

（《大公报》1989年6月20日）

包玉刚组信托基金

【本报讯】隆丰国际投资有限公司董事局昨日宣称，已接到包玉刚的通知，此通知关于包玉刚已为其家族若干成员的利益而成立信托基金。此信托基金持有隆丰已发行股权的百分之六十四点九，包玉刚个人已不再拥有上述股权的任何权益。

隆丰是九仓置业信托、海港企业、夏利文、联邦地产和连卡佛等上市公司的控股公司。

（《大公报》1989年7月8日）

包玉刚辞港龙主席职

【本报讯】本港工商界知名人士包玉刚，因年龄关系，决定自即日起正式辞退港龙航空公司董事局主席职位。

包玉刚上述决定是于前天（十八日）该航空公司董事局会议上提出的。

港龙现任常务董事兼职总裁苏海文被推选为新主席。苏海文同时是环球轮船代理有限公司之主席。

包玉刚家族为港龙全部十九个股东中之最大股东。港龙于一九八五年在香港注册成立，还用波音七三七客机，提供由香港飞航至中国内地、日本、泰国、尼泊尔和孟加拉国等二十多个城市之定期及包机服务。

（《大公报》1989年9月20日）

包玉刚放出港龙股权

【本报讯】港龙航空公司股权出现新变化，包玉刚家族宣布将百分之三十七点八的港龙股权出让于曹其庸，使曹其庸的股权增至接近六成半。曹其庸同时宣布由曹光彪接替苏海文出任港龙主席。

包玉刚家族有关公司和曹其庸，昨日联合宣布港龙股权转让的消息，并称原来担任港龙主席的苏海文和担任董事的其他包氏家族成员，已向董事局辞退职务，由十一月六日起生效。至此包氏家族结束了自八五年十一月起建立与曹光彪创办港龙公司的关系。

苏海文表示："港龙以往一直在长期受限制的艰苦环境中经营，但他一直相信有很多新的发展机会，特别是当港府最后明白到目前航空政策是有缺点的时候。"他续称，希望港龙及其新行政人员能更成功地把港龙发展成一间更强大且盈利，而又令港人骄傲的本地航空公司。

他又说，离开港龙，可以令他更全面投入其他业务及公共事务工作。

另外，曹其庸已宣布新任港龙主席是曹光彪，而曹其庸将为新任董事总经理，是次股权变化，将不会影响目前港龙日常业务及行政结构，而航班操作也会如常进行。

（《大公报》1989年11月5日）

包玉刚家族及九仓无意购星渣打大厦

【本报讯】新加坡市场较早前曾传出包玉刚家族拟收购当地渣打银行大厦，但包玉刚表示九仓和他均无竞投上述物业。

包玉刚已于八六年辞去九龙仓有限公司主席及董事职位。

（《大公报》1989年11月22日）

连卡佛迁册　包玉刚强调与他无关系

【本报讯】前九仓集团主席包玉刚昨日在一个公开场合谈到集团旗下连卡佛迁册问题，他说，由于他年纪大，又不是集团的董事及股东，对于连卡佛的迁册行动事前并不知情，与他无关。

他表示，连卡佛迁册相信是一项商业决定，同时，现时已有很多公司迁册，因此，不会造成信心的问题。

（《大公报》1990年5月31日）

第三编

政治篇

雷里招待包玉刚　麦理浩在座

路透社英国伦敦十七日电：英联邦事务部及亚洲事务次官雷理，今晚设宴招待香港航业巨子包玉刚，与席者有香港下任总督麦理浩爵士。查包氏系往伦敦作私人之短暂访问。

（《华侨日报》1971年6月18日）

包玉刚爵士赴巴西

环球航运集团主席包玉刚爵士，最近曾往巴西拜访该国总理下届候任人费加列理度将军。讨论世界经济情况以及其他问题，交谈甚欢。包玉刚爵士曾于去年较早时获巴西总统颁授该国南方之星荣誉勋章。

（《华侨日报》1978年6月28日）

墨西哥总统会晤包玉刚

墨西哥总统波蒂罗在努西奴斯总统办公厅接见环球船务代理公司主席包玉刚爵士。包爵士曾访问墨西哥市，与墨西哥一家国营石油公司彼奥盛西康奴商讨有关石油运输合作业务。

（《华侨日报》1978年7月16日）

基辛格抵港　包玉刚今晚将设宴欢送

本报讯：亨利・基辛格博士和夫人及其随行人员，在我国进行访问之后，昨日上午十一时二十四分乘广九直通火车自惠抵港，将在本港逗留两天，于周末离港。

基辛格博士昨日抵港时，没有发表谈话，并随机乘汽车到文华酒店。本港航运业知名人士包玉刚及香港铁路局局长侯伟志等昨日到车站迎接。

包玉刚今晚将在希尔顿酒店举行宴会，欢送基辛格，港督麦理浩将应邀出席。

（《大公报》1979年5月4日）

昨在包玉刚为其举行的宴会上 基辛格赞中国推行四化

本报讯：亨利·基辛格博士昨晚在一个为欢送他而设的宴会席上讲话时表示，美中关系是因双方的需要而建立的，这是最佳的保障，美中两国均有志于保持势力的均衡。他认为不应回避与苏联谈判，但提出警告说，要弄清楚谈判不会被对方利用，作为推行扩张政策的幌子。

基辛格和夫人昨晚八时，应环球船务集团主席包玉刚的邀请，出席在希尔顿酒店举行的宴会。应邀出席宴会的还有港督麦理浩、港府高级官员以及本港的中外知名人士，新华社香港分社第一社长王匡亦应邀出席。

基辛格追溯美中两国关系的演变时说，美中两国关系历史性的转折时间是1971年。当年，他秘密访问北京。他并惊异地发现，当时中国方面了解他的程度比他本人了解自己更为深刻。

他说，他和中国领导人的关系是建立在对共同利益不断增加的认识上，是基于和毛泽东主席和周恩来总理的非常广泛的交谈上。

他说，当时，美国和中国差不多同时地认识到世界上究竟发生了些什么事情，认识到没有均衡，世界就没有和平，而安全也就成为不切实际的事情。

他表示，他的意见认为，不应当回避与苏联谈判，问题是在展开谈判时，要弄清楚这些谈判不会被对方利用，成为进行扩张政策的幌子。至于在限制战略性武器的协议方面，不论签订任何协议，均不应当削弱美国的力量，破坏世界力量的均衡。他认为，美苏间不论达成任何军事协议，对国际上多处焦点均不能构成无尽的压力。

他赞赏中国在推进四个现代化方面所做的努力。他说，中国要把自己推向现代化，改变九亿人生活，他们目前所做的，是人类历史上前所没有的，在规模上来说，也是令人难以想象的。

他表示，美国对中国的四个现代化感到兴趣，很多美国人希望为这巨大的努力贡献力量。

包玉刚在致欢迎词时赞扬了基辛格在中美关系正常化方面所做的贡献。他说基辛格博士这次访问中国，看到他过去的努力已有了结果，并亲眼看到中国目前所进行的四个现代化的进程。

基辛格于今日上午十时在文化酒店举行记者招待会，并于稍后离港返回美国。

（《大公报》1979年5月5日）

包玉刚会菲总统

本报讯：香港航运业知名人士及国际独立油轮船东协会主席包玉刚昨日由马尼拉返港。他于本月初访问马尼拉时，曾专程拜会菲律宾总统马科斯及商讨有关联合国贸易发展会议所提出的货运配额问题及其影响。同时并应马科斯总统的邀请出席五月九日晚上的国宴。

（《大公报》1979年5月25日）

包玉刚在英国呼吁各国考虑难民问题

本报讯：本港船王包玉刚昨向英国及世界其他国家对于因越南难民而面临许多重大困难问题，多加考虑。

包玉刚爵士系以国际独立油轮船东协会主席之身份，向英国商业及航运机构人发表讲词时作上述呼吁。

世界最大之独立船东包爵士谓，香港现时面对情况极为严重，余不能训令余之船长若见海上有人亦不得予以协助。

余请诸君助余及助香港给予此等人士帮忙，香港系一弹丸之地，无能力接纳每日数以千计之人，数目实在太多。

包爵士又谓，渠计划下周拜访首相戴卓尔夫人，而难民问题定将谈及。

（《工商晚报》1979年6月7日）

包玉刚拜会英相

本报讯：世界知名人士包玉刚本月十三日以国际独立船东协会主席身份，前往伦敦唐宁街十号首相官邸，拜会英首相撒切尔夫人。

（《大公报》1979年6月16日）

日本兴业银行总裁拜会港督麦理浩爵士

本报讯：日本兴业银行总裁池浦喜三郎日前抵港，为该银行设立分行主持开幕典礼，昨日由船王包玉刚爵士陪同拜会港督麦理浩爵士，包爵士亦为该银行顾问。

（《工商晚报》1979年7月12日）

包玉刚指摘美国并无能源政策

挪威奥斯陆一日美联社电：世界船王包玉刚爵士周一发出怨言说：美国根本没有能源政策。

国际独立油轮船东协会主席包玉刚，目前正在访问此间油船协会总部，包氏与挪威油船船东会谈后，即与挪威总理诺拉检讨目前油船市场形势，稍后包氏将飞往美国以检讨美国的船务立法。

包氏称：国际独立油轮船东协会与世界各国政府的关系非常密切和重要，因为各国的立法发展均足以对油船产生影响。

他引用对发展中国家的一项油轮市场货物承担政策的建议，此一建议为世界独立油船船东协会反对的。

包氏称：此项新立法建议有多方面需要密切协调。他强调称：海上的安全和环境保护的努力是协会的最关注者。前述努力正排出不合规格及不必要的燃油浪费的油轮及船的吨位。

包氏现在拥有船只一百八十五艘，总吨位为一千九百万吨，而且目前定制十余艘。

（《工商日报》1979年10月2日）

包玉刚访挪

本报讯：国际独立油轮船东协会主席及本港航运界知名人士包玉刚前曾访问

挪威首都奥斯陆，拜会挪威首相奥华诺利，双方商讨有关国际航运界目前所面对的问题及介绍国际独立油轮船东协会的工作。

国际独立油轮船东协会代表所拥有的吨位，为独立油轮船东所拥有的百分之八十以上，属下会员公司达三百间，遍及二十三个国家和地区。该协会的总办事处位于奥斯陆。

（《大公报》1979年10月21日）

英迎华总理盛宴　包玉刚受邀参加

本报讯：本港航运界知名人士及国际独立油轮船东协会主席包玉刚，已接到邀请，参加英国首相撒切尔夫人十月三十日在其官邸款接华国锋总理的盛宴。

包玉刚为国际间拥有最庞大商船队的独立船东，其业务范围极广，同时以其国际独立油轮船东协会主席身份，经常与世界各国元首及政要交换谋求推进世界航运事业及国际贸易等意见。

包玉刚除担任国际独立油轮船东协会主席外，并任英国海事协会名誉副主席（该会主席由爱丁堡公爵担任）、伦敦西敏寺基金托管委员会会员及劳埃民轮船协会东亚区委员会主席（该会会员包括南朝鲜、新加坡、菲律宾、马来西亚、印度、泰国、缅甸等国家及香港地区。）

（《大公报》1979年10月27日）

华总理在英会见包玉刚

本报讯：据香港环球船舶有限公司消息：正在英国访问的华国锋总理十月三十日下午六时半在伦敦克拉里奇酒店接见了香港国际航运业知名人士包玉刚，谈话四十五分钟。中国驻英大使柯华在座。

（《大公报》1979年11月1日）

包玉刚宴许基臣

包玉刚为劳埃斯协会东亚区分会主席，会员包括菲律宾、新加坡、泰国、印度、缅甸、马来西亚、南朝鲜及香港地区各大船公司。该分会并将于十二月四日在吉隆坡举行年会。

（《大公报》1979年11月30日）

包玉刚与马来西亚总理会见

本报讯：劳埃斯船舶注册检验协会东亚区分会主席包玉刚四日在吉隆坡主持该会年会期间，与马来西亚总理侯赛因·奥恩会见。

（《大公报》1979年12月6日）

船王包玉刚访墨西哥总统

船王包玉刚爵士，昨日在墨西哥与该国总统波迪卢会面，讨论有关合作运载燃油及天然资源的可能性。

（《工商日报》1980年1月23日）

柴树藩在京宴包玉刚等

中国新闻社北京三月十六日电：中国第六机械工业部部长柴树藩今天晚上在人民大会堂举行宴会，欢迎香港环球航运集团主席包玉刚和副主席李伯忠。

国务院副总理王震出席宴会，并在宴会前会见包玉刚先生一行，同他们进行了亲切谈话。

柴树藩部长首先在宴会上祝酒。他说："包玉刚先生对我国的社会主义建设事业很关心，我们对此非常钦佩。"包玉刚先生在致答谢词说，这是在粉碎四人帮以后我第二次回来访问，第一次在一九七八年，主要是探亲访友。我的这次访问，希望能为中国的四个现代化建设作出自己的贡献。

今天上午，柴树藩部长通同包玉刚先生就船舶出口以及合作经营问题举行了会谈。下午，中国旅游总局局长卢绪章会见了包玉刚先生。

包玉刚和李伯忠先生是应六机部的邀请，于三月十五日抵达北京访问的，在机场，包先生一行受到了柴树藩部长的欢迎。

（《大公报》1980年3月17日）

谷牧姚依林会见包玉刚

中国新闻社北京三月十八日电：国务院副总理谷牧、姚依林今天下午在人民大会堂会见香港环球航运集团主席包玉刚和副主席李伯忠，同他们进行了亲切的交流。

包玉刚先生介绍了他在经营航运业方面的经验，谷牧副总理表示欢迎他经常回来看看，参观一些工业和港口设施，提出有益的建议。谷牧说，中国的航运业将会有一个大的发展。包先生对中国发展航运业表示赞赏。会见时，在座的有中国第六机械工业部部长柴树藩，副部长安志文、刘浩清，中国旅行游览事业管理总局局长卢绪章，交通部副部长王西萍。

昨天上午，刘浩清副部长同包玉刚先生就向中国订购船舶等的问题举行了会谈。今天上午，包玉刚先生一行游览了颐和园。

（《大公报》1980年3月19日）

华总理昨会见包玉刚一行

新华社北京二十日电：国务院总理华国锋今天晚上在人民大会堂会见香港环球航运集团主席包玉刚和副主席李伯忠，同他们进行了亲切的交流。

会见以后，华国锋总理设便宴招待他们。

参加会见和宴会的有国务院副总理谷牧、六机部部长柴树藩、旅游总局局长卢绪章等。

包玉刚先生一行是应柴树藩的邀请，于三月十五日到达北京的。在京期间，包玉刚和李伯忠先生同六机部商谈了订购船舶和航运合资经营等问题。

（《大公报》1980年3月21日）

包玉刚会晤华国锋　商谈协助内地造船

北京二十一日合众社电：船王包玉刚爵士，现已抵达北京，讨论协助内地兴建造船业问题，包爵士并与中共中央主席华国锋共同进餐。

包氏曾于去年十一月在伦敦在英女皇安排下，与华国锋共进晚餐。当时，包氏于伦敦进行连串访问后，曾表示会在时机成熟时，协助内地兴建造船业。

当包氏抵达北京后，偕同环球航业集团副主席李伯忠及有关官员商议订定造船及合作造船问题。包氏之环球航运集团为世界最大之航运公司，拥有船只超过二千万吨，他亦为国际独立油轮船东协会主席。

（《工商日报》1980年3月22日）

华总理会见包玉刚

新华社东京二十九日电：华国锋总理今天下午在中国驻日本大使馆会见了香港著名企业家、国际独立油轮船东协会主席、国际航运业知名人士包玉刚。

会见时，谷牧副总理、黄华外长、谢北一副主席和符浩大使在座。

（《大公报》1980年5月30日）

就华总理访问日本
包玉刚撰文称道指出对全世界都有深远的影响

中国的开放的经济政策，已经激起了外部世界热情的甚至是欢欣的反应。

自从中国宣布它决定实现现代化以来，已开始实施了一些庞大的工程计划，现在正在继续执行。

中国作为世界上人口最多和矿藏、能源资源丰富的国家之一，要实现其现代化目标，最需要的是先进技术。中国知道这一点，并且已经表示乐意吸收外国技术。

看到世界上一个技术最先进的国家和一个人口最多和资源丰富的国家加强合

作，我们大家都感到高兴。

我们大家祝愿华总理访问成功，祝愿中日进一步合作成功。

（《大公报》1980年5月31日）

包玉刚谈人大会议　相信对中国的未来很有推动力

本报讯：环球航运集团主席包玉刚昨日接受本报记者访问时表示，现正在北京举办的五届人大三次会议，相信会对中国的未来很有推动力和好处，特别是会有利于中国今后的经济发展。

……

他说，从人大所处理的一些事件来看，中国似乎是有意控制官僚主义的泛滥。事实上，在一段相当长时期以来，各地都出现大大小小的官僚主义，影响经济的发展。比方说，在决定一项贸易活动时，需要两个或三个单位决定，那就使洽谈出现困难，影响效率。看来，国家是知道官僚主义是会妨碍经济和其他事物发展的。

包玉刚还特别提到中外合资经营企业的税率问题。他说，中国所公布的税率内容，基本上都非常清楚、明确，这是一件好事，对外贸易，尤其是搞合资经营企业，如果弄不清楚税率，那是没有办法把事情办妥当的，现在有税率可依，应有可为之处。其实，搞外贸，应该让人清楚地了解你的法律、制度和倾向，不然会使人难以决定投资问题。

他又称，海外对中国的五届人大三次会议的内容十分有兴趣。香港工商业人士相信也会关注。

包玉刚将于今日离港前往北京和大连，与当地有关部门洽谈贸易和参观船厂。他将在本月十五日返港。

（《大公报》1980年9月10日）

包玉刚等答谢宴
廖承志李强出席

新闻社北京九月十四日电：香港环球航运集团主席包玉刚、香港上海汇丰银行主席沈弼、日本兴业银行董事长池浦喜三郎今晚在这里举行答谢宴会。他们是前来参加在北京召开的国际联合船舶投资有限公司第二次董事会议的。

出席晚会的有人大常委会副委员长廖承志、外贸部部长李强、六机部部长柴树藩，以及国家进出口管理委员会、中国旅游总局、财政部、中共上海市委统战部、中国人民银行、中国银行、中国船舶工业公司、中国租船公司的负责人。

（《大公报》1980年9月15日）

英首相接见包玉刚

本报讯：正在伦敦访问的国际独立油轮船东协会主席、环球航运集团主席包玉刚，本月五日获英国首相戴卓尔夫人在唐宁街十号首相官邸接见。

双方进行了四十五分钟的非正式谈话，谈论的主题包括今日中国的航运业、国际航运形势、联合国贸易发展会议所提出的货运配额法及取消开放船舶注册制度等议案。有关香港近年来所取得的卓越经济成就，也提出讨论。

（《大公报》1980年11月7日）

北京报章报道包玉刚谈话

北京四日路透社电：《北京晚报》今日在第一版的显著地位引述香港船王包玉刚爵士说话称：由于内地的官僚主义，为了解决一件事，要频频用电报外，而且还要三至五天才能获得答复。

包爵士对该报称："有时，我想做一点事，我拍电报到北京去，但往往需时三天甚至五天才获得答复，于是只有打长途电话去，但对方只说负责人因公外出。"

包爵士在香港接受访问时称：一个人因公赴外，便没有其他人负责，这真是一个很严重的问题。

包氏又称：他的环球船务公司，一天二十四小时都有人当值，他们都可以临时作出决定。反观内地，报告一级一级向上推，加上无了期的研究，真是浪费时间，由此可见，内地的官僚主义的严重性，而效率又太低。

他说：内地应多设数间公司，使之有竞争性，这样官僚作风才会获得改善。

《北京晚报》最后称：香港虽是一块小地方，但能产生一个誉满全球的船王，他就是包玉刚爵士,他的人事和经济管理,确是值得我们的学习。

数年前,内地还会谴责那些是肮脏的资本主义者船王,但现在内地则改变态度,要学习西方资本主义者的先进经济和管理技术。

(《大公报》1980年12月5日)

包玉刚爵士参加美总统酒会

星期三,美国总统里根和副总统布什伉俪,在白宫举行酒会。香港环球船运集团主席包玉刚爵士,是其中一位嘉宾。(美联社)

(《大公报》1981年1月24日)

包玉刚与日首相会面

环球航运集团主席包玉刚(左)于本月十一日在东京与日本首相铃木善幸会面(图略)。

(《大公报》1981年3月12日)

船王包玉刚爵士在美会晤国务卿海格

香港环球航运集团主席包玉刚在纽约一个晚宴上,与美国国务卿海格及海格夫人交谈。

(《大公报》1981年4月24日)

船王包玉刚访美副总统

船王包玉刚爵士在美酬酢繁忙,分别拜会美国政要。图为包爵士在白宫拜会美国副总统布什时,交谈甚欢(图略)。

(《工商日报》1981年4月27日)

包玉刚爵士强调租约不足为虑

（特讯）环球航运集团主席包玉刚爵士表示深信香港所扮演的角色将不囿限于一九九七年的租约期限，他并认为租约问题将不会影响香港的发展前景。

包爵士昨日在外国记者俱乐部午餐会上指出，港人应证认到要维持本港社会的安定及繁荣的经济前景，是有赖于大家的协力合作。

关于一九九七年租约问题构成投资本港的阴影因而受谈论，一般更迫切要求中国领导阶层口头上的保证外，应提供更具体、正式的允诺。不过，包爵士表示他个人则认为中国政府在口头上及行动上对香港的投资前景三番四次所做出的允诺实在已经很足够。包爵士进一步分析香港与内地的利益关系时，指出港人与其忧虑一九九七年的租约问题，毋宁大家齐心协力，搞好香港的经济，维持一个安定的社会局面，为内地提供各方面的利益，那才是本港前景的最佳保证。

今并引述今年三月二十八日诗人艾青在《人民日报》上所发表的一首诗来说明内地与香港间关系密切，该首诗写于一九八零年，修订于今年二月二十一日，并于卡灵顿勋爵访问中国的前夕公开发表。

诗文赞美香港作为一个自由贸易市场，成为出入中国的重要途径，为双方带来友谊，更为中国塑造了不可估量的财富。

对于该首诗所阐释内地香港的密切关系，包爵士认为其反映的可靠性及真实性还较大量的统计数字、专业性分析或外交关系的交流等予人更大的信心。

当谈及港人对香港的归属感时，包爵士指出今日内地对香港的态度已经发生很大的变化。大家都视香港为自己的家，过去三十年来涌来香港的数百万移民甚至他们曾出外留学的下一代，都乐意在本港居留。包爵士指出因为香港为大家提供了不少的就业及发展机会，那是人们所不愿意错过的。

至于本港部分的集团及企业，如纺织、船务及银行业等将其投资范围扩展到外国其他地方，包爵士认为那不过是本港商业成功，大量资金寻求出路的一个明证。

此外，他说，收购合并，或投资到海外企业，也是本港企业寻求发展成为跨国企业的踏脚石。

此外，包爵士又表示地产的发展前景仍然可为，因为随着本港人口的增加，工商业突飞猛进，土地自然是珍贵的，而事实上，不单本地的投资者深明这个事实。

（《华侨日报》1981年5月13日）

邓小平昨亲切会见包兆龙包玉刚一行

新华社北京六日电：中共中央副主席邓小平今天上午在人民大会堂会见了香港环球航运集团名誉主席包兆龙、主席包玉刚一行。

在亲切的交谈中，邓小平对包兆龙、包玉刚先生的来访表示热情欢迎，并向他们介绍了内地的形势。

中共中央政治局委员王震、国家计委副主任柴树藩、旅游总局局长韩克华、国家进出口管理委员会副主任卢绪章、六机部副部长张有萱等会见时在座。

香港环球航运集团副主席李伯忠等参加了会见。

包兆龙、包玉刚一行是七月三日到达北京的。

（《大公报》1981年7月7日）

环球航运集团主席包玉刚爵士获邓小平接见

（特讯）环球航运集团主席包玉刚爵士昨日表示：其日前访问北京期间曾会晤中共中央副主席邓小平。邓氏在会谈中重申中国的经济开放政策，并表示中国的经济调整并不会影响中国与环球航运集团的合作。

包玉刚爵士是在本月三日与其父包兆龙前往中国内地访问，先后在北京和上海逗留一周后，于昨晨十时二十分乘中航班机从上海返抵香港。

包爵士是于本月六日在北京大会堂获邓小平接见，双方进行了四十分钟的会谈。其间邓小平曾讲述中国经济调整及航运问题，邓氏同时讲述中国国内形势，此外，双方又讨论了一些国际问题。

包玉刚爵士又表示，至于香港地位及前途问题，双方均未有谈及。他说，这次是生平首次跟邓小平交谈，邓氏所给其印象是精神奕奕。

出席是次会谈，据包氏透露，包括中共中央政治局委员王震，国家计划委员会副主任柴树藩，中国旅行游览事业管理局局长韩克华，及另外十四名副部长。

包玉刚爵士又说："去年环球公司曾向上海订造六艘货船，而其此行是顺道前往上海视察造船厂的进展，并与当地航运界人士会晤。"

包氏透露：环球航运集团在上海订购的六艘货船，有四艘是三万六千吨，由上海沪东造船厂建造，而另外两艘二万七千吨的货轮，则由江南造船厂建造。

包氏对国内的造船进展感到满意，六艘货船都能在明年完成。他表示中国的造船技术虽较日本落后，但可以改进。

（《华侨日报》1981年7月10日）

包玉刚访问巴西

本报讯：香港航运业巨子包玉刚最近访问巴西，并应巴西总统费求里多及夫人的邀请，于九月十四日参加在总统私邸举行的晚宴。包玉刚与费求里多以前曾多次会面，此次宴会是应总统的特别邀请，以保持双方友好关系。席间，包玉刚与费求里多总统及夫人讨论世界经济前景及石油运输业务。

在巴西期间，包玉刚亦拜访该国的经济部长伊利修·雷新特及运输部长恩纳·盖维斯。

（《大公报》1981年9月15日）

瑞典国王及王后曾访船王包玉刚

本报讯：瑞典国王卡尔十六世·古斯塔夫和王后西尔维娅，前日（星期四）前往中区太子行访问船王包玉刚。

瑞典国王和王后于本星期三抵港作三天私人访问，已于昨日离港前往曼谷。

（《大公报》1981年9月26日）

沪市长汪道涵抵港

本报讯：上海市市长汪道涵一行八人，结束在英国的官方访问后，昨天上午十时由伦敦乘坐班机抵港，今日起展开为期三天的访问。

汪道涵昨晚接受记者访问时透露，他今次来港访问；将与港督麦理浩及本港有关人士就上海与香港之间的合作问题，交换意见。今日中午，汪道涵将与港督会面，港督并于本星期三举行晚宴，招待汪道涵。

汪道涵昨天对记者说，他们今次应英国政府邀请，前往伦敦及利物浦等地参观。双方曾就中英工商业合作问题进行讨论，但并没有签订具体合同。

他透露，上海一家工厂最近曾经与英国一家私营公司，就合作经营平板玻璃问题进行洽商。预料该两家公司今后进行合作的机会很大。汪道涵昨日上午抵港后，晚上随即出席环球航运集团主席包玉刚的宴会。汪道涵在宴会上接受记者访问。

在港期间，汪道涵一行将参观船坞、房屋建设及地下铁路等。

昨日陪同汪道涵来港的，还有上海市计划委员会副主任顾训方、上海外贸局局长贾振元、市长秘书侯敏、上海市外事处副处长陈定平、上海市投资信托公司代表徐鹏飞、上海市秘书长张苏平、上海市统战部秘书长丁忱。

新华社香港分社第一社长王匡昨日上午前往启德机场接机。

（《大公报》1981年11月2日）

谷牧会见包玉刚

新华社北京七日电：国务院副总理谷牧今天上午在人民大会堂会见环球航运集团主席包玉刚、副主席李伯忠，同他们进行了亲切友好的交谈。会见以后，谷牧副总理、人大常委会副委员长杨尚昆同包玉刚、李伯忠共进晚餐。

包玉刚一行是昨天到达北京的。他们将于九日离开北京前往上海，出席国际海事技术学术会议和展览会。

（《大公报》1981年12月8日）

邓小平会见包玉刚等

新华社北京八日电：中共中央副主席邓小平今天上午在人民大会堂会见了环

球航运集团主席包玉刚、副主席李伯忠。

会见时，双方就当前的世界经济问题进行了交谈。

国际进出口管理委员会副主任周建南、外贸部副部长卢绪章参加了会见。

（《大公报》1981年12月9日）

率领欧洲数国船主　包玉刚一行抵京

新华社北京二月十六日电：国务院副总理谷牧今天晚上会见了国际独立油轮船东协会主席包玉刚和由他率领的国际独立油轮船东协会访华团。

包玉刚还是香港环球航运集团主席。他所率领的访华团团员中包括挪威、英国、瑞典、西德、西班牙、希腊、丹麦等国的船主。他们是应邀前来中国同有关部门商谈出口船舶和交换国际航运市场情况，于今天下午到达北京的。

在今晚的会见中，谷牧对来自各国的客人表示热烈欢迎，并希望中国同外国在船舶工业和航运事业方面的合作关系不断扩大。

会见后，谷牧副总理、六机部部长安志文等陪同包玉刚等客人一起出席了六机部为欢迎访华团来访举行的宴会。

（《大公报》1982年2月17日）

包玉刚谈中国经建　深信目标定能达到

本报北京十七日专电：香港环球航运集团主席包玉刚先生以国际独立油轮船东协会主席的身份，今晚在人民大会堂举行答谢招待会。

包玉刚是昨天率领国际独立油轮船东协会访华团来中国访问的。访华团成员包括挪威、英国、瑞典、西德、西班牙、希腊、丹麦七国的油轮船东。

人大常委会副委员长廖承志、国务院副总理谷牧、六机部部长安志文、中国船舶工业公司总经理刘浩清，以及政府有关部门负责人和经济、贸易、外交界人士一百多人，应邀出席了招待会。

（《大公报》1982年2月18日）

包玉刚说国际海运界愿助中国发展

包玉刚在招待会上祝酒时说:“对于中国这样一个大国,近来在经济方面现代化的各项措施,国际独立油轮船东协会成员都深为关注。由于物质资源雄厚,人力资源充沛,又有政府坚强领导,执行正确政策,我们深信中国的现代化目标一定能够达到,从而取得在经济列强中应有的地位。”

他接着指出:“近年来,中国在航运方面的进展尤其明显,国际独立油轮船东协会成员都很愿意进一步了解中国海事发展的情况。同样,我们也希望中国有关方面对于本协会的宗旨和目标有所了解,以便我们有条件协助中国在海事方面作出努力。”

包玉刚说:“在中国贸易需求持续增长,丰富的自然资源,特别是石油资源,不断开发的形势下,中国的海运事业行将突飞猛进,可以预言:中国将在世界海事方面起到愈来愈重要的作用。”

中国六机部部长安志文在招待会上祝酒时表示,中国愿意在航运事业方面同各国搞好友好合作关系。

包玉刚率领的访华团将于十九日离开北京前往上海。在上海,访华团将参观两个造船厂。

(《大公报》1982年2月18日)

包玉刚赞赏我机构精简　领导班子紧凑效率必增

本报北京二月十八日专电:国际独立邮轮船东协会主席、香港环球航运集团主席包玉刚先生,今天在同中国记者的谈话中再次对中国决定精简机构表示高度赞赏。他说,这一项措施是“很得人心的”。

昨天,赵紫阳总理会见了包玉刚率领的国际独立油轮船东协会访华团。赵紫阳总理在同访华团的交谈中介绍了国内正在进行机构改革的情况。当时,包玉刚说:“机构是你们自己设置的,要亲手把一些部门拆掉,这是很心痛的事情。你们现在决定大刀阔斧地精简机构,我非常佩服。这对你们正在从事的四化建设具有重要的意义。”

今天，包玉刚兴致勃勃地同记者谈到了赵紫阳总理会见访华团的情况，认为这是访华团来中国访问的高潮。

包玉刚说："访华团这次来访的目的都达到了。昨天赵紫阳总理很坦白地跟我们谈了精简国家机构的办法和目的。他告诉我们，精简机构工作进行得非常顺利，预计会缩短原来设想所需要的时间。赵紫阳总理的谈话给我们留下了深刻的印象。"

他说，情况往往这样，有许多机构一成立就精简不了。殊不知有些机构的设立是因为当时一时工作上的需要，或者是因人的需要，因而产生屋上搭架，架上搭屋的情况。现在情况变了，不拆除或合并一些部门，不仅不能解决问题，相反会增加问题。

包玉刚说，中国实行集体领导，因此领导班子必须紧凑，这样工作效率就会提高。……

他还对记者说，中国前几年决定进行经济调整，这是非常适时的。要是那次不调整，还是不切实际地按照过大的计划来进行经济建设，现在的情况一定不会那么好，而相反会有很大的困难。他说，赵紫阳总理告诉他，去年原打算经济增长速度为百分之三，结果达到了百分之四。今年头两个月生产势头也相当好。赵紫阳总理对今年的情况很乐观，估计一定会比去年的情况好，对这一点我也是深信无疑的。

包玉刚这次率领的访华团团员全是国际独立油轮船东协会执行委员会成员。他们都是第一次来中国访问。包玉刚先生说，他们对这次访问都非常高兴。短短几天，他们对中国都留下了深刻的印象。有个别船东决定留在北京谈生意，其他人将去上海参观船厂，在上海谈生意。他说，他本人认为中国同他们做成生意的可能性很大，很有希望。

包玉刚先生本人将于明天乘飞机离开北京，返回香港。

（《大公报》1982年2月19日）

包玉刚返港

本报讯：国际独立油轮船东协会主席包玉刚及该协会两名执行委员，昨日下午结束北京之行，从天津乘搭班机返回香港。

包玉刚于本月十六日率领该协会访华团一行十人，前往北京访问。在北京期间，该团获得赵紫阳总理及谷牧副总理等领导人会见。目前，该团其余七名成员继往上海参观及洽谈生意。

（《大公报》1982年2月20日）

北京与环球集团合作投资　“联勤”轮在英建成

据新华社伦敦十二日英文电：英国首相戴卓尔夫人今日主持中国向英国造船厂订造的一万五千吨干货轮“联勤”号下水礼。

在英国东北海岸的森德兰港，一片祝贺声中，戴卓尔按照传统方式，打破一瓶香槟酒瓶，藉此祝愿该船及其船员一帆风顺和好运。

“联勤”号是柯士甸拍嘉斯格船厂接受订建的四艘分别载重一万五千吨干货轮的第二艘，这些干货轮是中国与香港环球航运集团主席包玉刚合作投资的国际联合轮船公司所拥有的。中国方面占该公司的百分之四十五的股份。

在酒会上，戴卓尔夫人表示希望英国与中国之间的贸易继续增长。

（《大公报》1982年3月14日）

英首相戴卓尔夫人为包玉刚新船命名

（港讯）在三月十二日，英国首相戴卓尔夫人替包玉刚的“环球船运公司”在岳士丁比格基之修维兹船坞所制造的第一百三十三艘包玉刚新船命名为“联合努力”（UNITED EFFORT）。

这艘船将会加入“国际联合船运及投资公司”服务，此乃由环球船运及中华人民共和国所联营的。

包玉刚是世界最大的私人船东。他的环球船运集团是于一九五五年成立，至今已有二十七年历史。第一艘船是八千七百吨的烧煤货船，现再次命名为“GOIDEN ALPHA”是在苏格兰制造的。至今该集团已拥有船只超过二百艘，部分是在服务中，部分是在订制中，总排水量约二千万吨。在目前订单中，没有少过四十五艘大约总排水量二百万吨。除此之外，该集团还有地产、金融、保险、仓库及其他运输的业务。

包玉刚的出名还在于其支持公益、教育及文化，而且不限于香港、英国而是遍及世界其他地方。

“岳士丁比格基”及其主要在希腊及巴西之合约授权制造商，已出售这类货轮超过二百艘。SDN型被公认为战后设计最成功的干货轮。

（《华侨日报》1982年3月17日）

前巴西总统基素已抵港

【本报讯】前巴西总统安纳达基素应环球航运集团主席包玉刚之邀，于十九日抵港，做为期三天的私人访问，同行者有他的夫人及女儿亚玛利亚。

包玉刚为安纳达基素多年好友，在其任内，巴西航运界与环球航运集团建立了融洽的业务关系。基素将军此次抵港后，参加包玉刚为其安排的数次宴会，并定于今（二十一）日离港回国。

（《大公报》1982年4月21日）

姚依林会见包玉刚

【新华社北京七日电】国务院副总理姚依林今天下午在人民大会堂会见香港环球航运集团主席包玉刚，同他进行了亲切的交谈。

中国船舶工业总公司副董事长张有萱、中国船舶工业总公司总经理冯直会见时在座。

包玉刚于今天上午到达北京，并将于九日赴上海，出席江南造船厂为环球航运集团建造的二万七千吨级货轮的命名和交接典礼。

（《大公报》1982年6月8日）

包玉刚将在上海参加两活动①

【新华社上海七日电】本社记者获悉，上海江南造船厂为香港环球航运集团主席包玉刚建造的第一艘二万七千吨散装货轮，定于六月十日上午在江南造船厂举

① 标题为编者所加。

行命名交船典礼。

同一天下午，由包玉刚先生捐赠建造的上海交通大学“包兆龙图书馆”的奠基仪式，也将在该大学举行。

菲律宾总统夫人伊梅尔达·罗穆亚尔德斯·马科斯和包玉刚先生，将于六月九日到达上海，十日将参加上述两个活动。马科斯夫人将为包玉刚订购的第一艘货轮命名。

由中国船舶工业总公司和香港环球航运集团邀请的香港和国外造船、航运界知名人士以及香港电视小组，也将参加命名交船典礼。

十日下午举行的上海交大“包兆龙图书馆”奠基仪式，将由包玉刚亲自剪彩。届时，菲律宾总统夫人伊梅尔达·马科斯和包玉刚以及中国船舶工业总公司董事长柴树藩等将为图书馆的基石培土。

（《大公报》1982年6月8日）

谷牧会见包玉刚

【新华社北京八日电】国务委员谷牧今天下午在钓鱼台国宾馆会见香港环球航运集团主席包玉刚，同他进行了亲切的谈话。

（《大公报》1982年6月9日）

菲总统夫人抵上海

【中国新闻社上海九日电】菲律宾共和国总统夫人、安置部部长、大马尼拉市长伊梅尔达·罗穆亚尔德斯·马科斯走下专机舷梯，对前来欢迎她的上海市市长汪道涵说，感谢你的热情欢迎，我是大马尼拉市长，你是上海市市长，我很早就希望能见到你。

马科斯夫人是由外交部顾问韩念龙、中国船舶工业总公司董事长柴树藩陪同于今天中午抵达上海的。汪道涵市长特意推迟了出国访问，留在上海欢迎她。

香港环球航运集团主席包玉刚先生一行同机到达上海。

马科斯夫人下榻在上海锦江饭店。她十分高兴，与对欢迎她的贵宾楼服务员们说，记得前一次我到上海访问，也住在这里。这次又见到你们，我感到就像回到自己的家里一样。

下午，马科斯夫人在上海市副市长韩哲一、上海市人民政府外事办公室主任李储文的陪同下，参观上海音乐学院，受到学院副院长、作曲家丁善德，副院长、女高音歌唱家周小燕，曾经访问过菲律宾的女小提琴演奏家俞丽拿，以及全校师生的热烈欢迎。学生们为贵宾表演了独唱、独奏等节目。马科斯夫人还参观了学院的教学设施。她热情洋溢地说，今天，我欣赏了优美的音乐，看到年轻艺术家们的成就，看到了中国在开发人的才能方面的成就，使我深受鼓舞。

晚上，汪道涵市长设宴欢迎马科斯夫人及其随行人员。

包玉刚先生一行应邀出席欢迎宴会。

马科斯夫人在上海期间，将应邀出席上海江南造船厂一艘二万七千吨货轮的命名典礼，这艘货轮是香港环球航运集团订造的。她还将出席在上海交通大学举行的包兆龙图书馆奠基典礼。

（《大公报》1982年6月10日）

陈慕华在京会见包玉刚
就世界经济形势进行交谈

【新华社北京八月十五日电】国务委员兼对外经济贸易部长陈慕华今天上午会见了香港环球航运集团主席包玉刚。宾主就世界经济形势和中国经济发展情况进行了亲切交谈。

包玉刚将前往上海参加沪东造船厂为国际联合船舶投资有限公司建造的我国第一艘三万六千吨级出口货轮下水命名典礼，包玉刚是国际联合船舶投资有限公司的主席。

（《大公报》1982年8月16日）

船王包玉刚在英接受访问

【本报讯】香港的前途问题，是系于香港商界对中国所作出的贡献，香港的繁荣，对中国的“四化”异常重要。

船王包玉刚在英国广播电台的一项节目中，认为寻求一个合理地解决香港前景问题的方法上，本港商界所扮演的角色，正日趋重要。该电台黄金时间播出访问包氏节目，并介绍他的成功史。

包氏表示，难以想象香港在踏入二十一世纪时候的模样，不过有一点可以肯定，香港的前途主要系于其对中国内地的贡献，及英国政府了解到香港经济繁荣对协助中国“四化”的重要性。

他说，这些转变可能会令双方更难达成一个圆满的协议，但他仍旧重申对本港的信心，表示没有比香港更理想的金融中心，供他发展其庞大的国际性业务。

但他随即又谓并不经常感到此种信心。当形容自己原是从上海来港的中产阶级难民，经营银行业务时，他表示于一九四九年初抵港时，也会非常害怕上海的经历会重演。他指出大部分中国人一直都在逃避“祖国的动乱与严厉的情况”。

谈及香港的发展时，他欣悦地透露，这是一个充满活力的城市，任何人都可以在此间迅速赚取巨大利润，但同样可以一夜破产。

他说，香港廉价劳工时代已过去，正迈向高质产品之途。

（《工商日报》1982年8月18日）

陈慕华会见包玉刚一行

【新华社北京二十三日电】国务委员兼对外经济贸易部长陈慕华今天上午会见了香港环球航运集团主席包玉刚一行。

（《大公报》1982年9月24日）

邓小平晤包玉刚

【新华社北京二十四日电】中共中央顾问委员会主任邓小平今天下午会见香港环球航运集团主席包玉刚，同他进行了亲切的交谈。

中国船舶工业总公司经理冯直、对外经济贸易部顾问卢绪章参加了会见。

（《大公报》1982年9月25日）

戴卓尔夫人抵上海访问　为包玉刚主持新船命名

（本报特派记者上海长途电话）英戴卓尔夫人访华期间，唯一的私人活动是昨日在上海江南造船厂替环球航运集团旗下散装轮“世谊”号主持下水礼。

该总吨位二万七千吨之“世谊”号，是船王包玉刚爵士向国内所订购六艘散装货轮之第二艘。第一艘二万七千吨之“世沪”号，已于本年六月，在江南造船厂由菲律宾总统马科斯夫人主持下水礼。今“世谊”号下水礼，则由戴卓尔夫人主持。

包玉刚爵士向中国内地方面订购之船只，除已命名之两般外，并已与中国船舶工业总公司签订另外四般三万六千吨级散装货轮之制造合约，该四艘新轮中国方面已定于八三年底全部交货。江南造船厂为了戴卓尔夫人的到访，将以往保安措施加强，并且为了迎接英揆，特别花了几天时间，去盖搭看台和休息室。

“世谊”号实际上在本年五月已完成，而建造的时间约需时十三个月。其建造费用约一千五百至六百万。马力达到一万零七百匹，航行速度最高每小时十五海里。不过该轮虽由中国设计，但轮机却是来自日本的。

（《大公报》1982年9月26日）

英相在上海行程
中午出席包玉刚宴会

【本报记者上海二十五日专电】英国首相戴卓尔夫人今日的行程如下：上午八时，在钓鱼台宾馆与前来送行的赵紫阳总理道别。九时，乘坐中国民航专机从北京往上海。上午十时半，抵达上海虹桥机场。中午十二时，出席包玉刚款待午宴，下午二时半，抵达江南造船厂主持“世谊”号命名仪式。下午三时半，前往上海生物化学研究所参观。下午五时，出席英国驻华大使馆邀请居住在上海的英国公民参加的酒会。晚上七时，参加上海市市长汪道涵的欢迎宴会。

（《华侨日报》1982年9月26日）

包玉刚对记者称深信香港前途必能圆满解决

（本报特派记者广州电话）中英就香港问题的谈判，虽然存有歧见，但总括英揆访华之行，实为香港带来很大利益。在过去数天的中英会议都有出席的世界船王包玉刚爵士昨日接受本港记者访问时作出上述透露。包爵士日前表示，他深信香港问题会获得圆满解决，港人不用担心。经此次中英首脑会谈后，他个人对香港的繁荣安定更加强信念，中英同在此次会谈中，无不承认香港在中国四化建设中，经济及技术交流上皆占一重要角色，彼此对如何维护香港繁荣安定更达成原则上之共通意见。而主权方面，中国虽然绝对维护，但此对香港继续发展无所抵触。环球航运集团，除现已订购之六艘散装货轮外，对在中国内地继续订船亦深感兴趣。

（《华侨日报》1982年9月27日）

里根宴请英女王　包玉刚应邀参加

【本报讯】环球航运集团主席包玉刚，最近受美国里根总统夫妇邀请，参加在三月三日为英国女王依利沙伯二世及爱丁堡公爵于旧金山举行的晚宴。

该盛大宴会在该市的狄杨纪念博物馆举行。

（《大公报》1983年3月7日）

汪道涵一行昨抵港

【本报讯】由上海市市长汪道涵率领的上海市代表团一行十一人，结束对美国旧金山等地的访问后，昨天上午乘新加坡航空公司班机抵港，日内将转返上海。

汪道涵市长是应美国旧金山市长法因斯坦的邀请，于本月初前往美国进行友好访问的。

港府副政治顾问马德克昨到机场迎接。新华通讯社香港分社负责人也到机场迎接。

又讯：香港环球航运集团主席包玉刚昨晚在利园酒店宴请了上海市市长汪道涵一行。

出席晚宴的代表团成员有：上海市副市长李肇基、外事办公室副主任林德明、计划委员会副主任陶植及政协副主席叶叔华。正在香港访问的上海市经济代表团团长张承宗等亦应邀出席。

据代表团成员称，他们此行是应美国旧金山市市长法因斯坦的邀请，于四月三十日前往旧金山市访问的，目的是加强这两个姐妹城市在未来两年的交流活动。

代表团一行还访问过芝加哥、匹茨堡、纽约、阿特兰大、洛杉矶，并经夏威夷来港。

（《大公报》1983年5月19日）

船王包玉刚在英晤首相

（特讯）正在英国访问的本港航运业巨子包玉刚爵士，昨日与首相戴卓尔夫人会面，料会谈论香港前途会谈进展情况。

据悉，包氏于前日，在外交部与专责香港事务的次官雷斯会面，举行一小时会议，一般预料，香港前途问题，会有谈及。雷斯于本周稍后作远东之行。

包氏前日与雷斯会面，是一次与英国官员例行的接触。

（《华侨日报》1984年2月22日）

邓小平会见包玉刚
谈述开放十四城市

【新华社北京二十八日电】中共中央顾问委员会主任邓小平今天上午在人民大会堂会见了香港环球航运集团主席包玉刚。

邓小平对环球航运集团同中国方面的合作表示欣赏。他说，这种合作很好，要继续下去，还可以扩大。

邓小平同包玉刚就当前世界经济情况、中国进一步开放十四个沿海城市和海南岛等问题，进行了广泛的交谈。

包玉刚还向邓小平简要地谈到他资助中国教育事业的情况。

中国船舶工业总公司董事长柴树藩，对外经济贸易部副部长贾石参加了会见。

（《大公报》1984年5月29日）

陈慕华会见包玉刚①

【新华社北京二十八日电】国务委员会兼对外经济贸易部部长陈慕华今天在北京饭店会见并宴请了香港环球航运集团主席包玉刚。

陈慕华对包玉刚说，国外很关心中国沿海十四个城市的对外开放，国家正在制定建设计划。

她说，这些开放的城市首先要解决的问题是交通和电讯，要修建国际机场和公路，扩建港口，搞好旅游设施，为对外开放创造良好的条件。她欢迎外国企业家来中国投资。

（《大公报》1984年5月29日）

沈弼包玉刚韩仕德同称
联合声明消除忧虑　本港经济迈步向前

汇丰银行主席沈弼表示，中英联合声明是一份“十分好”的协议。他指出，协议已消除本港的不稳定性，对投资气候制造更有利环境。他又希望在可见将来投资趋势将可加强。

环球轮船公司主席包玉刚爵士表示，他本人在看了协议全文后，感到非常满意，协议条文比想象中要好。

包玉刚表示，他本人一直对香港前途看好，而看了协议之后更感乐观，以近期的经济表现看，香港经济亦呈蓬勃之势，出口的形势很好，港元强硬，在其他一些货币对美元呈弱势时，港币仍然坚挺，这反映了香港人的信心。

美国银行高级副总裁及香港区总经理韩仕德表示，联合声明为香港未来具有

① 标题为编者所加。

信心的发展提供了基础。目前的社会、经济制度及社会方式保持不变，香港将会成功地维持工商业中心的领导地位。

他说：谁都知道稳定的制度和基本设施，及维持社会制度与信心，都是香港保持活力的基本因素，联合声明为我们清楚今后的路向。

飞利浦香港有限公司主席吴恩信博士表示，现时中英双方既已达成及公布一份协议，有关种种疑虑看来可一扫而空，令人最感安慰的是，协议内容以维持本港安定繁荣为重。

他讲：协议将可令本港外商恢复对香港作为重要投资基地的信心。多家国际性公司利用香港作为开拓内地市场的基地已有好一段时间，预计在未来将有更多的类似事例。

（《工商日报》1984年9月28日）

华润昨设国庆酒会　千八中外来宾出席

【本报讯】华润（集团）有限公司昨日在华润大厦五十楼贵宾厅设酒会，庆祝三十五周年国庆。一千八百名中外人士共聚同欢，场面热闹。酒会历时三个半钟头。

新华社香港分社副社长邓华、祁烽，中国银行副董事长蒋文桂应邀参加酒会。王宽诚、安子介、沈弼、包玉刚、邵逸夫、汤秉逢、霍英东、邱德根、叶若林、孙城曾、梁柴、郭宜兴、廖瑶珠、陈寿霖、伍沾德、包玉星、美国驻港总领事李文、法国驻港总领事戴维艺、巴拿马驻港总领事卢西加、新加坡驻港总领事聊辉、丹麦驻港总领事利堂德、工业署署长易诚礼及人民入境事务处处长贾达德应邀出席酒会。

华润（集团）有限公司副董事长张建华、常务董事赛自爽、宋一川、姬江会及其属下有关部门负责人在场接待来宾。

参加者络绎到场，会上话题多围绕着刚草签的中英协议及香港经济问题，洋溢着乐观与兴奋气氛。

安子介向记者表示，他对香港前途充满信心，协议正如他意料。他又说，经济竞争千变万化，香港人的适应能力很强，相信将来也不会减弱。

汇丰银行董事局主席沈弼乐观认为，香港可以维持金融中心地位，许多人关心的问题均已列入协议之内，相信对香港经济有所促进，更会吸引外资及华资。而事实上,美国及日本投资仍有持续上升的趋势。

环球航运集团主席包玉刚则精简地说:“对协议我好满意,尤其最满意五十年不变。”

远荣主席邱德根表示,协议令人感到大局已定,中、英两国在共同目的共同出发点上诚意合作,相信可以达到理想。他相信外流资金将会减少,同时已离港的投资者及人才,在稳定条件下还会返回香港发展。他笑说:“我也会继续投资。”

参加者也有谈进一步投资的,大家兴致勃勃,举杯互祝,尽欢而散。

(《大公报》1984年9月28日)

包玉刚沈弼主持 城市会所揭幕

(特讯)香港最新成立的城市会所——太平洋会所昨日正式揭幕,由包玉刚爵士及沈弼主持剪彩,随后更举行庆祝酒会,赴会中西人士逾千人。

会所乃设于环球大厦廿五至廿七楼,占地三万六千平方呎,全新装饰布置外,并饰以传统及现代艺术摆设。

酒会上,包、沈两氏接受记者访问,谈中英草签协议观感。两人均认为“一国两制”可行,对香港前景乐观。包氏谓协议所作安排是尽量减少变动,很得人心,对香港经济有重大意义。沈弼则指出协议已很详尽,他相信今年年底将交英国国会通过。问将来人民币与香港元差别时,答复是九七年后还那么长,还难以预知,不过港元将维持国际可兑换货币。至于香港人信心问题,两人都谓从港元近日强势可见端倪。

剪彩完毕,嘉宾在会所内参观。厅房设计高雅,用于洽商业务或社交酬酢,一样适宜。廿五楼设中菜饮宴厅、会客厅及贵宾厅,供会员会议或宴客之用。廿六楼有宽敞西式餐厅、会客厅和酒吧。廿七楼保留了香港传统式的会员酒吧及五间精心布置的宴会厅。

太平洋会之会籍须由会方理事会邀请,方可申请加入。理事会名誉主席有包玉刚及沈弼,主席罗□甘□,其他董事有巴力、郑文怀、冯国经、吉田、高士卓民、李业广、李福兆、麦雅非、卢彬、杜亮年及吴光正。

(《华侨日报》1984年9月29日)

包玉刚昨谈联合声明

【本报讯】环球航运集团主席包玉刚认为，九七年之前的十三年对香港至为重要，作为香港居民应大力支持、鼓励并和香港政府合作，加强专业人才的培训、巩固工商业和国际金融中心的地位，使过渡时有更好的基础发展。

包玉刚昨日对记者表示，他对中英就香港前途草签联合声明的内容感到非常满意，甚至超过来他原来的期望。他相信绝大部分的香港人也应感到满意。从两日来各方面的反应看来，协议的公布委实已增强了港人的信心。

包玉刚指出，联合声明附件一第八条，特别提到将来香港会保持现有航运经营和管理体制，而私营航运和与航运有关企业及私营集装箱码头可继续自由经营，令他感到高兴。他相信，随着香港成立特别行政区，应可纳入为中国口岸之一，根据国家航运法，香港将来应可与内地其他港口作内洋通航。

包玉刚又说，过去两年，他分别会晤邓小平及戴卓尔夫人，了解到中国对香港的政策是维持香港的繁荣安定，而英国的原则是希望维持香港现有的一切，使它受到少的干预。从草签的协议看来，包玉刚认为两国政府在互谅互让的精神下，都按本身的原则为香港作出最好的安排，亦显示两国均为目光远大的政府。

（《大公报》1984年9月29日）

包玉刚昨在美国发表谈话

【本报讯】环球航运集团主席包玉刚，昨日在美国举行的亚太区咨询委员会会议上发表谈话时表示，随着香港前途问题更加明朗，以及中国继续实行开放政策，将吸引更多外国投资者前来香港进行投资。他说，外国公司不但来香港设分公司，也会利用香港作为进入中国内地市场的跳板。

包玉刚以《中国经济发展及香港前途》为题发表讲话。亚太区咨询委员会会议于八日至十日，分别在美国哈特福德及威廉斯堡举行，由美国电话电报公司及联合科技公司合办。

包玉刚表示，中国正推行现代化计划及加强对外贸易，虽然中国最近宣布进一步开放十四个沿海城市及发展多个经济特区，但这并不会取代香港的作用，至少短期时间内是这样的。香港作为一座桥梁，可以为中国内地的工业引进高级科技和专业知识。

包玉刚说，中国拥有十亿人口及丰富资源，随着情况的转变，将为投资香港的外国公司提供更多新机会，进入中国内地市场。过去四年，外国公司在香港进行直接投资的数目一直增加，由一九七九年的一千二百多间增至八三年的一千八百多间。

包玉刚又提到，美国对香港前途一直抱着正确的中立而又令人鼓舞的态度。从美国国务卿舒尔茨及美国驻港总领事李文最近的谈话来看，中英两国解决香港前途问题，美国商人将担任一个更具建设性的角色，协助维持香港的繁荣。

包玉刚最后表示，多年来，香港拥有健全的投资环境，而中国内地进一步开放，将为香港带来更多深远的影响，促使更多的投资者前来香港投资。在未来数十年，香港将维持东方之珠的美誉，这个称号也是香港值得拥有的。

（《大公报》1984年10月9日）

港督尤德一行抵京

【本报特派记者雷竞斌北京十七日传电】港督尤德今（十七）日抵达北京机场时表示，对出席中英签署联合声明仪式，他觉得很高兴。这是历史性的事件，是很多人经过两年的努力达成的。

尤德今日下午三时四十五分抵达北京机场时，精神轻松，有记者问他为什么比其他人早一天抵达北京，尤德打趣地回答说："我喜欢准时。"

有关英国首相与中国领导人会面时，会否谈及香港特别行政区基本法与中英联合联络小组问题，尤德说，我想会谈是首相与外相的事，我当然也会出席，这是一次首长级访谈而不是另一轮会谈。他又说：有关问题最好由英国首相及外相谈他们会谈些什么。

尤德形容英国首相戴卓尔夫人今次行程编排紧密，是在"时间容许下，做更多事，见更多人"。

在离开机场时，尤德说，根据过去两年经验，戴卓尔夫人与中国领导人的会谈，肯定是有成果的，甚至可以说是有益和有建设性的。

今日陪同尤德一起抵京的，有港督政治顾问麦若彬、总传译主任郑仰平。

【本报讯】港督尤德昨日（十七）日说，香港前途协议将由两国的首相及总理签署这一事实，可作为各人皆承诺使协议成功的象征。

港督是在昨日中午离港启程往北京，出席明（十九）日中英联合声明签署仪式前，向记者作上述表示。

在机场为港督送行的有布政司夏鼎基、行政局首席非官守议员钟士元及立法局首席非管守议员罗保。

又讯：应邀赴京的环球航运集团主席包玉刚，已于昨日与港督尤德同班飞机往北京。

（《大公报》1984年12月18日）

李先念包玉刚交谈

【中国新华社北京十八日电】国家主席李先念今晚在人民大会堂东大厅会见参加中英联合声明正式签署仪式观礼的香港各界人士时，进行了亲切的交谈。

李先念邀包玉刚坐在身旁的沙发上。

包玉刚：李主席，好吧！

李先念：好！老了！你怎么样？

包玉刚：我还可以，我六十七岁了！

李先念：比我可差好多了！怎么样，船王？

包玉刚：船的生意一般，现在造船的速度太高、太快了。科学发展很快，国内有些方面还跟不上，北京的电话就很难打。

李先念：大家批评我们通讯联络问题没搞好。

包玉刚：国内建设很快，教育也要跟上。我是宁波人，宁波还没有一个大学。北京（发展），造了许多新房子。上海没什么新房子，盖得少。李主席访问了许多国家，有什么感想？

李先念：看是看了很多，有好的方面，各个国家也有自己的困难。

包玉刚：香港签约以后，我作为香港人，希望国家领导人有机会都去香港看看。

李先念：香港还是要你们自己搞。

包玉刚：要搞，我们自己要努力。

李先念："一个国家，两种制度"是个大胆的设想……。

这时有人报告说:“主席,客人都到了!”

李先念站起来,他看见刚打开了一扇门,说:“把门都打开嘛!”

香港各界人士络绎进入,钟士元、罗保、田元灏。李主席同每个人都紧紧握手。

(《大公报》1984年12月19日)

邓小平接见包玉刚谈香港问题

(特讯)邓小平昨日上午在人民大会堂会见香港环球航运集团主席包玉刚时说,他已请戴卓尔夫人带口信给美国总统里根,如果里根总统认为“一个国家,两种制度”用于台湾对台湾有利、对美国有利的话,中国同意解决台湾问题。

戴卓尔夫人将于今日离港赴美,与里根总统进行会议。

昨日上午十一点,邓小平快步走出大厅迎接包玉刚。包氏向邓小平介绍了随同的集团董事、他的妹夫李伯忠和集团董事、他的二女婿吴光正。

邓小平昨天下午同戴卓尔夫人进行了八十五分钟的会见,又参加了具有历史意义的中英协议正式签字仪式,红光满面,同包玉刚无拘束地交谈。

谈到香港问题时,邓小平说:中英联合声明和附件具有法律效力。既然是法律,双方都要遵守。有一些具体问题上,我们是有灵活性的,要照顾到香港人的愿望。香港现在面临两个问题,一个是在十二年多的时间内保持稳定、繁荣,一个是一九九七年的顺利接替,搞港人港治。

邓小平还谈到了中美关系和台湾问题。昨天会见戴卓尔夫人时,我托她口信给里根总统,请她向里根总统介绍一下我们(中、英)之间的经验。如果里根总统认为:“一个国家两种度”用于台湾有利的话——对台湾有利,对美国有利——我们同意解决台湾问题。如果有,香港问题的解决,消除了中英之间的阴影,解决了台湾问题也会消除中美之间的阴影。

(《大公报》1984年12月21日)

美总统里根就职　包玉刚应邀出席

【本报讯】本港环球航运集团及九龙仓集团主席包玉刚,最近应美国里根总统及布什副总统的正式邀请，参加于一月二十日在白宫举行的就职典礼。

包玉刚在美国，曾于一月十七日与港督尤德及香港上海汇丰银行主席沈弼共同在纽约参加该银行美洲区办公总处新厦的开幕仪式。

（《大公报》1985年1月23日）

伊利诺州长访港

【本报讯】浙江第一银行副董事长兼总经理孔祥勉于本月九日在浙江第一银行总行大厦设酒会，招待伊利诺州州长汤普森及伊利诺州代表团团长。

参加酒会的来宾包括政务司廖本怀、民政司曹广荣，以及新华社香港分社副社长李储文和工商界知名人士包玉刚、简悦强等。

（《大公报》1985年3月18日）

邓小平会见包玉刚

【据新华社北京为十一日电】中共中央顾问委员会主任邓小平今天晚上会见香港环球航运集团主席包玉刚，双方进行了亲切的交谈。

包玉刚是前来商谈宁波的开发问题，于昨天到达北京的。

会见后，邓小平同包玉刚共进晚餐。

（《大公报》1985年5月22日）

杨尚昆王震田纪云昨分别会见包玉刚

【本报北京二十二日专电】中国领导人杨尚昆、王震和副总理田纪云，今天下午分别会见了香港环球航运集团主席包玉刚。

会见时，宾主就特区建设和沿海开放城市特别是宁波的开发问题进行了广泛、友好的交谈。

杨尚昆、王震在会见后设晚宴款待包玉刚。

（《大公报》1985年5月23日）

基本法起草委员会分组讨论

【本报记者侯东海北京三十日专电】记者获悉，基本法起草委员会第一次全体会议除了在七月一日和七月五日举行两次全体会议以外，将分三个小组进行讨论，另外，还会举行联组会议进行大会发言。

三个分组名单如下：

第一组：召集人：安子介、李国宝、芮沐、李裕民、李福善、李嘉诚、吴大琨、吴运璠、陈楚、郑正训、郑伟荣、荣毅仁、勇龙桂、贾石、黄保欣、裘劭恒、谭惠珠、霍英东

第二组：召集人：包玉刚、胡绳、马临、王叔文、王铁崖、刘皇发、许崇德、李柱铭、张友渔、陈欣、邵天任、周南、项淳一、查济民、钱伟长、郭棣活、黄丽松、释觉光、鲁平

第三组：召集人：费彝民、费孝通、王汉斌、毛钧年、邝广杰、司徒华、邬维庸、李后、萧蔚云、林亨元、柯在铄、查良镛、莫应溎、钱昌照、容永道、雷洁琼、廖晖、廖瑶珠、端木正

（《大公报》1985年7月1日）

基本法起草会由姬鹏飞当主任

（特讯）据一份中方报章昨日报道，正在六届人大常委第十一次会议的《中华人民共和国香港特别行政区基本法》起草委员会名单（草案）如下：

主任委员：姬鹏飞

副主任委员：安子介、包玉刚、费彝民、胡绳、费孝通、王汉斌及李国宝

委员：马临、王汉斌、王叔文、王铁崖、毛钧年、包玉刚、邝广杰、司徒华、邬维庸、刘皇发、安子介、许崇德、芮沐、李后、李国宝、李裕民、李福善、李嘉诚、萧蔚云、吴大琨、吴建瑶、张友渔、陈欣、陈楚、邵天任、林亨元、周南、郑正训、柯在铄、查良镛、查济民、费孝通、费彝民、勇龙桂、莫应溎、贾石、钱伟长、钱昌照、郭棣活、容永道、姬鹏飞、黄丽松、雷洁琼、廖晖、廖瑶珠、端木正、谭惠珠、谭耀宗、霍英东

秘书长：李后

副秘书长：鲁平、毛钧年

（《华侨日报》1985年6月12日）

全国工商联昨设宴欢迎香港起草委员

【本报北京三日专电】中华全国工业联合会今晚在北京饭店宴请正在出席香港基本法起草委员会第一次会议的香港工商界委员。

工商联主任委员胡子昂在祝酒时说，在座来自内地和香港的起草委员会成员，都是知名的代表人物，很熟悉香港情况，与香港各界人士有着广泛的联系，一定能在起草工作中发挥良好的作用，和其他委员一道同心协力，完成这一具有历史意义的光荣使命。

包玉刚副主任委员代表香港委员致谢辞。

中共中央统战部部长杨静仁和工商联副主任委员古耕虞等出席了宴会。

（《大公报》1985年7月4日）

基本法起草会昨联组会议

【本报北京四日专电】基本法起草委员会十一位香港委员今天下午在联组会议上发言，就他们关注的各项问题发表意见。以下是部分香港委员的发言摘要。

包玉刚说，要圆满完成基本法的起草工作，重要的一点是，内地和香港委员之间的密切合作，而这种合作是建立在内地委员更多地了解香港情况，和香港委员更多了解内地情况的基础之上的。还有一点相当重要的是，要深入调查研究，要集思广益。这是由于基本法有特殊性，它是没有先例的，故此我们更要采取认真负责的态度。（下略）

（《大公报》1985年7月5日）

基本法起草委员会香港委员
包玉刚下周举行首次会议

【本报讯】香港环球航运集团主席包玉刚，昨日下午参加天安发展有限公司开业酒会时，对记者证实基本法起草委员会的香港委员，将于本月十七日（星期三）举行返港后的第一次会议。

包玉刚表示，有关起草委员应否参加资讯委员会、资委会的人数、内地委员来港考察，以及香港委员如何在港开展调查研究等问题，都会在此次会议上进行讨论。

记者问及包玉刚个人对起草委员应否参加资委会的看法时，他表示应该参加，但应由个人自行抉择，至于他本人，则须视大多数人的意见而作决定。

（《大公报》1985年7月10日）

包玉刚谈章程草案　欢迎各界发表意见

包玉刚会后对记者说，各委员在两天之前始收到章程草稿，还未经过较长时间的研究，所以今次只是初步地通过草案，还要在两个多星期后的会议上才最后通过。包玉刚强调，在这段时间，什么人都可以就章程发表意见，透过报纸也可以，个人去函新华社香港分社转交发起人会议也可以。

会后，起草委员会副秘书长毛钧年向新闻界宣读了这次会议的新闻公报。

公报全文如下：

中华人民共和国香港特别行政区基本法起草委员会在港委员，于八月二十日下午四时至七时，在华汉大厦会议室举行；香港特别行政区基本法资讯委员会发起人第二次会议，讨论了有关基本法资讯委员会的筹组事宜。

今天的会议由包玉刚副主任委员主持。出席会议的在港委员共二十三人。费彝民副主任委员、查济民委员因事不在香港，未能出席今天的会议。

会议收到了副主任委员费彝民发来的书面发言，并由草委会副秘书长毛钧年在会上代为宣读。

（《大公报》1985年8月21日）

咨委会发起人会议后
副主任委员包玉刚答记者问

【本报讯】基本法起草委员会副主任委员包玉刚，昨日在咨委会发起人会议后举行的记者招待会上，答复了记者提出的问题。以下是双方的答问摘要：——

问：发起人第四次会议将讨论什么内容？

答：六人小组讨论名单问题，弄清楚以后，将交到二十五人会议来讨论。

问：今天的章程最后是怎样通过的？

答：经大家讨论后通过的，以多数人的意见为决定。只有一个问题，讨论时没有办法决定采用举手表决。

问：是哪一个问题？

答：关于"推荐"两个字，因为有人提出不要用"推荐"，结果要举手表决，最后四分之三赞成通过，其余则保留意见。

问：有委员建议今天通过的章程修订，应该再让公民讨论，始再做最后通过。会议为何不赞成这个建议？

答：大多数人都主张通过，而且已经反复讨论过好几次了。

问：成立咨委会有没有一个限期？

答：成员名单草撰小组要收集各方面的意见，整理好才能通过。我个人很希望快些，争取在下个月能够把它搞好。但还要看大家的意见。

问：有人提议章程删去所有"民主协议"的字眼，为什么还要保留？

答："民主协议"四字是大家都同意的，章程草撰六人小组通过的章程，最初是有九个地方提到"民主协议"字眼的，现在已改为一个。

问：最后通过的章程与修订本有否不同？

答：有很大的修改。

问：何时可以公布章程内容？

答：整理好马上公布(李国宝补充：约三四天之后)。

问：各界推荐名单后，有六人小组去商量，在这个过程中是否逢推荐都邀请？

答：假如提出的名额很多的话，就要来来去去商量。

问：各界名额的比例是否还有修改余地？

答：新闻公布中的百分比是原则性的。

问：假如提出的名额较比例分配为多，怎么办？

答：提出来太多就要减，因为章程决定的成员人数是一百五十人，留有五十个余额。

问：发起人对推荐名单是否有否决权？

答："整理"应该有，"否决"太严重吧。

问：咨委会的经费筹集进展如何？

答：由发起人以不记名方式自由认捐，认捐之后，不足之数将来由咨委会自由认捐。目前经费已有一百多万元。

问：杨声先生是否参加六人小组？

答：杨声先生不在内。

（《大公报》1985年9月8日）

姬鹏飞国务委员昨天会见包玉刚

【新华社北京二十六日电】国务委员兼国务院港澳办公室主任姬鹏飞今天下午在人民大会堂会见香港环球航运集团主席包玉刚，进行了亲切的谈话。

包玉刚一行定于明天离开北京前往上海。

（《华侨日报》1985年10月27日）

包玉刚表示咨委会正式成立前下月初先开预备会

关于聘请顾问方面，包玉刚表示，发起人会议的职责只在于提名，决定权在咨委会执行委员会。根据咨委会章程第十条规定，咨询委员会有需要时，可由其执行委员会邀请有专长的中外人士为顾问，列席会议和研讨会或座谈会，协助工作。

包玉刚估计咨委会成立大会预备会将可在下月初举行，至于咨委会正式成立的日期，他则表示，争取在圣诞前成立。

咨委会“成员名单筹划小组”主席黄岩松和起草委员会副秘书长毛钧年，参加了新闻发布会，毛钧年向在场记者宣读了全文如下：

中华人民共和国香港特别行政区基本法咨询委员会发起人今天下午在华润大厦会议室举行了第五次会议。

会议由包玉刚副主任委员主持。出席会议的共二十四人。刘皇发委员不在港，未能出席会议。

（《大公报》1985年11月20日）

咨委会发起人第五次会议

【本报讯】基本法咨询委员会发起人昨日举行第五次会议，通过了咨委会一百八十名成员的邀请名单，进行了五个月的咨委会筹组工作至此已大致完成。全部名单在征得有关人士同意并发出邀请信后，于本周内公布。同时，会议推荐了若干位顾问人选，建议咨委会日后在聘请顾问时作考虑。

会议还决定成立一个临时召集小组，由不参加咨询委员会的发起人会议召集人包玉刚、费彝民和李国宝等副主任委员组成，负责咨询委员会成立前的策划及召集工作。该临时小组和咨委会发起人会议在咨委会成立大会预备会后，即自动解散。

昨日的会议由副主任委员包玉刚主持，进行了一个多小时，时间比以往四次会议都短。包玉刚在会后的新闻发布会上表示，此次会议通过的邀请名单层面很广泛，包括有全港各个方面的人士，其中也有立法局议员和市政局议员。

他表示，发起人会议已提出了一份候备名单，如邀请名单中有人不愿意接受邀请时，将会由候备名单中增补，候备名单约有二十人。

（《大公报》1985年11月24日）

姬鹏飞谈咨委名单

【本报记者侯东海北京二十七日专电】国务委员兼港澳办公室主任姬鹏飞今天下午在北京会见香港知名人士包玉刚时表示，他对香港基本法咨询委员会一百八十人名单的公布感到很高兴。他认为能拟就这样广泛的一个名单很不容易。

包玉刚说，这一百八十人名单的公布，包括了香港各界人士，能达致这样广泛的团结面，确是很不容易的。

包玉刚这次是为了港龙航空公司的问题前来北京向姬主任和几位副总理以及民航局方面介绍情况的。在会见中，包玉刚向姬鹏飞介绍了他入主港龙董事局的经过以及港龙的组织和财务现状等。

（《大公报》1985年11月28日）

包玉刚造访港澳办

（本报记者北京电话）港龙航空公司主席包玉刚爵士昨午四时在人民大会堂与国务院港澳办公室主任姬鹏飞会谈，双方在一个多小时会谈中，讨论了港龙航空包机服务及新公布的咨委会人选名单。

包玉刚爵士指出：姬主任对最近公布的基本法咨询委员会全体成员名单表示满意，因为百余人中已包括本港各阶层人士。

……包氏还向姬鹏飞主任提及港龙申请之包机服务，并希望能够代向有关方面说些好话。在会晤期间，中国民航局官员亦有出席。

他深信要得到成功，首先按部就班申请，估计在下月空运牌照局公开聆讯后会有决定。包玉刚爵士今日会返回香港。

（《华侨日报》1985年11月28日）

姬鹏飞应港督尤德邀请九日来港

【本报记者侯东海北京三十日专电】国务委员、国务院港澳办公室主任、基本法起草委员会主任姬鹏飞将于十二月九日前往香港作为期十天左右的正式访问。

中国外交部在今天下午三时发布了姬鹏飞一行访问香港的消息。

外交部在发布这个消息时，把姬鹏飞的这次访问分成两段进行，前一段是应香港总督尤德的邀请，后一段是应基本法起草委员会在香港的五位副主任委员安子介、包玉刚、费彝民、李国宝等的邀请。

陪同姬鹏飞进行访问的有姬鹏飞夫人许寒冰和国务院港澳办副主任李后、二司司长容康及港澳办公室的工作人员等。

（《大公报》1985年12月1日）

咨委会昨开成立大会预备会

【本报讯】基本法咨询委员会全体委员昨（六）日下午三时，在中环连卡锦大厦咨委会会址举行成立大会的预备会议，会议以不记名方式投票产生了十九位执行委员，并通过协商从中互选出安子介为主任委员，黄丽松、王宽诚、杨铁梁、郭志权及李启明等五人担任副主任委员，而毛钧年则任秘书长。

负责主持预备会议的当时召集小组成员包玉刚在会上宣布，十二月十八日（星期三）上午十时将举行香港特别行政区基本法咨询委员会成立大会，届时，将邀请正在香港进行访问的国务院港澳办主任姬鹏飞作为嘉宾，出席成立大会。

（《大公报》1985年12月7日）

姬鹏飞会见基本法起草委员

【本报讯】国务委员、国务院港澳办公室主任姬鹏飞，昨（十四）日下午会见了在港的二十五名基本法起草委员会委员，晚上又出席了五名起草委员会副主任委员安子介、包玉刚、费彝民等举行的宴会。在港的全国人大代表、政协委员、基本法起草委员，及基本法咨委会执行委员共百多人出席了宴会。

宴会于昨晚七时在铜锣湾世界贸易中心岳阳楼举行，筵开九席。席上，费彝民代表五位副主任委员致欢迎词。

费彝民说："姬鹏飞主任第一次光临香港，我们表示热烈欢迎。他此行可以见到许多老朋友和认识不少新朋友。更重要的，是他和港澳办初次来港的各位，通过亲自对香港的实地了解和倾听香港各界朋友的意见，可以对香港取得感性认识，为我们的基本法起草工作直接作出指导，并和最近组成的基本法咨询委员会各位委员沟通思想，增加了解。我相信，这对保持香港繁荣稳定和实现顺利过渡以及对起草基本法都将带来深刻的影响。"

他又说："香港是一个美丽的地方，在中央'一国两制'的构想和'五十年不变'的方针下，香港有着一个十分光明的前途。我们香港人当要同策同力，实现香港主权的顺利过渡，以及在十二年后把香港建设得更好，把人民生活搞得更幸福。因此在这十二年过渡时期，中英两国必须精诚合作，香港同胞必须为稳定繁荣而忠诚努力。大家政见可以不同，可是，建设一个健康的香港，廉明的香港和人民幸福、繁荣稳定的香港，这一个大目标，应该是共同的、一致的。希望我们大家并肩努力，把香港搞得更繁荣，更美丽。"

姬鹏飞在祝酒时说，此次来港的目的在于见见老朋友，认识新朋友，并倾听大家的意见。他希望大家为香港的稳定繁荣、永远繁荣和发展而共同努力。

昨日下午，姬鹏飞、李后一行出席了在华润大厦五十楼举行的酒会，与在港的基本法起草委员见面。在港的二十五位起草委员全体出席了酒会。

在酒会上，大家亲切交谈并合照留念。

出席酒会的还有新华分社副社长李储文、郑华、陈伯坚，以及其他负责人杨奇、乔宗淮、杨声、纪绍祥等。

姬鹏飞应港督尤德之邀的访问活动已于本月十三日结束。昨日开始是作为五位在港起草委副主任委员的客人，继续在港访问。

（《大公报》1985年12月15日）

包玉刚在千人酒会致词说
姬鹏飞亲来了解香港　更有助维护稳定繁荣

（本报讯）基本法起草委员会五位在港副主任委员昨日举行盛大酒会，欢迎国务委员兼港澳办主任姬鹏飞访问香港。……

包玉刚致词时说："今天，我们举行酒会，欢迎姬鹏飞主任访问香港，这使我感到非常荣幸。我谨代表安子介先生、费彝民先生、李国宝先生，并以我个人的名义，对姬鹏飞主任的光临，对尤德爵士的光临，对各位嘉宾的光临，表示深切的感谢。

姬鹏飞主任主管港澳工作，对港澳居民十分关心。特别是在去年中英谈判中，他一批又一批地会见香港各界人士，虚心倾听各种意见，耐心解释中国政府的方针政策，对中英协议的达成做出了贡献。许多接触过姬主任的香港朋友，都感到他谦虚练达，平易近人，可亲可敬。

姬鹏飞主任和他的同事们这次访问香港，具有重要意义。中英联合声明签署后，已经历了近一年的时间。由于中英两国政府的合作，也由于各界人士的共同努力，香港的经济也是有所发展的。在此期间，中英联合联络小组、土地委员会和基本法起草委员会已先后建立并开展了工作。基本法咨询委员会也已筹备就绪，即将正式成立。在这样的情况下，姬鹏飞主任访问香港，了解香港实际，听取各方面的意见，对于更好地贯彻执行中英协议，规划基本法的起草工作，维护香港的稳定繁荣，都是非常必要的。我相信，姬主任的访问一定会取得成功。"

随后，姬鹏飞在尤德及五位副主任的陪同下，走下祝酒台，与来宾见面，场内引起一阵轰动。姬鹏飞在场逗留了一小时后，始行离去。

港澳办副主任李后、二司司长荣康等亦出席了酒会，频频与在场来宾握手交谈。

新华社香港分社副社长李储文、郑华、陈达明、陈伯坚，以及内地驻港机构的负责人参加了酒会。

港府布政司钟逸贤、财政司彭励治、律政司唐明治、工商司何鸿燮及政务司廖本怀等高层官员、行政立法两局议员、市政局及临时区域议局议员、区议会议员等亦有出席。

参加酒会的还有：工商、金融地产、专业人士、传播媒介、劳工及基层团体、宗教、妇女等各界知名人士。

（《大公报》1985年12月17日）

包玉刚邀鲁平跳舞

【本报讯】基本法起草委员会副主任包玉刚昨日表示，他在会上曾经提议请鲁平一行去跳跳舞，看看跑马，因为以前有人说过九七年后“马照跑、舞照跳”。故此，建议他们实地去看看。

鲁平听后笑说：“我不会跳舞啊。”

他接着说：“我们会到处参观一下，看一些内地没有的东西，譬如交易所，究竟股票怎样买卖，什么叫‘买空卖空’？我们也要了解。”

鲁平又说，有几位起草委员亦提议他们到工厂、银行参观。

（《大公报》1985年12月19日）

日本首相中曾根康弘单独接见包玉刚

【本报讯】现正在日本作业务旅行的香港环球航运集团及九龙仓集团主席包玉刚，前（三）日上午受到日本首相中曾根康弘在其官邸单独接见。

据悉，二人就最近世界经济金融状况及有关问题作了二十多分钟的交谈。

（《大公报》1986年4月5日）

基本法起草委员会二次大会昨在北京开幕

（本报记者北京电话）上午九时整，香港特别行政区基本法起草委员会第二次会议在人民大会堂开幕。

包玉刚主持了会议，他的旁边坐着身着深蓝色中山装的姬鹏飞主任委员。

会议的内容有：一、姬鹏飞致开幕词；二、安子介报告香港基本法咨询委员会成立经过；三、李后作提纲会议审议的关于基本法结构草案时讲稿的说明；四、鲁平代表赴港调查小组汇报工作；五、李后介绍会议日程。

正式开会之前，全体起立，为不久前病逝的郭棣活委员默哀一分钟。

另有四位委员没有到位，他们是：李嘉诚，因事请假；项淳一，出国访问不能够参加会议；邝广杰，因事今天到京；裘劭恒，尚在国外，要二十日以后才能到会。

香港委员的车队由一辆插红旗的轿车开路，廖瑶珠委员是全体到会人员中衣着最漂亮的一个，她穿着花绸缎衣和咖啡色呢裙步入人民大会堂。包玉刚下车后跑上高高的台阶，步履轻松。

周南在大门口被香港记者团团围住，一位记者请求周南即兴赋诗，周南走入大门向被隔在外面的记者挥手道："以后再说吧！"

（《华侨日报》1986年4月19日）

邓小平盼制订好基本法

【本报记者侯东海北京时间十九日专电】中共中央顾问委员会主任邓小平今天上午在人民大会堂会见包玉刚、王宽诚、霍英东、李兆基等香港人士时说："希望把基本法搞好，因为这关系到"一国两制"能不能搞得通。"他还风趣地表示："我现在活到八十多岁了，身体还很健康，八九年感冒也没有，就是腿劲小了点，我还要争取活到一九九七年，在九七以后到香港看一看，这也是我个人的奋斗目标。"

包玉刚、王宽诚、霍英东、李嘉诚、李兆基等热心帮助内地办学，邓小平对他们热心办祖国的教育事业表示赞赏。他说："一个民族最根本的事业就是教育。你们在这方面为国家出力是值得称赞的。"李嘉诚因母病不能到北京来，没有出席今天的会见。

邓小平向香港客人介绍了中国长远的发展规划后表示："我们确定的到本世纪末人均收入达到八百美元的目标，现在看来肯定要超过，有可能要达到一千美元。到那时，中国人民的生活就会普遍好起来，而不只是一部分人生活提高，整个国力也就不同了，会比现在强大得多。"

他说："现在我们每天头脑里想的就是这件事情，本世纪末达到预定的目标，就如同三级跳远，我们跳出了第一级。"

邓小平说："我们实现四个现代化，弱点和困难主要是缺乏知识和人才，而具有足够的知识和人才又不是一天能办到的。我们的政策是对的，即使有失误，发现了也容易纠正，而人才的培养要靠我们长期的努力。尊重知识，尊重人才，这是我们长远的根本大计。"他希望港澳同胞和海外广大侨胞都来关心和支持国内的教育事业，与全国人民一道把教育事业办好。

邓小平说："我国的科学技术近年来有了长足的进步，我们有了原子弹，发射了通信实验卫星，但是同世界发达国家相比，许多领域我们还是落后的。现在科学技术发展很快，我们要奋起直追。在激光、定向能、离子等尖端领域，我们也要搞上去。"

在谈到目前我国经济体制改革时，邓小平说，现在全国总的形势是好的，目前进行的经济体制改革很有希望。他说，改革是多方面的，但物价改革最为敏感，现在物价基本稳定下来了，它涉及千家万户、各行各业的利益，多少年来，我们一直背着两个包袱，一是物价体制，一是企业缺乏自主权，我们的改革，在某种意义上说，就是放下包袱，轻装前进。去年我们步子迈得快了一点，现在放慢一点来消化，花不了太多时间我们就能够调整好，就可以理顺。明年，我们改革的步子要迈得更大。

邓小平说：七五计划的中心就是要搞好改革。改革会有些风险，可能会犯错误，但是改革一定会成功。搞改革，没有决心不行，没有点冒险精神也不行。搞好改革也是取得我国长期稳定发展的条件和基础。我们的改革是经过深思熟虑的。我们下决心搞好，港澳同胞也在看着我们，世界人民也在看着我们。

国务院副总理、国家教育委员会主任李鹏，新华社香港分社社长、副社长会见时在座。会见后，李鹏副总理在钓鱼台国宾馆养源斋设午宴招待了香港客人。

（《大公报》1986年4月20日）

姬鹏飞昨宴草委包玉刚

【本报北京二十日专电】姬鹏飞主任今晚给香港记者发了“加班费”。他在国际大厦“世界之窗”厅宴请全体起草委员时致词说，草委会议开了三天，取得了令人满意的进展，委员们的工作很辛劳，今晚应是一顿轻松的晚宴。

姬鹏飞还说，这次内地、香港的记者为草委会议做了大量的报道工作，使大家得以了解到会议的进展，记者们的工作辛苦了，今晚就算是“加班费”吧。记者们报以热烈掌声。

副主任包玉刚在会上致辞时说，这次在京开会，与许多专家朋友一同讨论问题，感到非常高兴。

包玉刚建议香港草委们敬两杯酒，一是客人谢谢主人，二是向内地草委们敬一杯，为大家的沟通、交流和合作干杯。

在宴会结束后，在日间大会上发言的十六位内地和香港草委随即举行了简短的记者招待会，讲述他们发言的内容。

大会明（二十一）日议程安排，上、下午均为分组讨论。

（《大公报》1986年4月20日）

邓小平昨在钓鱼台与包玉刚共进晚餐

【新华社北京二十一日电】（上略）

邓小平今天晚上在钓鱼台国宾馆会见香港环球航运集团主席包玉刚先生时说，对能否实行“一国两制”总是会有担心的，其实用不着，我们这么大一个国家是不会不讲信用的。

包玉刚是香港基本法起草委员会副主任委员，正在这里参加该委员会的第二次全体会议。

包玉刚告诉邓小平，会上发言踊跃，大家对基本法的起草很热心。香港舆论对此也很关心。

会见后，邓小平和国务委员谷牧同包玉刚共进晚餐。

（《大公报》1986年4月22日）

各界组成庆祝国庆筹委会

【本报讯】为迎接国庆，由本港各界人士组成的"香港同胞庆祝中华人民共和国成立三十七周年筹备委员会"昨日成立，并举行第一次会议。

会议昨日下午三时在中华总商会礼堂举行，由筹委会常设委员会主席费彝民主持，常设委员会秘书长何世柱在会上报告了筹委会的筹备过程。今年的国庆筹委会主要在去年筹委会的基础上进行了个别增补，筹委会成员主要共有三百六十人，包括有工商、银行、教育、文化、新闻、出版、劳工、学生等各界人士。

会议一致通过了筹委会组织及主席团执行主席、副主席、主席团成员，正副秘书长及各部正副主任的名单，并通过由筹委会主席团全体成员组成的常务委员会，在国庆庆祝活动结束后，常务委员会即成为筹委会的常设委员会。

会议决定于十月一日（星期三）及十月二日（星期四）一连两日下午八时，在北角新光戏院举行香港同胞庆祝中华人民共和国成立三十七周年文艺晚会。一日晚上，由刚参加完中国地方戏曲展而大获好评的辽宁省京剧团，以及本港部分文艺团体同台演出京剧及音乐节目，二日晚上则由黑龙江歌舞杂技团和本港的舞蹈团体演出杂技及歌舞。

新华社香港分社副社长李储文在会上向筹委会成员介绍了目前内地进行的政治体制改革、经济发展的情况，以及现时中国外交的方针和政策。

"香港同胞庆祝中华人民共和国成立三十七周年筹备委员会"的主席团成员，正副秘书长及各部正副主任名单如下（按姓氏笔画为序）：

主席团成员：王宽诚、方志勇、方远谋、包玉刚、司徒辉、石慧、安子介、朱牧、江波、佟志广、何世柱、何鸿燊、李子诵、李国宝、李连生、李嘉诚、李福兆、李翰祥、李储文、阮北耀、林思显、邱德根、金德琴、查济民、孙城曾、徐四民、徐展堂、袁耀鸿、马廷栋、马蒙、张学尧、梁定邦、郭文藻、郭宜兴、陆元亮、陈文裘、陈丕士、陈紘、曾光道、汤秉达、费彝民、冯秉芬、黄文放、黄建立、黄祖芬、黄坚、黄涤岩、黄梦花、黄肇焯、杨光、杨孝华、杨奇、杨声、叶若林、董锡辉、廖一原、廖瑶珠、赵泽隆、刘皇发、刘锦庆、蔡章阁、郑耀棠、霍英东、韩力、罗桂祥、蓝真、谭耀宗、苏务滋

主席团执行主席：费彝民

副主席团执行主席：王宽诚、包玉刚、安子介、李嘉诚、查济民、霍英东

秘书长：何世柱

副秘书长：孙城曾、陈紘、黄建立、杨声、谭耀宗

总务主任：郭宜兴

副总务主任：邱亦山、邓焜

财务主任：刘锦庆

副财务主任：王兆丰、王美

宣传主任：赵泽隆

副宣传主任：张云枫、张学孔、陈陌军、陈彬、黄永刚、黄浩炯

布置主任：陆元亮

副布置主任：陈海鹰、黄佩球、刘欢颐

文体表演主任：韩力

副文体表演主任：傅奇、蔡渭衡、霍震霆、谢宜均、谢益之

（《大公报》1986年9月5日）

副主任包玉刚主持
草委昨开全体会议

【本报记者黄汉军北京一日专电】基本法起草委员、政制专题小组负责人萧蔚云今日在草委会全体会议上发言时指出，宪法是“一国两制”得以贯彻和实施的基本保障，切不能漠视及只看到宪法中不适用于香港的部分。他们表示，无论是内地还是香港的委员，均应该将宪法作为一个共同的“武器”，通过宪法来保障“一国两制”的原则得到切实的贯彻。

起草委员会第三次全体会议今日上午进行大会发言，会议由副主任包玉刚主持，首先由三个讨论组的负责人李福善、胡绳和查良镛向全体委员汇报各组有关讨论中央特别行政区的关系专题小组工作报告的情况，然后由委员自由发言。

（下略）

（《大公报》1986年12月2日）

包玉刚等委员自北京返港表示草委会议获得成果

（特讯）基本法起草委员会昨由北京返港，副主任包玉刚在机场表示，是次会议最大的成果，是能够就具体内容，与国内草委有更深入之讨论。

包玉刚昨表示，由于是次会议集中讨论中央与特区关系及居民权利义务两大问题。所以讨论较为集中，与过去两次草委大会比较，是次会议的意见交流，最为深入。

他又透露，草委下次会议会在明年四月举行，到时将会集中讨论基本法之总则和序言的具体条文，由中央及特区关系专题小组负责草议，至于居民权利与义务小组，亦会在未来数月，草议具体条文，提交明年四月的草委大会讨论。

对于有关持外国护照的香港人，将来的国籍问题，小组召集人李福善昨亦表示，依据他对中国法律的理解，不论某人持什么国家的护照，若为中国血统而又在中国土地之内就算是中国人。但他表示，是次草委大会并无谈及这个问题。

另一方面，居民权利与义务小组成员邝广杰昨日表示，在是次全体会议上，委员未能解决有关居民之定义问题，仍需作详细研究。他又称，居民的定义，根据中英联合声明附件第十三、十四条款分类，有永久性、临时性及其他等几项，目前大家最关心的是名称不太精确，因此仍要深入研究，希望在这方面可以更明确地指出。

对于上述难题，邝氏指出，在中英联合声明所做的指引下，希望尽量解释清楚，但他亦表示，声明的内容，他们无权修改。

（《华侨日报》1986年12月5日）

基本法草委会大会明起在京举行五天

【本报记者黄汉军北京十一日电】基本法起草委员会第四次全体大会将于后（十三）日起至十七日，一连五天在北京举行。草委会四名在港的副主任委员安子介、包玉刚及李国宝等已于今日下午由香港抵达北京，准备参加此次会议。

国务院港澳办公室副主任兼草委会秘书长李后，港澳办秘书长兼草委会副秘书长鲁平到机场接机。

有记者问及此次草委大会会否讨论香港政制问题，李后表示，根据上次大会定下的议程，并没有讨论政制问题，估计议程不会有改变。不过，最后结果将于明日举行的主任会议后才知晓。

至于问及此次大会估计能否顺利通过中央与特别行政区的关系的条文，李后说，不会通过，因为现在还不是通过的时候，现时的条文还只是草稿，只是讨论阶段，不会定案。

草委会主任会议将于明日上午举行，出席者包括内地及在港的全部主任及副主任。草委会另一在港的副主任费彝民因出席全国人大会议，现已在京。

其余在港的起草委员将于明日抵京。据悉，副秘书长毛钧年已向大会请假。

（《大公报》1987年4月12日）

谷牧宴请包玉刚

【新华社北京十一日电】国务委员谷牧今天晚上在钓鱼台国宾馆会见并宴请了香港环球航运集团名誉主席、国务院宁波经济开发协调小组顾问包玉刚先生，双方就宁波经济开发等问题进行了友好的交谈。

（《大公报》1987年4月12日）

包玉刚昨自京返港

【本报讯】基本法起草委员会副主任包玉刚昨日由北京返港，表示中共中央顾问委员会主任邓小平并没有排除本港日后进行普选的可能性。

包玉刚昨日返港后在机场表示，邓小平并无排除将来香港可以实行普选的可能性。他说，邓小平只是同意港督卫奕信的话，改革必须循序渐进。

（《大公报》1987年4月18日）

谷牧会见包玉刚

【新华社北京二十六日电】国务委员谷牧今天上午在钓鱼台国宾馆会见并宴请国务院宁波经济开发协调小组顾问、香港环球航运集团监理会主席包玉刚，双方就宁波经济开发的有关事宜进行了交谈。

（《华侨日报》1987年8月27日）

姬鹏飞呼吁加快工作步伐
草委须赶及明年拿出基本法草案

（本报记者北京报道）基本法起草委员会第五次全体会议昨日结束，主任委员姬鹏飞致闭幕词时说：会议要求各专题小组仔细地研究委员们所提的意见，而主任委员会议决定，成立一个基本法总体工作小组，负责对基本法各章草稿作总体上的调整和修改。

今次会议于本月廿二日至廿六日在北京举行，有五十三名委员出席了会议，五名委员因事、因病请假。姬鹏飞谓：这次全体会议开得很好，大家对基本法有些章节条文草稿，可能讨论得不够充分，委员们如果还有什么意见和建议，可以在会议用书面提出，由起草委员会秘书处转交有关专题小组研究。

他提出：主任委员会议决定，成立一个基本法总体工作小组；负责对基本法各章草稿作总体上的调整和修改，并提交明年第一季度举行的起草委员会第七次全体会议。

总体工作小组由五个专题小组的负责人和起草委员会三位正、副秘书长组成，请包玉刚和胡绳副主任委员主持基本法总体工作小组的工作。

他又说：主任委员会议亦讨论了今年下半年的工作，认为按照原定时间表要在明年第七次全体会议以后，拿出基本法（草案）讨论稿，必须加快工作的步伐。为此，请各专题小组根据这次会议上委员们提出的意见，对本组所拟的条文草稿作进一步的修改，于十一月十五日前交起草委员会秘书处，然后由起草委员会秘书处把各专题小组修改过的基本法各章的条文草稿初步汇编起来，提交起草委员会第六次全体会议讨论。

姬鹏飞并赞扬香港基本法咨询委员会成立以来，积极配合基本法起草委员会的工作，收集和反映了香港各界对起草基本法的许多意见和建议，这对基本法起草工作帮助很大。对香港基本法咨询委员会最近送来的各专责小组的最后报告，希望各专题小组加以研究，并就起草工作中遇到的一些问题，请咨委会提供意见。

（《华侨日报》1987年8月27日）

谷牧在深圳主持会议
强调实践积极求实战略 促进沿海地区经济发展

（新华社深圳三月十七日电）国务委员谷牧昨天在此间表示，沿海开放地区在贯彻实施沿海地区经济发展战略，发展外向型经济的过程中，一定要吃透中央制定的一系列有关政策，把他们用好，进一步改进我们的工作，完善投资环境，吸引更多的外商到中国来投资。谷牧的这番话是在深圳经济特区举行的国务院宁波经济开发协调小组第六次会议上作总结发言时说的。这次为期两天的会议，国务院有关部委和浙江省的有关负责人，同宁波市的负责人一起，就如何加快宁波外向型经济发展的问题，交换了看法，取得了满意的结果。会议于昨天结束。谷牧在会上就改善投资环境问题强调，自从中国实行对外开放以来，中央已经制订了一系列很有力的方针政策，这些方针政策都需要各地结合本地的实际情况，并切实加以贯彻。但是，目前有一种倾向，有的地方不是把主要精力放在认真研究贯彻中央制订的有关方针政策上，而是“这山望那山高”，总觉得还“不过瘾”，老想着向中央还要些什么更加优惠的政策。结果，新政策要不来，现有的政策又没有好好贯彻，贻误了时机。

谷牧指出，目前，沿海所有地区都面临着两种挑战，一是国际市场上的剧烈竞争，二是国内各地区之间的竞争。面对这种形势，各地如果没有紧迫感，不去努力提高竞争意识，提高领导水平和管理水平，提高人员素质和办事效率，不断完善投资环境，就难以取胜。谷牧说，宁波作为十四个沿海开放城市之一，自进一步开放以来，各方面工作都取得了不少成绩。当前，宁波应该充分利用中央给予的种种优势，大力发展外向型经济，积极参加国际经济大循环。宁波有优良的港口，地理位置适中，又有大批海外宁波籍人士关心和支持家乡的建设，完全有条件走在全国开放城市最前列。

谷牧在会上对香港知名人士包玉刚先生在联系和发动海外宁波籍人士，关心和帮助宁波经济发展方面所做的大量工作，表示衷心感谢，包玉刚先生和应邀参加会议的香港宁波籍人士，对加快宁波的经济发展和改善投资环境等问题，提出了积极的建议。

（《华侨日报》1988年3月18日）

沿海地区发展经济　包玉刚促抓紧时间

【新华社北京于五日电】有“世界船王”之称的国际著名企业家包玉刚，最近在香港环球航运集团总部接见本社记者时说：“赵紫阳总书记提出的沿海地区经济发展战略十分重要，我完全接受。”

他说，发展经济是历史的必然，现在越来越清楚了，各国都把发展生产力，发展经济放在首位。

包玉刚认为，“中国地方大，人口多，用我们宁波人的话说，是一个多子多女的大家庭，而且基础也不是那么好。所以，要集中力量扩大出口，多为四化建设积累资金，首先应从沿海地区搞起来，因为这里条件好”。

包玉刚现任环球航运集团监理会主席。他认为，任何一项政策要取得成功，必须有一定条件，还要费一番周折。他紧接着强调说：“既然方向定了，就要有魄力，抓紧时间去办，不要拖拖拉拉，把时间贻误了。”

“当然”，他说，“中国地方很大，各地情况都不一样，不要一刀切，各地都要从自己的实际情况出发，发挥自己的积极性”。

包玉刚坦率地说：“从批评的角度来说，沿海要进一步开放还有很多欠缺。拿宁波来说，主要困难是懂经济的人才太少。加上机构重叠，职权不清，本来两三天就可以处理的事，二三十天也处理不完。等到时间一过，情况起了变化，原来作出的决定又要修改。这怎么谈得上效率呢？”

包玉刚说：“我们中国有着优越的条件，中国人是很勤劳很聪明的民族。现在文化水平不高，如果把教育当做根底来发展，处理问题就顺当多了。”

（《大公报》1988年4月16日）

陈彬藩拜会包玉刚

【本报讯】昨日上午，浙江省人民政府时任顾问、富春有限公司董事长兼总经理陈彬藩拜会了包玉刚。陈彬藩代表浙江省党政领导人薛驹、沈祖伦向包玉刚致以亲切问候，同时对浙江省最近遭受巨大台风灾害，包玉刚致电慰问并慷慨捐助表示深切的谢意。陈彬藩还介绍了浙江省经济发展情况和富春公司的工作现状与今后发展，诚请包先生对浙江省工作多加关心，对富春公司多加指导和支持。

包玉刚在会见时，对浙江省和富春公司的工作谈了许多宝贵意见。

参加会见的还有九龙仓集团有限公司常务董事李唯仁，富春有限公司副总经理林民、邓忠人、郑淮希。

（《大公报》1988年9月3日）

李鹏昨会见包玉刚

【新华社北京六日电】李鹏总理今天下午在钓鱼台国宾馆会见了香港环球航运集团名誉主席、港龙航空公司董事长包玉刚先生。

李鹏同包玉刚就中国当前经济情况交换了意见。

会见后宾主共进了晚餐。

【中新社北京六日电】国务院总理李鹏今天在钓鱼台国宾馆会见香港环球航运集团名誉主席、港龙航空公司董事长包玉刚爵士时，坦诚向他谈到中国在改革中所遇到的一些问题。

李鹏说，最近出现一些问题，如通货膨胀、物价上涨，根本原因是长期以来基本建设投资过大、过快，消费基金膨胀等造成的。

包玉刚先生向李鹏总理提出一些建议。李鹏说，中国正在采取措施。

会见后，李鹏设宴招待包玉刚爵士。

包玉刚先生此次是随港龙航空公司首航北京的包机于昨日抵京的。

（《大公报》1988年10月7日）

李鹏在京会见包玉刚

【新华社北京二十九日电】国务院总理李鹏今天中午在钓鱼台国宾馆会见并宴请了香港知名人士包玉刚。

李鹏同包玉刚就香港和内地经济情况交换了意见。

国务院港澳办公室主任姬鹏飞参加了会见和宴请。

今天上午，姬鹏飞和包玉刚商讨了香港基本法起草委员会的有关工作。

（《大公报》1989年9月30日）

姬鹏飞在京会见包玉刚①

【中新社北京二十九日电】国务院港澳办主任姬鹏飞今天在钓鱼台国宾馆会见了香港著名人士包玉刚。

姬鹏飞在会见时告诉包玉刚，中国内地的政治稳定是第一位的，没有政治上的稳定，什么事情也干不成。没有中国内地的稳定，也就没有香港的稳定。包玉刚对此表示同意，他说，政治不稳定就谈不上发展经济，搞建设需要一个安定的环境。

谈及香港问题时，姬鹏飞表示，保持香港的稳定、繁荣是我们一贯的目标。他说，香港的政治民主进程应循序渐进，香港一直在英国人统治下的，谈不上什么民主。一九九七年后香港人自己管理香港。在政制发展方面，也要有一个过程，以取得经验。所以说还是循序渐进好，不然搞乱了对香港不利。由此意义来说，过渡期有两个，一个是从现在到九七年收回香港主权；另一个是特别行政区成立后的初期阶段。

国务院港澳办副主任李后、鲁平会见时在座。

（《大公报》1989年9月30日）

江泽民会见包玉刚

【新华社北京三十日电】中共中央总书记江泽民今天上午在中南海会见了香港知名人士包玉刚。

【中新社北京三十日电】中共中央总书记江泽民今天在中南海会见香港著名人士包玉刚时说，世界要和平，要发展，不要因为制度不同，影响各国之间的交往。

江泽民用中国一句俗话来作比喻："你走你的阳关道，我走我的独木桥。"他说，我们一个国家内部可以实行两个制度，何况国与国之间？不同国家应你搞你的

① 标题为编者所加。

制度，我搞我的制度，不能由某个国家来操纵。他又指出，中国是一个大国，有十一亿人，科技、工业都有相当基础，国际上的一些政治家应该清醒地认识这个问题。世界形势应该由对话代替对抗，用缓和代替紧张。

他还表示："中国的改革开放政策不会变。任凭风浪起，我们把经济搞上去的决心是岿然不动的。"

（《大公报》1989年10月1日）

包玉刚拜会日本首相

（特讯）船王包玉刚最近访问日本，会见了日本船运、造船、金融及其他行业的老朋友。在逗留东京期间，他特别前往日本首相海部俊树官邸进行拜访，并讨论各项有关中日关系及世界经济发展等问题。

（《华侨日报》1990年7月4日）

包玉刚爵士与家人拜会英揆

（港讯）包玉刚爵士目前正与家人在英国度假，于六月二十九日拜访首相府，与戴卓尔夫人聚旧，相见甚欢。交谈超过一小时，涉及香港与中国，以及世界经济形势等问题。

（《华侨日报》1990年7月10日）

香港同胞庆祝国庆筹备委员会昨组成主席团

【本报讯】为迎接中华人民共和国成立四十一周年，由本港各界人士组成的"香港同胞庆祝中华人民共和国成立四十一周年筹备委员会"昨日正式成立，并举行首次会议。

会议于昨日下午三时在中华总商会礼堂举行，由筹备委员常设委员会主席霍英东主持，常设委员会秘书长何世柱报告召开筹备委员会的筹备经过。

新华社香港分社社长周南在会上发表讲话。

会议决定于十月一日（星期一）及十月二日（星期二）一连两晚晚上八时举行“香港同胞庆祝中华人民共和国成立四十一周年文艺晚会”，由中国艺术团表演。

会议一致通过筹备委员会组成及主席团主席、主席团成员、正副秘书长及各部正副主任人选，并通过由筹委会主席团全体成员组成常务委员会，在庆祝活动结束后，以常务委员会为当然常设委员会。

筹备委员会主席团成员暨正副委员长、各部正副主任名单如下（排名以姓氏笔画为序）：

主席团成员：于葆忠、文楼、王剑伟、包玉刚、司徒辉、石慧、安子介、朱友蓝、朱育诚、朱牧、江波、佟志广、何文法、何世柱、何鸿燊、李子诵、李国宝、李连生、李嘉诚、李福兆、李翰祥、阮北耀、林思颐、邱晴、邱德根、金德琴、查济民、胡鸿烈、唐翔千、孙城曾、徐思民、徐展堂、袁耀鸿、马廷栋、马蒙、张学尧、梁定邦、胡文藻、陆元亮、陈文裘、陈紘、乔宗淮、汤秉达、冯秉芬、黄文放、黄建立、黄振声、杨光、杨孝华、杨奇、杨声、叶若林、董锡辉、廖一原、廖瑶珠、赵泽隆、刘皇发、刘锦庆、邓焜、郑耀棠、霍英东、韩力、韩中旋、罗桂祥、蓝真、简福饴、谭耀宗、苏务滋

主席团主席：包玉刚、安子介、李嘉诚、查济民、霍英东

秘书长：何世柱

副秘书长：孙城曾、陈紘、黄建文、杨声、谭耀宗

总务主任：邓焜

副总务主任：邱亦山

财务主任：刘锦庆

副财务主任：王兆丰、王美

宣传主任：赵泽隆

副宣传主任：张云枫、张学孔、陈陌军、陈彬、黄永刚

布置主任：陆元亮

副布置主任：黄佩球、刘欢颐

文体表演主任：韩力

副文体表演主任：傅奇、蔡渭衡、霍震霆、谢宜均、谢益之

出席昨日会议的有一百四十七人。

（《大公报》1990年8月31日）

第四编

社会篇

航业巨子包玉刚捐助公益金十万元

航业界巨子环球轮船有限公司副总裁包玉刚捐助公益金十万元，此项巨额捐款使公益金截至昨日止收到善款数字已达三百八十万元。据香港公益金发言人称，包玉刚氏去年在公益金首次开幕运动时亦大力支持，包氏航务航线遍及全球，对香港贫苦及残废时时刻刻不忘照顾，热心可嘉。

（《华侨日报》1969年12月20日）

郑栋才包玉刚再加捐
使免税额多助公益

特讯：捐香港公益金之款项，豁免计征入息税之办法，经筹委会公布之后，刻下因此而加捐者，又有两宗。彼等认为，既然政府所免抽之税乃因捐金得来，在情在理，俱不能拨发自己私囊，理宜再将之捐出，使广大待援助者更加获益。

第一位加捐者为：中文大学联合书院院长郑栋才，今年捐助公益金一千二百元，据悉郑氏去年捐助公益金一千元，今年增加二百元，是为了响应和赞成捐公益金可以在免税额中扣除这一项措施。

第二位加捐者为：世界知名之首席船王包玉刚，彼于去年十二月十日慨捐十万大元之后，因悉可豁免税，再加捐二万大元，即其本人共捐十二万元云。

（《华侨日报》1971年1月1日）

包玉刚捐贰万元在港大设奖学金

港讯：环球轮船管理有限公司包玉刚先生慨捐港币贰万元，在香港大学设立奖学金，此项捐款将由港大用于投资，以每年所得利息拨充奖学金用途。

此项奖学金将颁予港大文学院或社会科学学院攻读之学生，其主修科或副修科必为心理学，且考试成绩为评定获奖之标准。如申请人成绩相同，则视乎学生之个别经济环境需要而定。

（《华侨日报》1971年3月31日）

包玉刚捐十万镑保存一只老爷船

特讯：香港航业界巨子包玉刚，于本月二十日，在伦敦应邀出席英国航海工具保存会，此组织乃由菲利普亲王担任会长，其宗旨系保存具有历史性之航海船只及各项有关技术，会议在停泊于泰晤士河的一艘威灵顿号战舰上举行。

该会主席威斯敏士达公爵对云集之世界航业巨子解释称：本座谈会旨在呼吁大家努力对具有历史性之船只及各种技术予以大力保存，其工作是任重道远的，威斯敏士达公爵同时在席上表扬包玉刚为保存七十高龄老爷船凯媚号，捐出十万磅巨款，此艘船建于1900年。

威斯敏士达公爵代表爱丁堡公爵将一张凯媚号的照片及一封公爵亲笔信赠交包氏。

包玉刚在致谢词中表示：具有历史保存价值的东西，我们义不容辞地去保护它，他特别希望该会能够努力地贯彻这个目标。

（《华侨日报》1971年4月23日）

包玉刚慨捐十五万赠港大设出版基金

本报讯：环球轮船管理有限公司董事长包玉刚，捐赠港币十五万元，在香港大学设立包玉刚出版基金，此项基金，是为资助香港大学出版社出版有关亚洲艺术及建筑的书籍而设。得此项基金资助出版的第一本作品是三衫隆敏的著作《中近东之中国瓷器》之英译本，这著作收有多页收藏于土耳博物馆之艺术品之珍贵图片。

包玉刚前日在其办事处将此项捐款赠交香港大学校长乐品淳博士，作者三衫隆敏将其作品内的放大图片赠予包先生及乐品淳博士，以表谢意。

（《工商日报》1971年7月26日）

公益金拨款珍宝坊

很多人怀疑公益金募得数百万元巨款,究竟怎样使用?事实,每年公益金的善款用途均清楚地列在印发的小册子上。如每一社团将获善款多少,公益金的紧急教育金又占多少,□□年费又用多少,均详细列明。

关于公益金紧急救济金中,亦有不少市民对于公益金在上次飓风露丝所造成严重损失时,竟袖手旁观,不加救援,为此公益金曾发表声明,市民可能未有注意及。

最近香港仔对开海面的巨型海鲜坊珍宝号发生空前火烧惨剧,这次浩劫的罹难者遗孀及数名嗷嗷待哺之幼子,最近已获得公益金拨款委员会批准,于未来两年内,每月获得港币八十元的救助金,该项救济金总额为一千九百二十元,另一遭受珍宝大火波及的一挺户,亦同时获得拨款二千元,作为修理破挺之用。

紧急救援只为公益金小部分工作,公益金主要是统筹社会福利团体的筹款机构,这既可节省会员机构的人力及时间,凡具有善事关怀的各界市民均予响应。今午,工商界机构、政府部门、工人、公务员等亦分别表示捐助热忱。至于人数庞大的莘莘学子,去年在公益金步行筹款计划中早已显示青年人对公益的热心。

教育司简宁今年更正式呼吁其他在去年未参与捐助的学府及学生,响应公益金。在该信函中,简宁强调学生捐款的重要性。他又提出各校学生捐款不必多,因公益金亦向以五角为学生个人捐款的限额。

简氏在信函中,又指出去年学界支持公益金,甚为踊跃。去年有四百间学校捐助,善款达二十万。另外步行筹款计划中,学生更大力支持,因公益金原只期望筹得二十五万善款,但结果,成绩竟达九十九万余元——大大超乎理想。学校除鼓励学生捐款及参加步行筹款外,还可借其他机会及方法捐助公益金。例如鼓励学生课余协助公益金工作,及购买公益金圣诞咭等。简氏在信中并作上述表示。

在近期征信录中,香港船王包玉刚曾以环球轮船管理有限公司的名义,拨出善款十五万,比去年多捐五万元。本会今年筹募目标增至九百万,包氏亦相应多捐善款,值得赞扬。本期征信录中较大捐款是城市酒店一万七千元,美国银行一万二千元,长江实业雇员一万元,环球电子公司一万元,香港地士古有限公司及雅□□公司各六千元,太古船埠及机器五千五百元,多利顺洋行五千元,维昌洋行五千元,浙江第一银行四千元,香港私立九龙塘学校小学幼稚园三千一百二十四元一角,开利冷气有限公司二千五百元，美商北极公司及寿星公炼奶各二千五百元，天顺洋行二千及贵隆洋行各二千元，甘洛则师楼、利惠有限公司、美海外保险公司等各一千元。

（《工商日报》1971年12月10日）

以船起家　以善见著

环球轮船管理公司包玉刚，以船王而见称于世界同僚，但包氏在本港人士心目中，除了是闻名全球的中国船王外，更是一位宅心仁善的船长。

因为包玉刚每年均捐助公益金，今年包氏为响应公益金会长麦理浩爵士夫人的呼吁，特别捐助二十万元。去年，包氏捐十五万元，今年因应公益金筹募目标稍增，多拨五万元，做福贫苦老弱。

中国船王包玉刚的善款，已于日前直接送交罗兵成会计师处。

（《工商日报》1972年12月8日）

环球轮船公司董事长包玉刚访浸会院

特讯：本港环球轮船公司董事长包玉刚，前（二十七日）下午访问浸会学院，由该院校长谢志辉博士、陈六琯博士及余阳教授等陪同参观该校大礼堂（及新图书馆）设计图则、模型、理学院土木工程采集及社会科学院传理系等单位。包氏于百忙中访问浸会学院，显示其对该学院之关注。

关于参观土木工程系时，陈六琯博士对该系各项设备（若干仪器系目前本港所无者）解释至详，于参观传理系之电影、电视、广播及录音等设施，该系艾佛时博士亦有详尽介绍。包氏参观后，对该学院之不凡成就及努力，极为赞许。该学院之土木工程系及传理系等，不但在本港，即使在亚洲亦有其出色的地位。

包氏访问浸会学院时，谢校长在此表示致谢其对该学院慷慨捐赠支持及鼓励。

又据谢校长称：该校大礼堂（及图书馆）与新办公室大楼之图则，业经政府批准，本年九月或较早即可正式动工，该两项新建筑之经费，将超过六百万元。

另讯，该校中文系主任徐行，下月中赴巴黎出席世界第二十九届东方学会，史地系主任唐本琳及社会系卢宝娜则赴夏威夷参加有关世界人口研讨会议。

（《华侨日报》1973年6月29日）

海员训练学校昨举行毕业礼 包玉刚勖勉海员

本报讯：香港环球轮船管理有限公司附设香港环球海员训练学校，昨日上午十一时，在香港大会堂剧院举行毕业典礼，出席者有环球轮船管理有限公司董事长包玉刚及其夫人，香港上海汇丰银行主席沙雅之夫人，汇丰银行执行董事年诗礼，日本三菱重工业株氏会社马场荣一博士，环球海员训练学校校长潘家缪及学校教职员，各界嘉宾代表及海员毕业生等。

香港环球轮船管理有限公司理董事长兼环球海员训练学校赞助人，首先致词时称：在过去几年中，在航运事业方面有长足的进步，成为一个世界瞩目强大的航运区，使世界传统航运先进国家开始惊觉及注意香港之崛起。香港所拥有及控制之船只总数量，如以目前进增趋势而言，将在一九八五年间超过大英联所控制之船只总数，此说并不过分。

包玉刚称：香港船东业已表示出具有在航运事业所需要的营运、行政、财经及人力等各方面技能，虽然香港航运的前途仍有障碍，但相信在船东团结一致努力合作以及在政府支持下此等困难未足构成严重问题，所有现象显示出香港在航运业应走之方向——那就是奋力前进。

包氏继称：香港航运工业在发展过程中，常感到人才短缺的困难，环球轮船管理有限公司有先见之明，多年前即明白需要大量训练海员，从1966年创办环球海员训练学校以来，短短七年间，已先后训练出各级海员数达千余众，不但减轻公司方面部分职员供应问题，亦间接对本港严重船员短缺问题具和缓作用，不论对公司的业务发展或是香港航运界人才培育而言都肯定有相当贡献。

在致词中，包玉刚并向受训毕业的海员勉励一番，并强调训练过程只不过是一个开端，不少艰巨工作及进一步训练等待着各海员去尝试。希望他们能够致力不断学习，严守纪律及训练出来坚强体格，成为一个良好的海员。

包氏致词完毕后，香港上海汇丰银行执行董事年诗礼、日本三菱重工业株式会社马场荣一博士及环球海员训练学校校长潘家缪亦先后致词。

随即由香港上海汇丰银行董事局主席沙雅之夫人向各海员毕业生颁发学业证书，包玉刚夫人向成绩卓越的海员毕业生颁发成绩优良奖，潘家缪校长向服务达十年的环球管理有限公司船员颁发长期服务奖，最后由海员毕业生代表致谢词，典礼遂告完成。

（《工商日报》1973年9月13日）

包玉刚慨捐二万元
东华三院国剧义演筹款得三十八万元

特讯：东华三院董事局，为院舍校舍筹募建设费用，目前得华风国剧社响应，举行国剧义演，当晚统计得善款三十五万余元，现又得殷商包玉刚捐款二万元，冯秉芬爵士捐四百元，邓肇坚爵士捐一百元，司徒惠议员捐二百元，张玉麟、林□振、廖烈武各捐一百元，使国剧义演收入，达到三十八万元。

据悉：此次义演除由名梨顾乾麟、陈存仁、李俊亭、励家振、张淑娴、钮方雨、王绪玲、金天佳、徐君厚、张瑞海、金茂德等义务登台演出外，并由华风国剧社报销全部费用，池大卫义务借用全部戏服，故此次善款收入可全部拨充院舍及校舍建设费。

三院主席雷治强及全体总理，对各界热心人士鼎力支持，使院校建设如期推进，造福社会，难能可贵，昨特专函致谢。

（《华侨日报》《工商日报》1973年12月21日）

苏浙旅港同乡会宴包玉刚、胡鸿烈

本报讯：苏浙旅港同乡会昨在皇后大道中会所，设筵欢宴包顾问玉刚，荣膺CBE勋衔，常务理事胡鸿烈荣膺OBB勋衔，并由徐理事长徐季良致送勋名卓著及实至名归金牌留念。应邀参加赴筵者有顾问黄宣平、安子介、邵逸夫、吴文致、王时新、陈廷骅、沈熙瑞、顾乾麟，嘉宾包兆龙、包从兴、李祖法、仇□□等人。由理事长徐季良，副理事长叶庚年、袁忠恺、陈存仁，常务理事李震之、徐朗星、周伯英、范甲、陶伯育、张梵龙、杨霞如、周学且、史标、高岭梅、汤养浩、顾家麒、沈亦珍、孙方中，理事吴俊升、龚甲龙、朱□□、江厚垲、谢志方、王宗鳌、刘子鹏、汪卯生、叶谋彰、胡龙方、李鹏勋、范鸿明，公共关系主任朱振声，总干事蓝鸿钧等亲自接待。席间徐理事长盛赞包玉刚顾问、胡鸿烈常务理事，对香港社会公益，社会福利贡献甚大，此非但苏浙人之光，实亦中国人之光。继由包玉刚、胡鸿烈分别答谢，末由陈存仁代表同乡会致谢词，筵开五席，宾主尽欢。

（《工商日报》1976年4月16日）

包玉刚博士指出
世界科学日新月异　须具坚强鉴别能力
北角苏浙公学毕业礼

特训：北角苏浙公学，于昨（二十二日）下午四时在该校保滋堂举行中五第十七届、大学预科第六届、秘书专修科第六届、银行专修科第五届联合毕业典礼，由包玉刚博士主持，包兆龙太平绅士颁发毕业证书，莅临观礼嘉宾、师生逾千人。

典礼开始，首由董事长徐孝良致开会词，盛赞主礼人包玉刚博士所办事业对社会之伟大贡献以及对促进教育之热忱。旋即提及该校办学宗旨及发展计划，拟在葵涌及油塘增设两间分校。预计拟建计划完成后中小学学位，可达一万三千人。

校长沈一珍博士报告校务，提及该校自一九五八年成立以来，现有九十班，一百二十位教师，四千余学生，今年毕业人数较第一届约增加十倍，在最近十年间，该校毕业班会考成绩及格百分比，均在九四至九八之间，今年会考成绩及格百分比为百分之九六点四九，优良百分比为二八点五零。次就教育实施方面，评述该校在低班举办课程研究及实验的意义，并强调课程与教学，均有赖于健全哲学的指导。

次由包玉刚博士致词，提出世界科学正在日新月异，希望全体同学，具有坚强的鉴别能力，选择对自身最适合而最富有建设性的途径，迎头赶上，悉力以赴，并根据其个人经验，叮嘱学生注重身体健康，盖唯有健全的身体，方能有健全的心灵。

致毕，请太平绅士包兆龙颁发毕业证书。学生代表傅□珍向包兆龙献纪念品，复由监督徐季良向包博士赠送纪念品，最后由毕业生代表曾伟芳致答谢词。

（下略）

（《华侨日报》1976年9月23日）

香港仔泳池开幕
港督赞包玉刚慨捐千万

本报讯：本港最新及设备最齐全的香港仔泳池昨日正式揭幕。该游泳场馆的其中一项新设施为专门为伤残人士而设的更衣室及一条斜坡，以便伤残人士能获乘轮椅抵达练习泳池及主泳池。

该座游泳场馆位于深湾道，接近黄竹坑新郊。建筑费大约一千二百万元，共有九个大小泳池，场馆内的五十公尺奥林匹克尺码主泳池在冬天时可以供应暖水，此外并有一个同样大小的副池，一个跳水池，及三个儿童嬉水池。该游泳场馆是于1975年8月开始兴建，数以千计的香港仔居民已在今日正式开幕之前获得享用该游泳池，因该泳池于两个星期前就先行开放给市民游泳。

港督麦理浩爵士昨日为这座建费约一千二百万元的新泳池主持揭幕礼时指出，兴建这座泳池计划有了包玉刚先生捐赠一千万元始能得以实现。

港督麦理浩爵士在泳池入口处主持一块牌匾开幕后致词称，香港仔区近年来发展迅速，该区居民对于这一座设备优良的游泳场馆将会无限欢迎。

他对于慷慨捐助的包玉刚先生表示谢意，及深信该场馆将受到代表市政局的市政事务署有效率的完善管理。

港督并且欢迎到场观礼的英国国会香港事务小组主席白籁恩爵士伉俪，他们现正在访问本港。

市政局主席莎力士在致词时称，他对于新泳池内有专为伤残人士而设的设备感到特别高兴。他并且指出这是第一个泳池场馆其主场馆可以在冬天供应暖水。

包玉刚先生在致词时称，近年来，政府不断努力，确保设法一切体育设施均与日俱增，以应付各方面的需求，委实功不可没。

他说，政府把这项工作交给市政局办理，而市政局又选择香港仔来兴建这座规模宏大的多种用途游泳馆，直接造福该区及附近城区人口渐增的居民。

（《工商日报》1977年7月10日）

中大下月颁学位

香港中文大学宣布，该大学本年颁授荣誉学位及各科学位典礼，将于十一月三日（星期四）下午三时正在大学沙田校园举行，港督兼中文大学监督麦理浩爵士将亲临主持仪式。

本年有二位杰出人士接受该大学授予荣誉法学博士学位。其一为包玉刚博士，再为余英时教授。

包玉刚博士为环球航运集团之董事局主席，在国际航运界享有盛名，且担任世界多处大规模银行及工商机构董事。包博士对香港之教育推动不遗余力，尤受称誉。环球海员训练学校由包博士一手创办，对本港两大学、浸会医院及多所中学，皆有珍贵贡献。一九七二年至七四年，包博士曾任大学及理工教育资助委员会委员，现任美国洛克菲勒大学校董。

（中略）

该校本届受颁硕士与学士学位者共八百三十三人，其中五十二人为哲学硕士，二十人为工商管理硕士，四人为文学硕士，一人为教育学文学硕士，文学学士一百八十三人，工商管理学学士四百十一人，理学士一百九十四人及社会科学士二百三十八人。

（《华侨日报》1977年10月1日）

不应只为个人生活努力　更要为社会生存奋斗

包玉刚博士在赤柱圣士提反称

特讯：赤柱圣士提反书院于本周五（四日）举行七七年度毕业生颁奖礼，邀请包玉刚博士主持。

包氏在致词时表示：现在，全世界的科技已日新月异，经济、社会亦在迅速变迁中，一个人若要事业成功，个人生活愉快并不容易，需要时刻奉献己力，专心努力工作。在本港，我们生活在一个竞争特别激烈的社会，我们不但只为个人生活渐趣为□□而努力，更要为整个社会的生存而努力。

他指出：成功并无捷径，它是艰辛的，需要我们以想象力及经验应付。

包氏最后说：在人生历程中，若要成功，必须不断努力，而健康的身体，清醒的头脑，亦是成功的先决条件。

该校校长叶敬平表示：在一定程度内，中学生确实需要自主和自信，但我们须知，这个阶段的青年，虽亦可称成年人，然而在身体、情绪及社交方面皆在发展期间。这个时期的发展，对他们将来人生的完成有至大的影响，因此学生们需要家长及长辈不断爱护、支持、鼓励、指导和规劝。

身为老师的我们同样需负上责任，因为学生有三分之一时间是与我们共处的，吾人更应以敬业、乐业的态度接受这项工作，务求干出美满的成果。

（《华侨日报》1977年11月8日）

包兆龙包玉刚捐建中文大学兆龙楼

本报讯：港督麦理浩爵士，昨为中文大学工商管理、经济研究和公共行政大楼——兆龙楼主持开幕。

麦理浩致词说，这座大楼象征中文大学在发展方面又向前进一步。

港督在致词中称：自从一九五六年以来，崇华书院一直设校于此，但整个大学校园的建设工程则由一九六七年十二月开始。我们现时所站立的位置以前只是一片满布乱石和尘土的荒野而已，至一九七三年年中时，那时距离第一个仪式举行的日期只有五年半，中文大学的校舍便在这个地点逐一矗立起来。而我们现在看到的宏大的现代化的大学，只需十年时间便告全部完成，这实在是一项非常巨大的工程，而很多人参与其中，包括建筑师、行政人员、承建商以及政府与大学及理工教育资助委员会人员，但毫无疑问，主要的责任落在大学建筑组及校长身上。

他又称：建筑费用的成本达到二亿四千万元，其中大约二亿零五百万元由政府拨出，而其余的三千四百五十万元则属私人基金，这是要从私人方面筹措得来的一笔数目巨大的金钱。私人方面这样急公好义对香港高等教育之需要予以支持，实令政府、社会各阶层及大学当局感恩不浅。这些人士当中，当然有包兆龙先生和包玉刚博士父子所代表的包氏家族在内。倘若没有他们帮助，这大厦不能在现时建成。这座大楼初时是打算作为一项合共有三座大楼的建设计划的其中一部分，但由于七五年间之经济衰退影响，上述计划便搁置下来。当时包氏家族见义勇为，把原来捐赠款项增加一倍以上，使计划得以重新开始，使这座大楼建成。这座大楼将作为工商管理、经济研究和公共行政大楼之用，并且会供研究院及筹设中的医科学院在其中设立行政办事处之用。

由环球航运集团董事局主席包玉刚博士秉承其父亲包兆龙先生热心社会教育之宗旨而捐建。此楼坐落于校园中央，临近大学图书馆，实用面积达一万三千平方呎。

中文大学为配合工商业教育之发展，早计划兴建一座大楼，专供有关学科教学及研究之需要。至一九七五年，适逢世界性经济萧条，香港亦深受其影响，香港中文大学是项计划亦被迫暂时搁置。然此困难时刻，包玉刚博士深察工商业高等教育之重要，慨然捐出三百二十九万余元予中文大学，用以支付该座大楼之全部建筑费用。兆龙楼之建筑工程乃得于一九七六年展开，并于本年九月完成。

兆龙楼的落成启用，使中文大学的发展踏入了新的阶段。下列单位已经陆续进入该楼办公：大学研究院、公共事务研究中心、经济研究中心、工商管理学科研究所、岭南工商管理研究所、三年制工商管理硕士课程、工商管理学院院务室及医学院临时办事处等。

（《工商日报》1978年1月13日）

包玉刚捐公益金二十万

本报讯：船业巨子包玉刚，一向非常热心支持公益金劝募，日下虽然在海外公干，仍未忘捐助善举，慨将善款二十万元捐赠香港公益金。包氏的善款，昨午由其父包兆龙代表送交公益金办事处，由公益金会长冯秉芬爵士夫人代表接受。包兆龙为环球轮船代理有限公司的名誉主席。

（《工商日报》1978年1月24日）

艺术中心包兆龙像
包玉刚主持揭幕礼

特讯：船业巨子包玉刚昨午在艺术中心为其父包兆龙之一个铜像主持揭幕仪

式，该铜像乃包玉刚特别委托英国名雕刻家大卫谭臣制作，安放在艺术中心包兆龙画廊外。

出席该简单而隆重仪式的嘉宾，包括邵逸夫爵士，利国伟议员，吴树炽议员，罗德章议员，包玉书、包玉星、包兆龙及其家人，大卫谭臣及彼得谭臣等。

（《华侨日报》1978年4月12日）

亚太区童军会议定本周末揭幕

本报讯：在本港举行之第十一届亚洲太平洋区童军会议，经定于后日下午三时三十分假九龙假日酒店举行开幕典礼，届时航业巨子包玉刚爵士将亲临主持，参加者有来自亚太区十九个童军友会议代表团及其他单位，凡三百余人，本港童军代表团亦有二十四人参加。

本会由十二日起至十八日止，为期一星期，会议主题为"八十年代童军运动"，会议主要秩序除由亚太区执行委员会主席何宁作核心训词及由亚太区执行总监汇报亚太区童军活动情况外，并邀请若干专业人士分别作专题演讲及进行多个研讨会，彼此交换意见，交流经验及心得，从而加深理论及实践方面之认识，为日后推动青少年活动与训练作出更大的贡献。

此外，在会议期间，更安排多项社交活动、浏览、联欢等多姿多彩的节目，务使与会代表有宾至如归之感。届时料有一番盛况。

又讯：香港童军总会最近举办第一届香港领袖训练主任专训班，业已圆满结束，现定于今日上午十时假新界大埔全港童军训练中心洞梓营地举行结业典礼，由助理新界政务司吴荣奎主持。

（《工商日报》1978年8月10日）

苏浙乡会贺包玉刚晋爵

港讯：苏浙旅港同乡会，以该会顾问包玉刚受英女皇封为勋爵，特由会长徐季良、副会长叶庚年、周忠继、陈存仁暨全体会董发起于前日假座香港富丽华酒店举行宴贺，并邀请包氏家属顾问兆龙等参加，及黄宣平伉俪、胡鸿烈、顾乾麟、沈熙瑞顾问等作陪。

仪式在音乐队悠扬声中开始，首由副会长叶庚年、永远会长邵逸夫先后致词，苏浙公学二十八届全港九国语朗诵总冠军柯洁蒂朗诵颂词，邵逸夫、陈存仁、叶庚年向包玉刚爵士致送颂屏。末由包玉刚答词，语多谦逊。陈存仁致谢词，亦庄亦谐。筵开入席，由会董支盈章、卞熊清、史宝楚、朱伯衡、王卯生、汪松亮、汪证祥、吴海霖、沈文棋、沈亦珍、周伯英、周德明、胡鸿达、姜德裕、施运君、姚运生、徐立夫、徐德、徐达夫、徐国炯、高岭梅、陶伯育、孙方中、张梵龙、冯彦、杨存济、杨霞如、杨汉斋、叶谋彰、董伟、谢志方、严振芳、王完鉴、方肇周、江厚垲、李惠利、何忠礼、吴俊升、宋孝方、周如融、姚□敏、范鸿明、马汉岳、孙绍光、雷康侯、刘子鹏、钱助耕、龚甲龙、严欣淇、顾林华、陈敏，公共关系主任朱振声、总干事蓝鸿钧等，亲自招待，觥筹交错，互相祝酒，直至十一时宾主始尽欢而散。

（《华侨日报》年1978年9月9日）

宁波同乡会宴贺包玉刚荣膺爵士

宁波同乡会会长李达三暨全体理监事，前日晚假香港铜锣湾希慎道利园酒店彩虹厅宴乡彦包玉刚先生荣获英女王颁授爵士勋衔。

宁波同乡会会长李达三太平绅士致词称：包乡长在发展航业上处处表现出组织天才，远大眼光，勤劳节俭，精明能干，殊属令人钦佩。

包乡长对于社会公益事业极热心，经常赞助各种慈善事业，不断支持香港大学、中文大学等高等教育发展。提倡体育，捐巨款建设游泳池等康乐设备。发展香港贸易，改善交通等不遗余力。曾出任港府大专教育拨款委员会委员，现任汇丰、有利、恒生等银行以及地下铁路的董事，最近并被香港九龙货仓有限公司董事局邀请加入该公司董事局。在国际上，他是美国大通银行及日本兴业银行的顾问，也是第一位中国人被聘出任这样重要的职务，他又是日本兴业财务公司、环球国际金融公司的董事长，类似这样国际机构高级职务，已多至不能尽述。现在又晋封爵士勋衔，实乃众望所归之事，我们身为宁波人，都为此感到光荣。包乡长尊翁包兆龙太平绅士，是本会的长者，其对后辈甚为关心，对宁波公学曾慷慨捐助，特此向包老先生表示敬意。

（《工商晚报》1978年9月10日）

幸运儿购买保护儿童会奖券中头奖

特讯：一辆本田披露汽车，原值三万九千五百元，但潘兰英女士只需付出一元之代价便成交了。

潘女士是于去年十一月，在九龙海运大厦购买由香港保护儿童会出售的一元慈善奖券，喜中头奖，获得本田披露汽车一部。

该部汽车是由包玉刚送出，以现时之市值，值四万一千九百元。

香港保护儿童会奖券委员会主席云劳夫人，昨日亲自将车钥匙交于潘女士。

据该会一发言人表示，奖品之名贵，是希望借此吸引更多善长仁□支持该会，以达到慈善之目的。

（《华侨日报》1980年1月16日）

港府新闻处官员介绍伦敦香港节

本报讯：港府新闻处助理处长穆士诚昨日下午在炉峰狮子会午餐会上表示，今年九月在伦敦佩德诗公园举行“香港节”，两天节目包括龙舟竞赛、彩灯巡游、功夫表演、舞狮等，并售卖月饼、龙须糖等食品。

穆士诚说，在这次“伦敦香港节”中，包玉刚已捐赠一艘名为“耆英二号”的渔船，并且正安排将船运往泰晤士河。当节日结束后，“耆英二号”便放在伦敦埃克塞忒水上博物馆陈列。

另外，由董浩云集团捐赠的三艘龙舟亦将在泰晤士河举行竞渡。

穆士诚表示，“伦敦香港节”是由港府支持六十万经费，预料可吸引约二十五万名观众。

（《大公报》1980年7月10日）

香港节特制帆船“耆英二号”今下水

本报讯：特为“香港节”而订制之帆船“耆英二号”，今晨于筲箕新泰盛船排厂，举行下水典礼，并由包玉刚爵士之女公子包培元女士主持剪彩仪式。

该渔船乃由包玉刚爵士捐赠，作为其对香港节之贡献。该艘渔船的款式与百年前香港派往英国促进港英两地工商贸易之“耆英号”类同。

“耆英二号”亦将肩负起为本港作宣传之任务。本年九月二十及二十一日“香港节”在伦敦举行时，此船会停泊于泰晤士河上，作为临场嘉宾观赏赛龙的看台。此外，一如“耆英号”，它本身也是一项展览品。

“耆英二号”为“耆英号”之复制品，全长十八点三米，虽然其长度只为“耆英号”三分之一，但船身，桅杆及帆揽之结构均与“耆英号”相同。

“香港节”过后，当局将把“耆英二号”送往伦敦国家水上博物馆展览，继而永久陈列于伦敦埃克塞忒水上博物馆。

（《华侨日报》1980年7月22日）

甬港联谊会将成立

本报讯：在香港的甬籍人士，据不完全估计，约有十余万人。香港宁波同乡会，在各甬籍热心人士努力下，已为社会福利及教育等做出一定贡献。

最近，工商界知名人士王宽诚、包兆龙、包玉刚、安子介、叶庚年、姚庆三、张二铭、陈中和、王欣康等，为了加强与桑梓宁属六县的联络，以及进行业务交流、观光、旅游，并协助家乡福利事业等，发起筹组甬港联谊会，经半年准备，已有百余人参加，现定本月三十日下午四时，在干诺道中华总商会六楼俱乐部举行筹备大会，欢迎甬籍人士参加。会章及入会申请表可向总辅道中八十八号华侨商业大厦一六零一室福星旅行社吴君索取，电话查询为五一四四零零七三。

（《大公报》1980年7月29日）

理工八届毕业典礼定本月二十日举行
李格致、包玉刚、唐信等主讲

香港理工学院将于本月二十日（星期四）在香港大会堂音乐厅举行第八届毕业典礼，由于毕业生人数众多，仪式将分三部分举行，详情如下：

（一）第一部分

仪式时间：上午十时整

学部学院：商业及设计学部

主礼人士：荣誉监督麦理浩爵士

主讲人士：院长李格致博士

（二）第二部分

仪式时间：上午十一时四十五分

学部学院：工程学部

主礼人士：校董会主席钟士元爵士

主讲人士：包玉刚爵士

（三）第三部分

仪式时间：下午三时整

学部学院：应用科学学部、医疗服务学院、纺织及制衣学院

主礼人士：院长李格致博士

主讲人士：唐信

（《华侨日报》1980年11月13日）

市场竞争剧烈
要屹立不倒必须提高质素作超值服务

包玉刚爵士在理工学院毕业典礼上称

香港理工学院第八届毕业典礼经假香港大会堂音乐厅举行，该院本届毕业生共二千二百零八人。

毕业典礼分三节举行，分别为（一）商业及设计学部，（二）工程学部及（三）应用科学部，纺织及制衣学院等各学系毕业生颁授院士、高级文凭、文凭及证书。

三节仪式之主礼人士分别为该院荣誉监督麦理浩爵士、校董会主席钟士元爵士及院长李格致博士。该院并邀请包玉刚爵士及地铁公司主席唐信致辞。

包爵士训勉毕业生谓：为自己就业前途作一良好开端，别无他径，惟勤奋不懈，好学不倦而已。彼认为不能克服之困难，绝无仅有；只要能全心全意、悉力以赴，则一切困难自必迎刃而解。

包氏相信该院毕业生，无论从事何种行业，倘能诚心诚意、竭尽所能、发挥所长，当是社会栋梁、造福人民。毕业生必须准备面对新环境及接受新思想。

包爵士引述他本人经营航运业的经验，认为香港之航运工业虽然已有显著成就，却不能因此而感到心满意足。市场竞争激烈，要保持屹立不倒，必须着重提高质素及提供超值服务，优胜劣败，倘若不能迎抗接踵而来的挑战，自必迅速落后，遭受淘汰。

（《华侨日报》1980年11月23日）

王震在交大校务委会上感谢包玉刚等校友

新华社上海十四日电：中共中央政治局委员、上海交通大学校务委员会主任王震，在主持上海交大校务委员会会议时，要求校党委加强党对学校工作的领导，加强思想政治工作。他指出，交大党委过去由于加强了党对学校工作的领导，加强了思想政治工作，较好地保证了教学和科研等项任务的完成，对这一传统要发扬光大。

王震在会上听了校务委员和教授们的发言。他在讲话中对交大学生发奋学习，教师辛勤教学，教学和科研工作都取得可喜成绩表示热烈祝贺。他对共青团员们入校后进步较快，有的正在积极争取入党，感到十分高兴。

王震指出，在当前情况下，加强思想政治工作具有十分重要的意义。要正视十年浩劫在青年一代身上留下的创伤，肃清林彪、“四人帮”在“文化大革命”中散布的流毒和影响。他说，青年们要坚决反对无政府主义，自觉抵制社会上错误思想的侵袭，集中全部精力学好功课。有什么问题，可以向组织反映，通过正常途径加以解决。交大师生要发扬爱民族、爱祖国的光荣传统，增强组织性、纪律性，提倡尊师守纪，发扬中华民族勤劳、勇敢的好风尚，以建设社会主义强国为己任，听从祖国召唤，志在四方，献身四化。

王震在谈到克服十年浩劫所造成的经济困难时说，当前正处于经济调整阶段。他希望大家发扬艰苦奋斗、勤俭办学的优良传统，共同克服前进道路上的暂时困难。他说，我国人口多，底子薄，有些问题只能进一步地解决。

王震还代表校务委员会对交大校友，华裔科学家和企业家包玉刚、王安、朱傅榘、朱琪瑶等对交大建设的关心和支持表示感谢。

这次会议是十二月十一日举行的。

（《大公报》1980年12月15日）

北京兆龙饭店奠基

中国新闻社北京四日电：由中国旅游总局兴建的北京兆龙饭店，今天举行奠基典礼。

国务院副总理陈慕华，中国旅游总局局长韩克华、副局长庄炎林，货物进出口管理委员会副主任卢绪章等出席了今天的仪式。香港环球航运集团名誉主席包兆龙、主席包玉刚、副主席李伯忠等也应邀出席了奠基典礼。

兆龙饭店坐落在北京城使馆区西南面，饭店主楼二十层，采用三角式楼型，是目前国内建筑楼的最新式样。这家旅游饭店的主楼与其他建筑，占地面积七千多平方米，地面以上高六十九米。饭店拥有客房二百五十间及相应的辅助用房，还设有中、西餐厅，游艺室，健身房，游泳池，闭路电视，洗衣房，商店，邮局，银行等公共服务设施，总建筑面积为二万四千平方米。

（《大公报》1981年7月5日）

包兆龙与包玉刚访上海交通大学

据新华社上海八日电：香港环球航运集团名誉主席包兆龙、主席包玉刚先生今天上午访问了交通大学。他们将协助交大建造一座现代化的图书馆。

上海交大负责人对包兆龙、包玉刚先生的来访表示热情欢迎，并对他们关心中国内地的四化建设和支持教育事业的发展表示谢意。上海市市长汪道涵亲切会见了他们。

（《大公报》1981年7月10日）

包玉刚家族捐款为理工建实验室

本报讯：航业巨子包玉刚之家族最近捐赠巨款，为香港理工学院建造轮机工程训练实验室一所。该实验室将使理工学院已经办有多年的轮船机械专才训练课程更臻完美。

该实验室命名为包兆龙轮机工程训练实验室，位于理工学院第二期A建筑计划第三翼，占地达一千平方公尺。全部建筑工程将于九月尾完成。港督麦理浩将于十月十九日为该建筑物举行揭幕启用仪式。以后该室将陆续安装船上的最新设备，以供训练未来参与航海事业学员之用。

过去十五年中，包玉刚家族曾捐助各种设施，其中包括香港大学的包兆龙保健中心、香港仔游泳池、中文大学供商科用的兆龙楼、香港艺术中心的包兆龙画廊、香港仔的室内运动场，等等。

（《大公报》1981年9月17日）

包兆龙包玉刚捐四百万元
兴建理工轮机工程实验室

本报讯：港督麦理浩昨日为香港理工学院新落成的“包兆龙轮机工程训练实验室”主持启用礼。他在致词时说，本港成为船运业中心是由于航运界所提供的服务具有竞争能力，这当然包括轮机工程师的熟练技能，而理工学院增建新实验室后，学生修业时间由五年缩减为四年，而且毋须到校外接受实习训练。他希望更多青年选择修读此项课程，使本港能够提供更多的轮机工程师。

捐赠四百万元兴建训练实验室的环球航运集团名誉主席包兆龙、主席包玉刚，理工校董会主席钟士元，院长李格致，副院长程源锴及数十名来宾出席昨日的启用礼。

包玉刚于会上致词时希望港府及私人机构能进一步赞助及推动中国内地与香港间的学术交流计划。他说，让两地学者有机会互相访问，切磋交流教学方法及经验，对双方均有益处。

他说，理工学院师生可以协助中国内地应付科技发展的挑战，同时更可使内地与香港的关系更为密切。包玉刚希望实验室落成后，能在这方面做出更大的贡献。

钟士元在会上指出，组办现代轮机工程训练十分困难，除了要提供教室的课程外，还得配合工厂实习训练和海上实习训练，故雇主们的合作是十分重要的。

院长李格致亦表示，近年来，约半数的轮机工程学生受雇于登航有限公司、金山船务股份有限公司、远洋轮船有限公司、华光船务代理有限公司、万里轮船有限公司和茂德航运有限公司，其余的则受雇于环球轮船代理有限公司。

包兆龙轮机工程训练实验室占地一千平方公尺，全部设计均符合英国贸易部及本港海事处的要求，为海事工程师学院提供先进的实习训练场地。实验室内设有两部十公吨重的电动高价移动起重机，更设有锅炉室和喷油咀试验室。

该试验室可缩减全部课程时间，预料明年将可增加新生名额达百分之五十。目前选修轮机工程系的学生共三百六十人，计有全日制课程一百八十人，夜间课程六十人和选修课程一百二十人。课程包括轮机工程学院士、轮机工程学高级文凭及航海轮机工程师进修课程。

（《大公报》1981年10月20日）

包玉刚获香港芭蕾舞学院创办主席荣衔

（港讯）渣打银行地区总经理白朗先生已继环球航运集团主席包玉刚爵士，出任香港芭蕾舞学院主席。

卸任主席包玉刚爵士自一九七八年香港芭蕾舞学院成立起，便出任主席。过去四年，他扶掖了这个缺乏经验的团体渡过困难发展阶段，立下汗马功劳。

在任期间，香港芭蕾舞学院已发展成为一间专业机构，编排之剧目众多，由舞蹈员及客席舞蹈员假戏院、学校及运动场等各处演出。该学院是目前本港唯一设有全日制三年芭蕾舞课程的学校。

为包玉刚爵士的慷慨捐助及义务承担表示赞誉，香港芭蕾舞学院趁包玉刚退任之际，特别授予“创办主席”之荣衔。新主席白朗先生是香港芭蕾舞学院之前任副主席，该学院此际所面临的新挑战，包括寻觅永久院址及编排未来一年的盛大表演计划。

白氏称：“从我们现有达职业水准舞蹈团所取得的庞大进展看，我对香港芭蕾舞学院的前景充满信心。我相信，今后本学院在香港文化界担任的角色，将日益重要。”

香港芭蕾舞学院将参加元朗艺术节的盛大演出。定于今晚（十四日）假元朗聿修堂演出的剧目除包括古典四人舞（赫里格拉）、双人舞及拿波里剧最后一幕外，还有两个原作者项目——“疑犯检查”及“海之想”。

（《华侨日报》1982年2月15日）

包玉刚赠款交大助建大型图书馆

【中国新闻社上海二十五日电】香港环球航运集团主席包玉刚先生赠款建设的大型现代化图书馆，于六月十日在上海交通大学举行奠基仪式。

这座定名为包兆龙图书馆。是一幢建筑面积二万五千平方米、高七十三米的十八层大楼，可藏书二百万册，馆内分设学生、教师、研究生阅览室，可供两千多人同时阅读。

（《大公报》1982年5月30日）

上海交通大学包兆龙图书馆奠基

【新华社六月十日电】上海交通大学包兆龙图书馆奠基典礼十日下午在交大校园内举行。

菲律宾共和国总统夫人伊梅尔达·罗穆亚尔德斯·马科斯和香港环球航运集团主席包玉刚出席了奠基典礼，并为典礼剪彩。

中国外交部顾问韩念龙，上海市市长汪道涵、中国船舶工业总公司董事长柴树藩参加了典礼。

交大“包兆龙图书馆”是由国际著名实业家包玉刚赠建的。

上海交大校务委员会副主任邓旭初在致词中对包玉刚先生和包氏全家热爱中华、关心中国现代化建设的崇高精神，深表钦佩，对包先生为交大作出的贡献，表示衷心的谢忱。

包玉刚先生在仪式上讲话说，我很高兴在这所著名学府校园内来纪念一项建筑工程——包兆龙图书馆的开端。我和我的家人为交大这个建筑计划略尽绵力，觉得快慰。

马科斯总统夫人在讲话中转达了马科斯总统和菲律宾人民对交通大学师生的问候。她说，我能来到中国这所高等学府为“包兆龙图书馆”奠基感到莫大荣幸。

交通大学校长范绪箕教授把中国著名画家程十发画的一幅国画《竹荫读书图》赠给马科斯总统夫人。他还向包玉刚先生赠送了包兆龙老先生和包玉刚先生的肖像油画。上海交通大学创建于一八九六年，是中国历史最悠久的理工科大学之一，为中国培养了大批科学技术人才，其中不少人是造船专家。

包兆龙图书馆坐落在交大校园中心区，建筑面积二万五千多平方米，由四个高低不同的建筑物组成，最高十八层。这个规模巨大、设备先进的图书馆预计一九八五年竣工。

（《大公报》1982年6月11日）

出席留学基金委员会
包玉刚在北京表示明年再助百万美元

【据新华社北京二十七日电】国务委员、国家计委主任宋平今晚在人民大会堂会见了香港环球航运集团主席包玉刚，对包先生资助祖国的教育事业表示赞赏。

包玉刚很关心中国的教育事业，在一九八二年就将先父包兆龙遗留下来的一百万美元设立了包兆龙、包玉刚中国留学生奖学金基金，中国船舶工业总公司董事长柴树藩任基金会主任委员。

今天在这里举行的基金会委员会全体会议上，包玉刚说，他在一九八五年还将为祖国的教育事业资助一百万美元。

教育部今年已用基金的利息派出十二名研究生和八名进修生，分别到日本、联邦德国、英国学习。不久还将有一名进修人员赴荷兰学习。

据悉，教育部在今后三年里还将利用这一基金派出二十多名研究生和进修人员。

（《大公报》1984年5月28日）

包玉刚以先父名义捐一千万给中国残疾人基金会

邓朴方宣布包玉刚以其父包兆龙基金会的名义捐款一千万港元与中国残疾人基金会时，获得在场来宾的热烈鼓掌。邓朴方代表基金会向捐赠人表示谢意。

（《大公报》1984年9月2日）

邓朴方设酒会答谢各界

【本报讯】中国残疾人福利基金会副理事长邓朴方昨日在华丰大厦顶楼举行答谢酒会，感谢本港各界人士对基金会的支持。他致词时表示，今后内地和香港应加强联系，互相学习，使两地的残疾人福利事业有更大的发展。为表达他和基金会的一点心意，他将这次所筹得的款项拨出五百万元，作为发展港澳残疾人福利事业的辅助。以下为邓朴方致词内容：

"今天我怀着激动的心情向朋友们，并通过大家向香港五百多万父老兄弟们和香港残疾弟兄们暂时告别，感谢香港各界朋友们对我们的支持和关怀，并祝大家身体健康，幸福愉快。

"二十多天来，中国残疾人福利基金会代表所到之处，都受到热烈的欢迎和友好的接待，给我们留下了深刻的印象。如果说，我们这次访问取得了成果，增加了相互之间的了解，顺利完成了来港之任务，那么首先要感谢香港复康联会和华润（集团）公司对我们的邀请和积极支持。并向热情帮助我们的港澳各界朋友，向在座的嘉宾们和不在座的朋友们表示感谢。

"这次我们来港，参观了一些港澳的复康组织、医疗机构、残疾人就业的工厂和残疾人福利事业单位。所有这些的参观访问都给我们留下了深刻的印象。这些年来，香港的残疾人福利事业有了一定程度的发展，取得了可喜的成绩，值得庆贺。中国内地和香港的残疾人福利事业不尽相同，但各自有自己的特点和长处，我们应当通过相互访问，加强联系，互相学习，取长补短，使中国内地和香港的残疾人福利事业有更大的发展。我愿意为我们之间的进一步联系和相互学习作出积极的努力。

"我们这次访港，得到了新、老朋友的积极支持和赞助。首先我代表中国两千多万残疾人向给予中国残疾人福利基金会以积极捐助的朋友们，特别是各捐一千万港元的包玉刚先生和霍英东先生，表示衷心的感谢。我听说，有个小朋友把妈妈给买糖果的钱捐赠给中国残疾人，这种赤子之心十分感人，我们将不辜负朋友们对中国两千多万残疾人的善良心愿，我们将利用这些基金，把中国残疾人的福利事业搞得更好。中国内地和香港的残疾人事业是一家，我们愿意将这次所筹得的款项拨出五百万港元，作为发展港澳残疾人福利事业的一点辅助，以表达我们的一点心意。我们离港后，将委托华润（集团）有限公司代为处理这件事。

“最后，我代表中国残疾人福利基金会向港澳各界朋友，向港澳六百万同胞再一次表示衷心的感谢！

“祝朋友们万事如意！

“现在我提议：为出席今天酒会的各位女士们先生们的身体健康和幸福，为更多地增进香港与中国内地的多方面来往与接触，为中华民族的繁荣昌盛，干杯！”

酒会于昨日下午六时三十分开始，应邀出席的嘉宾三百来人，包括来自银行界、航运界、工商界、金融界等。出席酒会的港府官员有政务司钟逸杰，房屋司廖本怀，市政局主席张有兴，立法司议员李鹏飞、张铁泉。

……

邓朴方于酒会上并向多位捐款人士致赠名画，获赠者有：包玉刚、霍英东、李嘉诚（刘定民代表）、无名氏（王首民代转）、邱德根、刘皇发、信和置业有限公司代表黄志祥、王宽诚、陈廷骅、无名氏（方心让代转）、查济民（查夫人代表）、林文（林夫人代表）、王光英（马熙林代表）、方心让、华润（集团）有限公司总经理张建华、陈瑞球及中国银行（薛文林代表）等。

方心让医生昨日于酒会上透露，邓朴方是次在港为中国残疾人福利基金会筹款，已达到预期目标。

邓朴方一行，近日将乘搭中国民航班机返回北京，并在离港前举行记者招待会。

（《大公报》1984年9月19日）

包玉刚夫妇访家乡

【中国新闻社杭州三十一日电】香港环球航运集团董事会主席包玉刚和夫人黄秀英今天结束对浙江的访问。

包玉刚夫妇是应浙江省省长薛驹、副省长徐起超的邀请，于二十七日到达杭州的。二十八日，徐起超和中共宁波市委书记葛洪升陪同他们乘飞机抵达阔别四十多年的家乡宁波。在宁波，包玉刚参观了北仑港和规划中的宁波市经济技术开发区。他说：“我很高兴看到家乡有这样好的港口和设施，开发北仑港大有可为。这是造福子孙后代的事。今后可让三十万吨级巨船进来，搞矿石、原油联运。”愿意在建设北仑港和经济技术开发区等方面予以大力支持和合作，并表示要继续支持家乡发展教育事业。

包玉刚夫妇一行由宁波市副市长朱尔梅陪同，于二十八日下午回到镇海县庄市钟包村探亲访友。随行的包玉刚胞兄包玉书、胞妹张包素菊和李包丽泰捐献港币一百万元修建老家的道路和小学。在天一阁藏书楼，包氏兄妹查到了保存完好的包氏家谱。当看到里面记载了包括他们本人在内的详细情况时，都非常高兴。

（《大公报》1984年11月1日）

包玉刚捐巨资兴学　协助宁波创办大学

【新华社北京五日电】记者从教育部获悉：香港环球航运集团主席包玉刚最近向浙江省宁波市政府提出，他决定捐赠相当于五千万元人民币的美元，专门用于资助创办宁波大学。包玉刚说，帮助家乡发展教育、培养人才，我愿尽心出力。

目前正在筹建的宁波大学，将是一座以理工科为主，兼办文、商等科的开放性综合大学，近期的办学规模为两千人。

宁波大学计划于一九八六年开始招生，包玉刚先生将担任这所大学的名誉校长。

（《大公报》1985年1月6日）

甬籍人士谈家乡建设

【本报讯】宁波籍人士昨晚在宁波同乡会举行座谈会，介绍家乡的最新发展。由王宽诚、包从兴、包玉刚、安子介、李达三等甬籍知名人士主持，邀请宁波市政府特别顾问卢绪章出席指导，宁波市政府驻港办事处主任邵祖训亦列席会议。

座谈会上，卢绪章先介绍宁波的新面貌，多位甬港乡亲对家乡投资事业和来料加工生意提出意见，要求宁波当局领导上要重视作风、政策，也希望中下级干部切实贯彻合同和合资的精神，以免铺张浪费，虎头蛇尾。

昨晚到会的本港知名人士还有曹光彪、王维翰、何兆丰、金如新、邵炎忠、赵安中、邹星培、姚庆三、忻礼轼、李明昌、冯忠康、邹星炳、姚祥兴、王欣康等四十余人。

邵祖训最后在会上宣布，明春四月市政府将邀请甬籍人士到宁波春游，届时还将邀请浙江省小百花越剧团到甬演出。

（《大公报》1985年2月14日）

应包玉刚邀请宁波市市长等将来港

【本报讯】应香港环球航运集团主席包玉刚的邀请，浙江省宁波市市长耿典华等一行四人将在日内来港访问。

包玉刚与耿典华在去年十二月十九日，正式签署了由包玉刚捐资创办宁波大学的合约。耿典华一行这次来港将介绍宁波大学的筹建情况以及今秋动工、明秋招生的计划。

去年秋天包玉刚在访问宁波期间，对家乡的深水良港——北仑港很感兴趣，谈了许多开发港口、筑建钢厂的建议，双方此次将就这些问题继续进行商谈。

（《大公报》1985年4月18日）

太平洋会今一周年纪念

（特讯）本港著名城市会所——太平洋会自在港成立以来，已届一周年，并定于今日盛大庆祝该会周年纪念。太平洋会名誉主席包玉刚、沈弼与主席简培怡将主持切饼仪式。今晚节目丰富，包括歌舞、幸运抽奖慈善赌博、魔术及小丑助庆等。

太平洋会为本港业务增长最快的城市会所，会员人数现已接近一千三百，会所占地约三万平方呎，位于香港中区环球大厦廿五、廿六及廿七楼。

据该会发言人李女士指出，会员增长率达百分之四十五，是一个可喜现象，原因是设备优良，服务亲切，最为会友欣赏。而且会方是不断动脑筋，提高服务水平及增加会友兴趣。例如现在考虑增添英式桌球台、图书馆、健身室甚至理发服务等。

同时又鉴于会友中虽然不少是银行家、律师、医生、会计师及建筑师等，但他们对艺术欣赏的兴趣亦十分浓厚，会所为了方便会友趁午膳之便，能够欣赏各类艺术，已多次利用会所长廊展出艺术作品，其中包括书画及摄影等，反映良好。会友又要求扩大这方面服务。所以李小姐为欢迎各方艺术人士，不论对国画、油画、摄影、陶瓷、雕塑及民间手工艺有心得者，而又有佳作，希望展出，与同好分享，都可以跟该会接触安排。作品只展出，或出售亦可。会所只酌量收取服务费用，甚至以作品代替支付费用亦可以考虑。会方希望收集一定数量珍品，而后每年一次拍卖，此项用作发展会务,或做慈善用途。

(《华侨日报》1985年10月1日)

北京兆龙饭店建成

【本报北京二十一日专电】以香港环球航运集团主席包玉刚的父亲包兆龙的名字命名的北京兆龙饭店已经建成,将在二十五日举行开业典礼,邓小平主任和万里副总理等国家领导人将应邀出席。

邓小平在不久之前,还为兆龙饭店店名题字。

兆龙饭店是包玉刚赠款一千万美元和国内投资共同兴建的,总投资约二千万美元。

这座饭店是由我国设计建造和管理的现代化的国际旅游饭店,占地总面积七一七零平方米,建筑面积二万六千多平方米,建筑造型是三角形,主楼地上地下共二十四层,共有客房二百七十套。

兆龙饭店位于北京东环三路工人体育场北路交叉口的南边,坐落在风景秀丽、幽雅的使馆区内。

据悉,包玉刚同时赠款兴建的上海交通大学图书馆也将在最近落成。包玉刚去年赠捐兴办的浙江宁波大学也将在日内奠基。

(《大公报》1985年10月22日)

包兆龙图书馆在沪落成

【中国新闻社上海二十七日电】香港环球航运集团主席包玉刚近日在上海交通大学接受该校校长翁史烈授予的"名誉博士"学位,从而成为《中华人民共和国学位条例》颁布以来第九位获此荣誉称号的外籍学者。

在授证仪式上宣讲的中国国务院学位委员会的批准决定说,授予包玉刚名誉博士称号,是由于他"对世界经济、国际金融、国际商法、世界海洋、船舶检验等方面素有研究,是国际著名的社会活动家"。"在促进香港繁荣与安定,提议中国对外开放、实现四化、发展教育、增进各国人民之间友好经济往来方面都作出了卓有成效的贡献。”

【中国新闻社上海二十七日电】由香港环球航运集团董事会主席包玉刚捐款建造的包兆龙图书馆，今日在上海交通大学落成，并举行隆重的开馆典礼。

参加开馆典礼的共四百余人。中共中央顾问委员会副主任王震、中国船舶工业总公司董事长柴树藩、上海市市长江泽民等发表讲话，热情称赞包玉刚为中华民族百年树人而行此义举，包玉刚在讲话中表示：图书馆能以先父之名命名，并由叶剑英亲题馆名，是包家的荣幸。

（《大公报》1985年10月28日）

包玉刚爵士捐资五千万人民币　宁波大学加紧筹建

（特讯）新华社报道：由香港环球航运集团主席包玉刚捐助创办的宁波大学，目前正在积极筹建。中共中央顾问委员会主任邓小平最近题写了校名。

宁波大学是包玉刚去年十月回故乡时提议创办的，包玉刚捐助相当于伍千万元人民币的美元作为办学经费，并由他担任宁波大学的创办人和名誉董事长。

包玉刚捐资办学之举，得到了胡耀邦、邓小平等中央领导人的赞许，邓小平主任几次过问宁波市的开放和宁波大学筹建工作的情况，并在今年九月全国党代表会议期间为宁波大学题写了校名。

国家教育委员会、中国科学院和浙江省人民政府对宁波大学的建设都十分重视，要求把它办成一所符合时代要求的有鲜明特色的新型大学，并确定由浙江大学、复旦大学、中国科技大学选派校系领导干部和骨干教师，帮助该校的建设和教学工作。

国家教育委员会和中共浙江省委、省人民政府，确定聘请朱兆祥教授担任宁波大学校长，根据包玉刚的建议，聘请香港中文大学校长马临博士为宁波大学顾问。

宁波大学的建设，已在全国公开招标中征得了总体建设方案，并选定包玉刚故乡附近的一千五百亩土地为校址。

目前，宁波大学土建工程正在抓紧进行，五千多平方米的一号教育楼基础桩已全部打下，三千平方米的学生宿舍楼正在浇桩。首批工程分别进入施工阶段。预计到明年五六月份，一号教育楼、教工和学生宿舍等二万三千多平方米的设施将可交付使用。

（《华侨日报》1985年10月29日）

包玉刚偕家人还乡

【中国新闻社宁波二十九日电】香港环球航运集团主席包玉刚及家人昨天回到家乡宁波。

包玉刚一下飞机，就直接到他的出生地镇海庄市钟包村，参加兆龙小学剪彩仪式。兆龙小学是由包玉刚兄妹包玉书、包素菊、包丽泰捐赠二十五万元人民币兴建，并以他们的父亲包兆龙先生的名字命名。一百六十九名小学生已到里就读。包玉刚为小学题了名。

在剪彩仪式上，包玉刚代表包家发言，他对学生们说，你们是我的同乡，在六十年前，我同你们一样在这里念书，但没有你们幸福。这次我回来有四件喜事，一是北京兆龙饭店开业，二是上海兆龙图书馆落成，三是宁波大学奠基，四是兆龙学校剪彩。他说，为国家建设，我们还有第五、第六、第七件喜事要办。

包玉刚、包玉书等和家人一起参观了修葺一新的包氏故居“履安堂”。

兆龙学校的师生们赠给包玉刚及家人一艘北海一〇二远洋拖轮模型，它曾获得一九八五年浙江航模C2级比赛第一名。

（《大公报》1985年10月30日）

万里研究宁波开发　赞成北仑建钢铁厂

【据新华社杭州三十日电】国务院副总理万里和国务院有关部门负责人昨天专程赴宁波现场办公，研究宁波的经济开发和发展问题。

浙江省省长薛驹和宁波市的负责人，以及香港环球航运集团主席包玉刚一起参加了研究。

万里副总理说，宁波素来就是中国对外贸易的主要口岸之一，可是多年来经济发展并不快。通过这几年的改革、开放，宁波已经初步具备了加快开发建设的条件。现在，尽管基础设施还不完善，但已有了相当不错的深水码头，国际机场、通信设施正在加紧建设。另外，有为数颇多的宁波籍海外华侨、港澳同胞关心家乡的建设事业，为宁波加快开发建设提供了条件。

（《大公报》1985年10月31日）

在京沪参加连串活动后
包玉刚返港表示会为国家办更多喜事

【本报讯】香港环球航运集团主席包玉刚及其家人一行十人，应邀参加在北京、上海及其家乡宁波市举行的一连串活动后，于昨日中午乘搭中国民航班机由杭州返抵本港。

包玉刚是在上月二十四日抵达北京的，在内地共逗留了八天，其间主持了上海包兆龙图书馆落成典礼，接受上海交通大学名誉博士学位，主持宁波小学剪彩以及为宁波大学奠基。

包玉刚昨日返抵本港后，在机场对记者表示，办了这四件喜事，感到很开心，今后他还会为国家为家乡办更多喜事。

谈到此次访京时受到中共中央顾问委员会主任邓小平的会见，并被邀参加邓小平的家宴，包玉刚十分兴奋地说，邓小平的身体相当好，而且对国家及宁波的建设都很关心。

包玉刚在宁波时，曾与国务院副总理万里商讨有关在宁波北仑港兴建钢铁厂的问题。记者问及该计划的进展情况，包玉刚表示，西德及英国的专家现已在北京与有关方面进行商谈，进展很顺利。

（《大公报》1985年11月2日）

王芳会晤甬籍乡亲　喜谈家乡建设宏图

【本报讯】正在本港访问的浙江省省委书记王芳认为，香港地方虽小，但住了五百多万居民，三十多万辆汽车，在工厂经营管理、市政建设、城市管理和贸易、金融等方面，都有值得内地城市吸收经验的地方。

王芳率领的一个代表团来港参加浙江宁波市在港机构——宁兴公司的开业活动，也是应新华社香港分社社长邀请来港访问。第一次到港的王芳昨晨对记者说，虽然以往没有来过，但甬港关系一向密切，在港的老朋友很多，这次到来除了要看看老朋友，亦希望结识新朋友。

代表团成员包括省政府顾问卢绪章、宁波市委书记葛洪升、温州市副市长何荣飞、宁波大学校长朱兆祥、嘉兴外经委副主任邓忠人及宁波市外事办公室副主任吕天鸣。一行在港先后参观了一些工厂、私人屋邸,昨晚并与宁波籍人士举行座谈会,就促进家乡建设和加强两地经济技术合作事宜交换了意见。

出席座谈会的宁波籍人士包括邵逸夫、王宽诚、王建伟、曹光彪、包玉星、刘浩清、李达三、邱德根、包从兴等约二十人。座谈会由王芳、卢绪章及葛洪升主持,在华润大厦贵宾厅举行。

王芳昨晨对记者指出,沿海十四个开放城市中,浙江占了宁波、温州两席,此外又包括旅游重点杭州和嘉湖两开发区。和其他开放城市一样,搞好交通运输和通讯,是迫切待解决的问题,筑机场和扩建港口计划,已列入省政府首要发展项目。

王芳透露宁波市一系列已在开展及积极研究中的大型工业计划,包括兴建栎社民航机场;将北仑现有的十万吨矿石码头扩建多个一万、二万、三万吨以上散杂货和集装箱等码头泊位;国家投资建设发电量高达两百四十千瓦的火力发电厂,首期发电量为一百二十瓦;要将镇海现有炼油厂年产二百五十万吨产量翻两番;另一项重大计划是与本港甬籍闻人包玉刚合作,投资三十亿美元建设一座钢铁厂,其中八成资金由包玉刚负责筹集,预计第一期年产量可达一百五十万吨。王芳说有关计划正进行可行性研究,若一切顺利明年可以动工,估计九〇年即可投产。

王芳表示,目前宁波的发展进度与原来构想相差不大,建设未受国家紧缩外汇的影响,今后仍以工业发展为主线。

代表团一行将于二十一日离港。

(《大公报》1985年12月19日)

国务院已成立小组协调宁波经济开发

【中国新闻社北京十四日电】据最近浙江省在宁波举行的宁波经济开发第二次联席会议透露,去年十二月十日,国务院成立了宁波经济开发协调小组,国务委员谷牧任组长,包玉刚被聘为顾问。

国务院宁波经济开发协调小组由国家经济委员会、国家教育委员会、财政部、对外经济贸易部、冶金部、交通部、中国人民银行、中国银行、国务院特区办公室、国务院口岸办公室、浙江省和宁波市的负责人组成。协调小组将协调国务院有关部委同浙江省有关部门的关系，加强对宁波开发工作的指导，解决宁波经济开发中的重大问题。

新年伊始，浙江省政府决定成立宁波经济开发领导小组，并成立宁波钢铁厂前期工作小组、交通开发小组和经济贸易工作小组等专门机构。

（《大公报》1986年1月15日）

包玉刚集资卅亿美元在北仑建钢厂

国务院宁波经济开发协调小组于一九八五年十月成立。今天上午在中南海举行的协调小组第三次会议由组长国务委员谷牧主持，出席的有副组长国家计划委员会副主任陈光，担任小组顾问的香港环球航运集团主席包玉刚和对外经济贸易部顾问卢绪章，浙江省委副书记、副省长吴敏达，以及国务院有关部门的负责人。他们共同听取和审查了宁波市市长耿典华所作的《宁波市“七五”计划建设安排》和交通部、冶金部领导人对有关问题的汇报。

宁波市位于中国南北航线的交通点，背靠称为金三角的长江三角洲，这里的北仑港区水深流顺风浪小，不冻不淤陆坡大，深水岸线长达十三公里，目前已建成的港口年吞吐能力突破三千万吨，可建造年吞吐量一亿吨以上的数十个万吨级至二十万吨级的泊位，很有条件发展成为中国的东方大港。现在，宁波市已跨入了全国工业总产值逾百亿元的十六个城市的行列。

谷牧在讲话中说，对于宁波这样一个中等城市，在“七五”这么短的时间内国家安排这么多建设项目，在中国建设史上是不多见的。大家要看到，这不仅是宁波本身经济发展的需要，也是整个国家经济发展的需要。他指出今后有大量的工作要做，中央各有关部门要同宁波市、浙江省一道，在建设规划、项目配套、体制改革、领导班子和人才的培养、配备等方面同心协力，千方百计把宁波的开发建设搞好。

【美联社中国宁波二十三日电】据宁波市官员说，香港船王包玉刚正在协助商议在其故乡宁波市建造一座三十亿美元的钢铁厂。

（《大公报》1986年4月24日）

中英友好奖学金计划助中国学者赴英深造

（港讯）一项有关中英友好奖学金计划之谅解备忘录已于1986年6月9日在伦敦唐宁街十号英国首相府邸，由英国外相贺维爵士、中华人民共和国副总理李鹏，及包玉刚爵士正式签署。

英首相戴卓尔夫人及在英访问之中共中央总书记胡耀邦亦出席签署仪式，该项奖学金之总金额为三千五百万英镑（约合五千万美元），将于此后七年内，用以资助中国学者赴英深造用途。签署仪式亦有奖学金委员会委员六人出席。

此项奖学金计划由本港环球航运集团及九龙仓集团主席包玉刚爵士在一九八五年发起，并自愿捐献一千四百万英镑（约两千万美元）作为此项奖学金之一部分，以达至为积极促进中英友好关系及对中国现代化计划有所帮助。中国政府方面亦允斥资一千四百万英镑，而英国之海外发展局则参加此项计划，并将承担负责在英国管理此项奖学金之英国文化协会之行政费用。该三千五百万英镑之奖学金总额将连续分十年使用，预计每年可供派遣约三百五十名中国学生或学者赴英深造。

该项奖学金主要将颁发予中国各地之大学毕业生前赴英国各大学之研究院攻读者们，有助现代之科技、经济及社会科学课程，或接受先进之工业训练，预计可自一九八七至八八学业年度开始派遣第一批学生赴英，学习期限规定自六个月至三年不等。

国家教育委员会将在中国负责此项奖学金之行政工作，中英友好奖学金委员会之首任主席，将由包玉刚爵士出任，其女婿苏海文则被任为委员，中国方面之两位委员将由国家教委会之黄辛白及孙敏担任。英国方面则由海外发展局之秘书Pickell爵士及该局之教育专务顾问Iredale博士出任委员。

总书记胡耀邦之访英及本年十月英女皇访华，均显示中英双方对逐步巩固两国间友好关系之重视，而中英友好奖学金之设立，其主要目的为替中国学生及学者创造更多赴英潜研科技之机会，以利中国国家之现代化建设。目前中国有一千四百名学生在英国攻研（其中约半数接受英国及联邦政府之资助），较一九八四—八五学年之八百名有所增加。

（《华侨日报》1986年6月10日）

杭州建泳池　包玉刚捐资

【据新华社杭州五日电】由香港环球航运集团董事会主席包玉刚捐资兴建的玉刚跳水游泳场今天在杭州破土动工。

玉刚跳水游泳场位于西子湖畔黄龙洞附近，有一座五十米长的游泳池，和一座建有十米跳台的跳水池，池畔建有可容纳一千六百名观众的看台。

预计这个跳水游泳场将在明年六月份能交付使用。

（《大公报》1986年9月6日）

中区太平洋会所酒会庆祝二周年

（港讯）位于中区之城市会所——太平洋会九月二十六日假会址举行会员酒会，庆祝该会成立二周年纪念。

该会在一九八四年十月一日成立，会员为工商各界人士，现时人数已增至接近一千六百名。会所设施亦不断改进，为业务增长最快的城市会所。该会会所位于中环环球大厦廿五、廿六及廿七楼，地点适中，交通方便，全会占地约三万平方呎，设有中英部、西洋扒房、会客厅，及多间贵宾厅，是会议或私人聚会的理想地点。

当晚会所之最新设施——位于二十六楼之图书室（亦作会员午膳及宴会之用）将正式启用。届时由太平洋会理事会名誉主席——包玉刚爵士及沈弼爵士主持剪彩。

香港太平洋会理事会成员有：包玉刚爵士、沈弼爵士、简培怡先生、李福兆先生、欧百动先生、麦德麟先生、百劲豪先生、马可飞先生、邓文怀先生、罗宾先生、冯国经先生、沈幼弼先生、胡法光议员、韦伯乐先生、高文先生、吴光正先生、李业广先生、李福权医生、容永道先生。

（《华侨日报》1986年9月30日）

宁波大学行开学礼

由环球航运集团及九龙仓集团名誉主席包玉刚爵士斥资二千万美元在其家乡宁波建之宁波大学经落成并于本月二十六日举行开学典礼。包爵士及夫人及其家属已自本港及国外邀请嘉宾六十余人于二十五日乘搭其属下之港龙航空公司专机经杭州往甬参加典礼。……

中国方面将由万里副总理率领中央高级领导人员多位，以及浙江省省长薛驹等前往参加庆祝。按：宁波大学之校址占地一千亩，初步将设外语、数学、物理、土木工程、法律、电脑工程、经济、商务管理等几个学系。宁大开办初期之学生额为二百八十五名，将来在一九九〇之学生数额目标为五千名。

包爵士一行等在二十五日途径杭州时，将参加其捐资三百万港元在黄龙洞风景区兴建之包玉刚游泳场，为杭州热衷游泳之青年运动员现代化之场地。

在甬时包爵士并将主持在其出生地点镇海庄市捐资人民币一百万元拓建之包兆龙路之落成仪式，以纪念其先父。

包爵士六十年前在镇海庄市中兴学校接受初等教育，最近联合曾在该校肄业旅港校友多位，包括邵逸夫爵士、包从兴先生、赵安中先生、赵享文先生、叶庚年先生以及叶谋彰先生，捐资一千万港元，将母校改建为高级中学，扶助桑梓之教育事业，届时包爵士及其应邀随同嘉宾前往主持该校奠基典礼。

（《华侨日报》1986年11月25日）

杭州玉刚游泳场奠基

【新华社杭州二十五日电】由香港环球航运集团董事会主席包玉刚先生捐资兴建的“玉刚游泳场”今天上午举行奠基典礼。包玉刚夫妇以及陪同前来的新华社香港分社社长及英国教育部次官华尔登为游泳场培土。

“玉刚游泳场”位于西子湖畔风景名胜黄龙洞附近，四周景色宜人。游泳场占地十九点一亩，有一个五十米长、二十米宽的标准游泳池，一个跳水池和一个十米跳台，游泳池的看台可以容纳一千六百名观众。

包玉刚是在去年到杭州访问时，决定捐资给浙江省体委建造这个游泳场的。

今天下午，包玉刚夫妇、华尔登次官一行前往宁波，他们明天将参加宁波大学开学典礼、兆龙路落成及中兴中学奠基典礼。

包玉刚是专程来浙江参加宁波大学开学典礼的。

（《大公报》1986年11月26日）

包玉刚会见获“包氏中国留学生奖学金”学生[①]

【新华社杭州二十五日电】专程来浙江参加宁波大学开学典礼的包玉刚先生，今天在杭州会见获“包氏中国留学生奖学金”的博士、硕士研究生和进修生，勉励他们在留学期间努力学习，报效祖国。

包玉刚对浙江的教育事业给予了很大的期望，去年十一月包玉刚先生来杭州时，决定由包氏家族捐资设立“包氏中国留学生奖学金”，以奖励有成就的青年学者。今年，浙江大学、浙江农业大学等院校的十八位博士、硕士研究生和青年教师首次获此殊荣，他们将在近期赴美国、英国和加拿大等国留学。

包玉刚由浙江省副省长徐起超陪同，与今天在座的十一位学生一一握手，逐一询问学习情况，他说：“浙江人才济济，你们这些佼佼者要很好地利用这次好机会，发挥你们的才智，学成之后好好报效祖国。”

（《大公报》1986年11月26日）

包玉刚捐资兴办　宁波大学昨开幕

【本报记者何慧卿宁波二十六日专电】由香港知名人士包玉刚斥资二千万美元在其家乡宁波兴建的宁波大学，今日上午举行盛大开幕礼，国务院副总理万里、英国教育部次官华尔登、包玉刚一家、浙江省省长薛驹、一批英国和香港实业家，以及中外各界人士应邀出席仪式。

① 标题为编者所加。

包玉刚在致辞中鼓励二百八十五名新同学好好学习，实事求是，树立校风，学好本领，为国家现代化建设作贡献。

华尔登谈到，英国与宁波的关系源远流长，英国一八四〇年已在宁波设立第一间领事馆。宁波多项雄心勃勃的工业计划，加上宁波大学的建设，提供两地发展的更多机会。英国工业界已做好准备协助宁波地区的发展。

宁大校长朱绍祥、浙江省省长薛驹、宁波市市长耿典华、宁大名誉校长谈家祯等分别发表谈话，希望宁大办成为一所新型开放的综合性大学。

按计划，到一九九〇年，宁大招生总额将达五千名。

下午，宁波镇海区为新建成的包兆龙路举行启用礼，金龙舞动，鞭炮助兴。

又讯，万里副总理二十六日在宁波会见包玉刚一行，对他捐资兴学，表示感谢。

（《大公报》1986年11月27日）

胡耀邦在京会见包玉刚
洽谈宁波经济开发问题

【新华社北京二日电】中共中央总书记胡耀邦今天下午在中南海会见了香港环球航运集团名誉主席包玉刚，同他就宁波的经济开发问题进行了交谈。

胡耀邦称赞包玉刚捐款创办宁波大学，热心于中国的教育事业。他说，包先生在宁波和其他一些地方办了很多事情。

包玉刚说，他非常高兴胡耀邦书记支持宁波的经济开发。

（《大公报》1986年12月3日）

首届芝加哥大学包玉刚爵士奖学金

（特讯）香港学生郭文凯以优异成绩夺得首届芝加哥大学包玉刚爵士奖学金。是项奖学金是包陪庆女士（包玉刚爵士女公子）以其父亲名义所创立，提供芝大经济系或东方艺术系学位课程的全部学费。

郭文凯现年十九岁，就读于玫瑰岗中学，曾以优异成绩考获五年助学金。之后，前往皇仁书院完成中六及中七课程，其间亦考获奖学金。在是年度的高级程度考试中获一科A两科B。

文凯家共有六兄弟姊妹，他自己排行最幼，父亲现已退休，母亲亦于年前去世。但在兄长及皇仁书院的师长鼓励下，毅然申请是项奖学金。

文凯在接受记者采访时透露，他最喜欢的课外活动是踢足球。他在中学及预科期间均是选读理科，但将会利用是项奖学金主修经济，因为香港的金融业前景乐观。而且他的哥哥是主修理学科目，但后来投身商界。经济学需要良好的数学根基，他自信可以应付得来。在谈及将来的职业时，他表示还没有作出决定。

文凯又透露，申请奖学金的同学需要有一颗热切的心，因为申请手续十分繁复，必须付出很多时间。他对于今次能夺得奖学金，归功于皇仁书院的职业辅导主任李先生及英文老师魏先生，前者给予他鼓励及支持，后者在英文方面给他不少宝贵的指导。他的哥哥也提供了很多做人道理，使他知道并选择自己的前路。

今次夺得的奖学金共为每年一万八千美金，分别是包玉刚爵士奖学金的每年一万二千美金，香港芝大旧生会每年三千的生活津贴，以及芝大奖学金的每年三千美金。

皇仁书院职业辅导主任李先生表示，申请是次奖学金的校内同学共有六至七名，由于文凯成绩不单名列前茅，而且性格好动，充满潜能，所以推荐他参加角逐是项奖学金。

包陪庆女士在接受记者访问时透露，她自己亦曾在芝大修读硕士学程，她认为一个学生的任务不但只是读书，还应开放自己，不断吸收其他学问。芝加哥大学包玉刚爵士奖学金将会暂时维持数年，她希望得奖者学成后，把所学贡献于香港社会。

芝大在本港约有百多名旧生，另外约有五千名在中国内地，其中大多数任职于各大学。芝大是美国知名学府，并曾培育出九名诺贝尔经济学奖得主，而该校亦素以强调海外留学生教育见称。由于已有很多奖学金提供于大学毕业生，故包玉刚爵士奖学金以大学新生为对象。

（《华侨日报》1987年7月24日）

包玉刚爵士乡情浓郁

（特讯）中新社报道：世界船王包玉刚目前在会德丰大厦接受访问，应邀谈的是经济问题，他却念念不忘老家宁波及内地的发展，惦记着家乡的公益事业，他重复着前几年回乡时讲的话："我将尽力为故乡出力，支持家乡建设。"

包玉刚道："我每年都要回内地，今年要回三次，并尽量争取回到故乡宁波。"

粗略统计，这几年包玉刚给家乡和内地包括奖学金在内的各种捐赠，总金额近四亿港元。

一九七八年十一月，包玉刚首次回到阔别三十二年的内地，熟悉的山山水水，人情风土，使他精神振奋，一股支援家乡建设的愿望在他心底萌动。以父亲包兆龙的名义，给老家宁波庄市钟包村捐建了一所小学——兆龙学校。接着包玉刚与其他小学校友合资一千万港元（其中包玉刚六百五十万元），重建家乡的中兴中学。为了进一步培育专业人才，包玉刚又于一九八四年独自捐赠五千万元人民币，兴建宁波大学，为家乡增加了一所高等学府。这间综合性大学已于去年建成招生，目前设有中文、英文等八个系，共有学生二百八十余名，将来要发展到能容纳五千余名学生就读。这样，从小学到大学，包玉刚均为家乡学子创造了更好的学习条件。

这几年包玉刚接二连三地帮助家乡建设，就在宁波大学建成不久，他了解到钟包村通向滨海区的公路交通不大方便，因又捐赠一百万元人民币，建设了一条数公里长的公路，取名兆龙路。此外，他还支持他的家属给家乡捐建了一间有五百张病床的医院。谈到这家医院时，包玉刚道，为了充实医疗设施，已从日本引进了一批先进设备，但目前医生不足，难以很好发挥这间医院的作用，他希望有关部门尽快给医院备足医生。

在包玉刚的心目中，故乡的概念已扩展到整个中国，所以他的捐赠活动遍布许多地方。北京兆龙饭店和上海交通大学的包兆龙图书馆，都是包玉刚这几年各捐款一千万美元建造的。在杭州，他捐建了一个价值三百万港元可供比赛和跳水用的游泳池。

一九八六年，在包玉刚的建议下，成立了"中英友好奖学金计划"，以促进两国友好，协助培训中国专业人才。奖学金的资金总额为三千五百万英镑，其中包玉刚及其家属认捐一千四百万英镑。这是包玉刚对中国的一项最大的捐赠，留英的中国学员人数因此从八百人增至一千四百人。早在一九八三年，包玉刚及其家属就已捐出美金一百万元，设立包兆龙、包玉刚留学生奖学金。

包玉刚说过："我在中国土地上长大，应该多为中国做点事情。"

（《华侨日报》1987年8月5日）

合肥重建包公墓园

【据新华社合肥一日电】香港著名实业家、爱国人士包兆龙铜像，今天在合肥落成。其子包玉刚专程从香港来合肥参加揭幕仪式。

包兆龙先生是中国历史上著名清官包公的第二十八代孙，一八九六年生于浙江镇海，一九八二卒于香港。包兆龙早年商旅香港，首创环球航运集团，并任主席，在国际航运界独树一帜，是香港著名的实业家之一。

包兆龙铜像像高二点五米，龙血红花岗岩底座高一米，铜像右侧花岗岩上镌刻着包兆龙先生铜像记。包玉刚和合肥市代市长钟咏三为包兆龙铜像揭幕，并讲了话。

又讯：坐落在合肥城南包河南畔树林中重建而成的包公墓园，今天正式对外开放。包公原墓曾两次遭劫。一九八五年，合肥市决定重建包公墓园。包公墓园按宋代二品官葬制设计、建造，占地三公顷，园内面积一千二百万平方米，是国内目前少有的较为完整的古代名臣墓园。包玉刚先生参加了揭幕仪式。

（《大公报》1987年10月2日）

杭州建成游泳池

【中新社杭州四日电】香港知名人士包玉刚今天兴致勃勃亲自到西湖北侧的黄龙洞景区，为他捐资兴建的一座游泳场的落成剪彩。

以包玉刚名字命名的这座游泳场，是规划要建的黄龙洞游泳中心的一个组成部分。占地一万二千五百平方米。主体工程包括跳水池、游泳池和能容纳一千六百名观众的看台。据介绍，这座多功能游泳场的设施均符合国际比赛标准，是目前浙江省设施最完善的游泳场。

国家跳水队名将高敏、谭良德、许艳梅、李艺花、吕伟等今天应邀为“包玉刚游泳场”的落成进行表演。

又讯：十月二日，包玉刚先生偕夫人黄秀英女士在家乡宁波市参加了包玉刚图书馆和黄鉴湘门诊楼的奠基典礼。包玉刚图书馆由一个阅览楼、一个藏书楼和一个多功能厅组成。黄鉴湘门诊楼是由包玉刚夫人黄秀英女士捐资兴建。并以她父亲名字命名的一幢五层楼房。

（《大公报》1987年10月5日）

落叶归根　建设家乡

“落叶归根，建设家乡，热爱祖国。”——这是香港殷商包玉刚的先父包兆龙先生对后人的遗训。抱着这个遗训，包玉刚过往为他的家乡——宁波，进行了很多建设，这些建设都是无条件的捐献。据包玉刚说，过去多年来，他在浙江的捐献数目总计达三亿港元以上。

自从八四年经过考证，确定包玉刚是包公的后裔，后由于包公祖籍是合肥，合肥市人民政府于是为包公重修“包公祠”及“包公墓”，另外更在包公墓附近的包河公园内铸造了一个“包兆龙先生铜像”，铜像旁立了一块石碑，由包玉刚亲题了其父的遗训。

日前返乡主持多项活动

日前，包玉刚及其家人等一行便前赴合肥主持包公祠等的开幕仪式，后来更到宁波及合肥，为一些他有份参与建设的单位主持开幕及奠基，其中举行奠基仪式的包括包玉刚图书馆及黄鉴湘门诊大楼，而经已落成的则有中兴中学、龙赛医院及杭州的包玉刚游泳池。

包玉刚对家乡的捐款，全都是无条件的，至现时还没有一项是投资性质。包玉刚在接受记者访问时说：“捐献与投资并不相同，捐献可改善民生，如医疗及教育的建设，投资则从生产力方面着眼，两者并不相同……捐献好就好在能够更快地满足人民的需要，而良心亦会好过些。”

相信宁大可造就人才

包玉刚有对记者谈及他参与建设的项目的进展。提到宁波大学时，包玉刚说，虽然他捐出一亿港币兴建此大学，但大学的发展着实面对很多困难，特别是师资缺乏，阻碍了大学的发展。另一方面，他指出，宁波大学的兴建必定可为地方造就人才，长远来说肯定有利宁波的发展。

至于其他的建设项目，包玉刚都表示相当满意，尤其是中兴中学及龙赛医院，这两项都有令人满意的进展，大大满足地方对这些服务的需求。

除了无条件的捐献外，包玉刚此行与安徽和浙江的省、区、市领导见面，并研究如何为祖国进行建设。包玉刚说："我对领导们提出一点，而他们都认为正确的，就是如何使中国人民生活水平提高，这涉及生产力的问题，是个人捐献所无法解决的。"

准备投资兴建钢铁厂等

因此，包玉刚现已计划在浙江宁波的镇海区进行投资，包括兴建一座钢铁厂及电力设备厂，这是包玉刚现在计划中较具体的两项投资。

被问及为何选择投资建钢铁厂，包玉刚说："宁波有很好的海港——北仑港，天然条件十分理想，适宜用来输入钢材原料及出口制成品。"但他很快便补充说："投资尽管投资，但浙江没有铁矿，全部须由外省输入，成本极高，实在不易办。"

包玉刚此次访问皖、浙，虽只逗留数天，但已与内地领导交换了建设国家的意见，并已体现到"落叶归根，建设家乡，热爱祖国"这个祖训的精神，亦树立了一个难能可贵的榜样。

（《大公报》1987年10月6日）

太平洋会昨举行成立三周年庆典

（特讯）太平洋会昨日假中环环球大厦举行成立三周年纪念典，并由理事会荣誉主席包玉刚爵士及沈弼爵士颁发纪念奖牌给各理事，以示对他们贡献的谢意。

太平洋会由CLUB CORPORATON OF ASTA管理。该集团在美国、东南亚及澳洲境内有经营二百一十五间城市会所、乡村俱乐部、高尔夫球会及度假村。在东南亚六大城市有八间联会，其中包括香港的太平洋会及九龙的新城市会。

太平洋会自八四年成立以来，会员人数已达到一千九百名，全来自工商界及专业人士。该会有此成绩，赖于首届理事会邀请及评选基本成员加入，从而奠下会员基石，而历届理事会成员，更不断反映会员的意见，使会所设施不断改进，业务日渐增长。

该会为表扬理事会委员的贡献，特别于昨日致送纪念金牌，接受颁奖的委员，包括胡法光议员、周梁淑仪议员、住友银行总经理五千川唯一等。

（《华侨日报》1987年11月7日）

应知名人士包玉刚之邀宁波正副市长访港

【本报讯】宁波市市长耿典华及副市长朱尔梅等一行四人昨日抵港，他们将在港停留十二天，出席宁波旅港同乡会成立二十周年庆祝活动，并与有关人士讨论加强港、甬两地间的经贸合作。

耿典华此次是应香港知名人士包玉刚的邀请来港访问。他在机场向记者表示，他曾经四次来港，但今次特别有意思，主要是因为在中共十三大之后，进一步肯定了经济改革、开放政策，而沿海城市更要走在开放的前面。他说，宁波是十个开放城市之一，而香港又是世界的重要经济中心之一，所以，他希望此次访港能进一步加强港、甬两地经济、技术以及贸易的合作和交流。

耿典华说，香港有很多与宁波有关系的人士，本月八日又适逢宁波旅港同乡会成立二十周年，因此，他将会与有关人士接触和商议，研究如何加强宁波的经济建设及促进香港的经济繁荣。

昨日到机场接机的人士包括：香港甬港联谊会会长王剑伟，包玉刚的私人助理李松柏、宁兴开发有限公司常务董事副总经理邵祖训及在港的宁波市政府副秘书长卢良宝等。

（《大公报》1987年12月7日）

宁波开发会议在深举行

【本报深圳十三日专电】国务委员谷牧明天将从广州到达深圳，随同前来的还有宁波经济开发协调小组的两位港澳顾问包玉刚、卢绪章以及中央多个部门的高级官员。

据从有关方面获悉，谷牧此次南下深圳的目的主要是参加国务院在深圳召开的宁波经济开发协调小组第六次会议，同时将会见深圳领导人，听取有关深圳建设和发展方面的汇报并讨论有关问题。

据透露，同行人员中除港澳的两位宁波顾问包玉刚和卢绪章外，还有中央财政部副部长迟海滨、中国人民银行副行长邱晴、经贸部副部长王品清、城乡建设部副部长周乾峙、轻工部副部长康仲伦、国务院特区办主任何椿霖、国家体改委综合试点局局长江巍和宁波市市长耿典华等共二十七人。

（《大公报》1988年3月14日）

包玉刚赠费彝民新闻基金会五百万元

【本报讯】昨日上午，刚从美国度假回来的包玉刚先生，抱着怀念故友——本报前社长费彝民先生的心情，亲自登门向费彝民遗孀苏务滋女士表示慰问。

包先生对苏大姐说，"费老一生为国为民，坚守新闻工作岗位，做了不少有益工作，在海内外都有很大的影响力。"

费先生逝世时，包先生正在外国，当他听到噩耗后，立即致电费先生家属致唁，并很赞赏费社长关于设立"费彝民新闻基金会"以培育新闻人才、提高新闻事业质素的意愿。昨日包先生亲自将面额港币五百万元的支票交给苏务滋大姐，并一再表示钦佩费先生对国家对新闻事业作出的贡献。

（《大公报》1988年8月27日）

苏海文赠港大百万美元

（港讯）香港大学获环球轮船代理有限公司主席苏海文博士及其夫人苏包陪庆女士捐赠一百万美元，在法律学院设立"包玉刚爵士公法学讲座教授席"。苏海文夫人父亲包玉刚爵士，是著名银行家、航海巨子，本港商界巨人及慈善家，这项捐赠是为了向包爵士表示敬意。

成立这项讲座教授席的目的，是希望为宪法的讲授订立明确重点。宪法是港大一门主要学科，在本港过渡期间，它跟大众的关系日益密切，因为香港政府架构的宪制发展、基本法起草工作，以及香港主权移交时所出现的种种法律问题，都需要专门的法律知识，同时要扩阔市民对这方面的法律的认识。

包玉刚爵士是基本法起草委员会副主席，苏海文博士则为基本法咨询委员会委员及前任立法局议员。

捐赠仪式将于今（二十一）日（星期三）下午五时三十分在港大举行，由苏海文伉俪亲自赠与港大校长王赓武博士。当日出席嘉宾会的有包玉刚爵士及其家族成员、法律学院教职员、政府官员以及本港商政界及法律界知名人士。

公法学讲座教授席于一九八八年至九〇年度学年开始前正式委出。

（《华侨日报》1988年9月19日）

包玉刚捐助一百五十万镑　伦敦动画博物馆揭幕

（港讯）八年前一个激发起香港著名企业家及慈善家包玉刚爵士的想象力的独特规划经已完成并取得广泛的赞赏。

动画博物馆已于上月由身为英国国家电影学院赞助人威尔斯王子正式揭幕。该馆缩藏在伦敦南岸滑铁卢桥的末端，为当今世上唯一的一个致力于推广电影及电视的历史发展的博物馆。

源起于英国电影学院总监哈德卡素及国家电影及电视档案处处长法兰西斯两人心中的一个概念，经过十年后的今天终于成为事实。

当斯□□从一九七九年成为英国电影学院院长之后，他即实现上述计划着手开始筹募捐款，包玉刚爵士便是首位捐款人中之一位。

当时的动画博物馆计划，需费一百万镑，包爵士立即认捐全款。

其后由于大伦敦市的废除，使该计划因政治因素影响而受到阻延。一年后因计划的成本增加，包爵士慨然在其原先认捐的数目上增五十万镑，虽然如此，计划仍未能照原定的去进行，而且甚至一度因成本不断增加而几乎被迫放弃。该馆的一千万镑的建筑费，大部分花在其创新的拱门下的结构上。

本年九月十五日该馆的落成典礼上，查理斯王子莅临会场并为纪念包爵士慷慨行动而立于馆内的铜牌主持揭幕仪式。参加上述仪式的包括包爵士的女儿苏包陪庆女士及吴包陪容女士，其四女婿郑维健先生。此外，还有著名导演理宗爵士及波尔文先生。有人形容动画博物馆为欧洲最使人兴奋的博物馆，因其建成全属私人募捐，且大部分来自海外。此中除包爵士的慨捐外还有来自各商业机构、电影及电视界，还有美国慈善家保罗、吉地。

该馆共有五十个展览场地，真是包罗万象，从中国古代的影子戏剧到现代的视觉□维。所有参观者都可当场操作一下这些展出品。动画博物馆不愧为世界上同类博物馆中最先进的，不论孩童或专业电影与电视工作者，都会同样喜爱它。

（《华侨日报》1988年10月11日）

包玉刚在宁波主持宁大校舍落成典礼

【本报记者陈慧芬宁波十八日专电】香港环球航运集团监理会主席、“船王”包玉刚今天在此间出席宁波大学校舍落成典礼，国务院副总理田纪云应邀出席。宁波大学是由包玉刚捐资兴建。

昨天下午乘专机飞抵宁波故乡的包玉刚，在宁大校舍落成典礼上发表讲话。他说：“国家开放改革建设，需要有大批各类专门人才。宁大的创建切合国家的实际需求，因此，我希望你们必须加紧学习，争取好的成绩，将来英雄有用武之地。”

宁大是包玉刚一九八四年回乡时提议筹建的。至今，学校的第一期基建工程已竣工，包括四栋教学楼，还有行政办公楼、食堂、学生宿舍、教师宿舍、招待所和运动场。

这间浙东地区首创的综合性大学的第一届新生于一九八六年九月入学，现时学生人数已达一千人，他们主要来自华东六省市、北京和香港，分别就读于八个不同学系。到今年五月为止，大学共有一百五十名教师，其中正、副教授三十一人。

田纪云十七日晚上会见包玉刚时对他说：“你对中国的开放、改革和教育事业这么关心，受到了大家的尊重。”

包玉刚今回是第五次返乡，主要是为了出席包氏在宁波捐建的数个项目的落成典礼，有六十多名宾客来自香港及日本和美国等地。

他们星期一抵达后，随即冒雨前往参加包玉刚图书馆和黄鉴湘门诊楼落成典礼。

此外包玉刚星期二上午到镇海庄市故居，主持其父包兆龙的铜像的揭幕仪式，并于下午前往参观甚具发展潜力的北仑经济技术开发区。

（《大公报》1988年10月19日）

宁波经建促进协会成立

【据新华社宁波二十日电】一个由海内外宁波籍人士和关心支持宁波发展建

设的各界人士组成的群众性团体——宁波经济建设促进协会十八日在宁波市宣告成立。

这个以“为繁荣宁波经济、促进宁波外向型经济发展”为宗旨的协会，共有八十五名理事，他们分布在北京、上海、杭州、香港及日本、美国、新加坡等地。会长由国务院宁波经济开发协调小组顾问卢绪章担任。全国政协副主席谷牧、香港环球航运集团主席包玉刚、浙江省省长沈祖伦、全国人大常委会委员陈先为名誉会长。

（《大公报》1988年10月21日）

宁波帮　帮宁波

【据新华社宁波二十八日电】今天下午，香港环球航运集团监理会主席包玉刚一行，结束了对宁波的访问，乘专机回香港。

包玉刚一行是昨天中午从香港抵达宁波的。

当天傍晚，中共浙江省委书记李泽民、国务院副秘书长、宁波经济开发协调小组组长何椿霖，在新芝宾馆亲切会见了第六次来宁波参观访问的包玉刚一行。李泽民代表省委、省政府和沈祖伦省长，对由包玉刚率领的香港“宁波帮”和“帮宁波”的各界人士组成的访问团来到宁波参观访问表示热烈欢迎，希望海外的“宁波帮”进一步支持家乡建设，把宁波建设得更加美好。

何椿霖代表田纪云副总理对包玉刚先生访问宁波表示热烈欢迎。他说，搞好国家与宁波的建设，离不开海外同胞和“宁波帮”的支持。希望大家多为国家建设及宁波建设出主意，想办法。

包玉刚一行在昨天中午抵达宁波后，便赶到位于镇海区庄市镇的钟包村，参加钟包村改建工程的落成典礼。钟包村是包玉刚先生的故乡，今年四月份，包玉刚捐资二百五十万元人民币进行了改建。目前，钟包村有占地三千二百四十平方米的综合楼、幼儿园、居民住宅，长六百三十米的钟包村路，一座跨度六米、宽七米的桥梁和一个三百平方米的停车场。

包玉刚一行还到宁波大学看望全校师生，参观了宁波经济技术开发区和北仑港区的十万吨级码头。

此外，宁波市市长耿典华在昨天晚上于华侨饭店分别会见了陪同包玉刚访问的美国信孚银行副总裁费大雄、美国联合碳化有限公司中国部经理郑鸿康。双方就感兴趣的问题进行了友好的交谈。

（《大公报》1989年10月29日）

包氏家又再捐巨资

（文化消息）香港艺术中心最近接受一笔港币三百五十万元的捐款。艺术中心监督团遂决定把“包兆龙画廊”重新命名作“包兆龙·包玉刚画廊”（简称“包氏画廊”），以对本地船业界巨子及慈善家包玉刚爵士致敬。

该笔款项由艺术中心监督团主席苏海文博士及其夫人苏包陪庆女士以个人名义捐赠，为艺术中心自七十年代成立以来所获最大一笔的私人捐赠。该笔款项将使艺术中心庞大的维修计划得以实行，为中心进入九十年代而作好准备。

艺术中心监督团向苏海文博士及其夫人的慷慨捐赠衷心致意。继包玉刚爵士暨各兄弟妹于一九七七年捐款成立“包兆龙画廊”以纪念先父后，是次捐献又一次秉承包氏及苏氏家族支持本地艺术发展的传统。

画廊的命名典礼将于二月一日下午五时半假艺术中心四楼礼堂举行。

（《华侨日报》1990年1月10日）

港大包玉刚公法学讲座
佳日思教授作就职演讲

（港讯）香港大学法律学院佳日思教授将于三月四日（星期一）下午五时三十分，在香港大学本部黄庆松讲堂主持包玉刚公法学讲座教授就职公开讲演，讲题为“香港宪法之过去与未来”。佳日思教授是在去年初应聘来港担任港大包玉刚公法学讲座教授一职。佳教授学生时在牛津大学攻读，获一等荣誉法学士，后转赴哈佛大学进修，获颁法学硕士学位，此外，他并获伦敦中庙法学院颁授大律师资格。来港前，佳教授曾在英国华威大学担任讲座教授十一年，并为多国政府的法律顾问。协助草拟宪法。

（《华侨日报》1991年2月25日）

包玉刚家族基金会捐五十万港元赈灾

【本报讯】我国华东地区的严重水灾持续受到本港各界人士关注，包玉刚家族基金会特别捐出港币五十万元，委托本报将捐款尽快送到受灾地区，赈济受影响的灾民。另外，部分社员组织举行特别会议，商讨如何向灾区伸出援手。

本报为方便收集读者及市民的捐款，特于前日在国华商业银行各分行专设账户（号码为：03364510294705）。至昨日为止，连同包玉刚家族基金会捐出的五十万元、香港全国人大代表的二十万元及读者"隐名士"的一千元，本报收到捐助华东水灾的款项已达八十一万五百元。

（《大公报》1991年7月11日）

包玉刚捐助家乡　五百万元赠浙江

【新华社杭州二十一日电】记者今天上午从浙江省政府获悉，香港环球航运集团监理会主席包玉刚八月二十日致函葛洪升省长，表示向家乡浙江灾区捐助五百万元港币。这是迄今为止浙江省收到的最大一笔赈灾捐款。

这笔捐款将交由香港富春有限公司转呈浙江省人民政府。

（《大公报》1991年8月22日）

第五编

其　他

我造船享誉国际市场

【本报记者吕德润北京三日专电】第六机械工业部副部长，中国船舶工业公司副董事长张有萱在接见本报记者时说，两年来，我国造船工业在积极发展船舶和其他产品出口贸易方面，获得了很大的发展。现在，我国不仅与世界上许多国家的船东、厂商建立了广泛的业务联系，而且还签订了一批船舶合同。订货主从亚洲发展到欧洲和北美等地，订货也由单船发展到批量。无论从数量还是从质量上说，我国正以快速的步伐进入国际市场。到目前为止，我国与外商和香港实业界建造的远洋出口货轮，包括合同在内，已达九十多万吨，仅万吨以上的货轮出口合同便签订了三十多艘，其中三万六千吨级的五艘，二万七千吨级的十三艘，一万八千吨级的三艘，一万二千吨级的二艘、一万一千吨级的二艘。

张有萱对记者说，这些成就的取得，除了我们自身的努力和造船厂的职工的辛勤劳动外，与船东们，主要是香港实业界著名人士和他们所属的企业，和我们的真诚合作、大力支持、相继订货分不开的。

其中包玉星先生在中国船舶工业公司刚刚成立之时，便第一个带头向我们订购了两艘二万七千吨级的散装货轮（即一月四日交船的长城号和日前交船的望远号），为我们进入国际市场贡献了力量。香港实业界著名人士包玉刚、李嘉诚、钱江、马登等诸位先生也迅速地给予我们热情和真诚的帮助，为进一步发展我们船舶出口，开拓国际市场作出很大贡献。其中环球航运集团、青州公司、会德丰集团、港亚轮船公司均为批量订货。

除香港实业界外，意大利、美国、西德、新加坡等地的船东亦向我们订购了一些远洋货轮。美国船东订购的为一万一千吨级的集装箱货轮。这些万吨以上的远洋货轮，正由我国大连造船厂、上海江南造船厂、上海沪东造船厂、广州造船等精心建造中。此外，大连造船厂正在为美国建造二座自升式钻井平台、翻修一座自升式钻井平台。

（《大公报》1982年4月4日）

包玉刚爵士赠与已故英商马登
卅年前一幅中堂寿轴在古董市场贱价出售

【本报特稿】船王包玉刚送与已故英商马登的寿礼，一幅书画名家写的寿字中堂，卅年后流落在古董杂货市场出售。

会德丰集团主席马登太平绅士在获知此事时，希望购回该幅定价只需一百八十元的纪念品，可惜已被人捷足先登。

这幅标志着本港两大企业巨子深厚情谊的中堂轴，其实是当年卅四岁的包玉刚爵士向已故会德丰创办人G.E.马登先生祝寿的贺礼。老马登的继承人J.L.马登先生，在看过寿字的照片后感到诧异，他虽与包氏相熟，但不能确知包爵士与其父早有交往，他为追念先人，曾希望能购回作纪念，后来获知此画早于两天前已被人收购，才打消此念头。

记者曾仔细欣赏过该幅寿轴，经过多方查证，相信其真确性颇高。该幅中堂绢表手工精细，画轴用牛骨镶嵌，委托名书法家梁仲宪题字。若以现今的裱工及材料物价衡量，再要仿制非千元莫办，但它竟然以贱价出售，不能说是古董商人不识货。他自谓本着平来平去的原则，但求货物轮转而已。

据这位商人透露：该字画是一名在本港银行任职的外籍妇人拿来求售的。据推测，外国人常因搬迁急于回国，很多旧物品都会送予亲朋或平价出售，而这位西妇何时获得此画，却不得而知。

船王包玉刚爵士今年六十四岁，比马登大一岁，而老马登在一九六五年病逝英伦，享年七十有余。推算这份志贺六旬荣寿的礼品年份，应在一九五二年前后，当时包氏自上海来港仅三年，他与黄秀英女士结婚刚满十年，大女儿陪容（安娜）当时也只有六岁，其在本港开设贸易行，此时业务已见赚钱，但距他购入第一艘货轮的辉煌航运事业萌芽期，尚要早三年，相信包氏及其父包兆龙老先生，在上海已与老马登有来往。

会德丰原于一九三二年在上海创立，后建设总部于香港，今日的集团首脑，是他的独生子，六十年代迄今，包氏与老马登的继承人业务及私交均异常密切，而老马登此时已退休返英，而这一幅流出市面的寿轴，顿然使两位航运界巨子在日里业务的繁忙生活中，引发起一鳞半爪的往事回忆。包氏属下环球航运集团一位专职料理贺礼的老职员称：印象中曾替包氏办理过这一份贺礼，但已事隔三十年，若要查证公司的旧资料，却颇为困难了。

至于寿轴因何会流落至西妇之手，会德丰集团一位高级职员梁先生推测，可能是马登先生自半山沙宣道退居石澳时，不慎失掉，或误以为是普通字画，在清理杂物时整批送与其他人，而马登住宅曾一度遭窃匪光顾，但若根据该画是经由西妇卖与古董商的说法而言，"被窃"的可能性似较小。

（《工商晚报》1982年10月3日）

包玉刚之父包兆龙病逝

【本报讯】环球航运集团名誉主席、包玉刚之父亲包兆龙先生于昨（十一）日上午在香港养和医院病逝，享年九十一岁。

包兆龙于一八九五年六月十三日生于浙江省宁波市，先后发展多种行业，极有成就，后以经营金融事业为主，迨后又兼营工厂事业，在上海开设造纸厂，一九四八年率家人来港发展，先事进出口贸易业务，后于一九五五年在次子玉刚建议下转事航运业，组成今日环球航运集团的前身公司。二十余年后，在包玉刚经营下，环球集团已成为全球最大的独立船东机构，共计轮船载重吨位几达一千七百万吨。

包玉刚历年捐助社会教育、康乐活动等，均为纪念其父亲命名。其著者计有香港大学包兆龙保健中心、中文大学之兆龙楼、香港艺术中心包兆龙画廊、理工学院之兆龙轮机训练实验室、香港仔游泳池及室内运动中心等。

包兆龙并曾捐款于上海交通大学，开包兆龙图书馆，复捐建北京兆龙饭店，发展旅游事业。

包兆龙除为香港太平绅士外，在日本亦数获颁授荣誉。计先后曾获函馆市及清永市荣誉公民荣衔，又于一九七〇年获日本运输大臣（交通部长）颁授奖状，七四年更获日皇亲授瑞宝徽章等。

包兆龙有子嗣三人，长子玉书，任环球航运集团新加坡分公司总裁，次子玉刚，为环球集团主席，三子玉星，本港联成轮船有限公司总裁。

（《大公报》1982年11月12日）

环球公司昨发表声明无武装商船竟遇袭

【本报讯】就油轮“世贤号”在波斯湾遇袭事件，环球轮船代理有限公司昨天发表声明。

声明内容如下：环球轮船代理有限公司代表船东，以沉重之心情声明，该公司辖下重二十六万零九百二十二吨之油轮“世贤号”在波斯湾附近受袭，结果有六名船员失踪，疑已死亡，九名船员受伤，其他全部船员已在乘拖驳平安离船登陆中。

“世贤号”轮当时以空载驶往哈格岛装货，在当地时间上午十一时二十分遭受疑为伊拉克之战机袭击。当时该船之位置在哈格岛以南四十里。飞弹击中该船之机舱，遭受袭重损毁，随即起火，蔓延至船员舱。进行拯救之拖驳迅即驶进现场，并由伊朗所派出之直升机将九名负伤船员载往德黑兰之医院医治。

环球轮船代理有限公司主席包玉刚爵士现在外地未返。彼对该公司全无武装之商用船只无端遭受袭击，深表震惊，并对受难者及其家属表示深切同情。

该轮本身及全体船员均已有保险安排，而公司已于昨晚（八日）火速派员飞赴出事现场，今天将会派人员前往，赶办善后及护送船员返港或返英。

（《大公报》1984年10月10日）

查包氏宗谱发现
船王包玉刚为包拯廿九世孙

（特讯）中国新闻社杭州十二月四日电：香港环球航运集团董事会主席包玉刚夫妇十月二十八日至三十日回故乡宁波访问时，在中国著名藏书楼“天一阁”查看了这里珍藏的《包氏宗谱》，发现宁波包氏的世祖原来是北宋名臣包拯，以此推算包玉刚则是包拯的二十九世孙。

包玉刚说：“我知道自己是包龙图的二十九世孙，感到非常高兴和光荣。”宁波市市长耿典华表示将尽快将《包氏宗谱》复印一部，赠送给包玉刚。

《包氏宗谱》全书六卷，初刻于明代，于清康熙庚寅年（一七一零年）重修，天一阁收藏的是一九四七年的修刻本。包氏宗谱以包拯的五世祖、刑部侍郎包业起谱，谱中记载：包拯七世孙、翰林院侍制包元吉随宋高宗南迁来临安，宁波的包氏后裔则是包拯的九世孙包荣从临安迁徙后繁衍的，传至包玉刚一辈已是第二十九世。

（《华侨日报》1984年11月1日）

长实董事局主席李嘉诚之母庄碧琴遗体昨出殡

【本报讯】长江实业（集团）有限公司董事局主席兼总经理，和记黄埔有限公司、青州英坭有限公司董事局主席，香港上海汇丰银行副董事长李嘉诚之母庄碧琴女士，本月十日在渣甸山寓所逝世，积闰享寿八十五岁，移香港殡仪馆治丧，昨日中午十一时大殓，十二时辞灵出殡，卜葬于柴湾佛教坟场。

丧礼采佛教仪式，香港佛教联合会会长觉光大法师主持佛教仪式。

十二位知名人士扶灵，计有新华社香港分社副社长郑华，汇丰银行主席沈弼、包玉刚、邵逸夫，美国总领事李文、庄世平、李福兆、黄丽松、何添、郑裕彤、吴国泰及陈炜信。

昨天前往吊祭的知名人士计有王光英、邓莲如、邓肇坚、冯秉芬、霍英东、安子介、张鉴泉、利国伟、廖烈科、湛佑森、刘皇发、白朗、张建华、何善衡、唐骥千、李福和、李兆基、郭德胜、陈曾焘、方润华、赵世曾、董建华、古胜祥、廖烈文、潘锦溪、湛兆霖、冯永祥、包玉星、梁乐、胡百全、黄颂显、简福饴、佘颂平、伍振民、王泽长、比利时领事、巴拿马领事等。

潮汕区地方领导人组团来港参加丧礼，任仲夷、叶选平、吴南生等致送花圈。

（《大公报》1986年5月15日）

包玉刚谈建核电站

【本报讯】包玉刚昨日说，对于兴建大亚湾核电站的态度，我们不应该“因噎废食”。

包玉刚主持港龙航空公司杭州首航礼，在杭州举行的记者招待会上，被问及有关问题时作上述表示。

他说，尽管苏联切尔诺贝利核电站出了问题，但对于新的东西，我们不可以贸然反对，不过应该注意三点，一是技术方面要作最高要求，二是管理上要严密，三是假如万一发生问题，要有办法把损失程度减到最轻。

有记者问及基本法起草委员会政制小组的会议保密问题。包玉刚说，不能简单地说应该保密，或者不应该保密。这问题有选择性与时机性，一些事情有需要就保密，没有需要就不必保密，有时保密是为了事情解决得更好。

包玉刚举了个例，汇丰银行开董事局会议，有时下午四点钟开会，主席宣布一些事情，但要求保密一个半钟头，待五点半钟，伦敦开市后才不必保密，这样的保密就是为了事情得到更好的处理。

（《大公报》1986年6月27日）

包玉刚别墅被窃

【本报讯】三名青年涉嫌爆窃富商包玉刚在深水湾的别墅，撬毁夹万，偷取女主人房内一批价值两百万元珠宝首饰、现金、名贵手表等。事后警方人员将他们拘捕归案，但只起回两支名贵手表。三人昨被解上香港地方法院审讯，第二及第三被告先后认罪，第一被告则在审讯中途改口认罪。法官判第一被告入狱两年半，次被告入教导所，第三被告入劳役中心。

被告（一）张志文，三十岁；（二）徐锦顺，十九岁；（三）李某，十六岁，同被控于去年六月五日，在深水湾道一单位，爆窃去一批首饰总值两百万元。

案情透露：案发当日凌晨，几名青年从单位处没有关上的窗口爬入屋内，屋内当时没有人，匪徒在女主人房间内一夹万内，偷去上述财物，然后逃走。警方至本年一月十八日，才将首被告拘捕，其余两人相继被捕，警方只起回两支名牌手表。

（《大公报》1990年6月26日）

香港十大女富豪均有极出色表现

香港的亿万富豪究竟有多少？一位外资银行家表示，大约有一千个。而当中的十位女代表者都在不同的行业中有极出色的表现，今期*MODE*中文版的专题“香港十大女富豪”便有详尽的介绍。

亚洲最富有的女士，首推包氏四姊妹：包陪庆、包陪容、包陪丽及包陪慧，是船王包玉刚的四位千金，估计财富达三百亿元。包氏四姊妹的先祖，是赫赫有名的宋仁宗、太学士包拯（包公），包氏姊妹则为第三十世。包氏四姊妹虽然出生于富有之家，然幼受庭训，自幼已被教导知悭识俭。

其次有出生锦绣豪门的利陆雁群，亦即利孝和夫人。利夫人以穿着旗袍考究闻名于社交界，对投资亦甚有心得。她虽然接受美式教育，但一向遵守“三从四德”的传统女性德行。……

白手起家的陈蕉琴，是香港著名的女工业家，她辖下宝源光学厂的光学仪器是欧洲消费者乐用的产品，她的财富占值逾三亿元，她所生产的望远镜为世界之冠。……

还有其余七位女富豪，他们的财产估值、家族背景以及平日鲜为人知的轶事，都在今期八月号的*MODE*中文版中有详尽的介绍。

（《华侨日报》1991年8月18日）

包玉刚生平一宗趣事

隆丰系之最高领导人包玉刚在周日逝世，消息传来颇令人有点错愕之感觉，回想这位叱咤风云的大人物，在股票市场曾掀起多次巨大风浪，其中亦不乏一些令人发噱的趣事，不妨在此同大家分享。

对传媒而言，“北仑港”的趣事最令人津津乐道。话说包玉刚在年前出席一个公开场合，自然成为记者们采访的焦点。有记者问包爵士在中国内地有何新的投资项目，包玉刚断然说了“不能讲”三个字。老记一听之下，全部眉头大皱，于是便再行向包玉刚软硬兼施地加以追问。但是包氏来去都只是讲这三个字。后来他发现老记反应神情有异，便豁然大悟，详细告诉老记他其实在宁波市“北仑港”有投资，但由于他带着浓重的宁波口音，故此便弄出了“不能讲”的笑话，令人发噱不堪。

包玉刚自从掀起九仓及会德丰两大收购战役之后，表现便开始沉寂下来，不少外资基金更认为包氏缺乏进取。年前市场则传出一项谣言，表示包氏危在旦夕，当时九仓系股价立刻脱缰上升，盖投资者都憧憬九仓系脱离包氏之控制后，可能会将政策大改。现时包玉刚已溘然逝世，但九仓系则无甚变动，反映人们对九仓系的感觉与数年前已完全不同。

（《大公报》1991年9月25日）

后　记

世界船王包玉刚是当代宁波帮的杰出代表。他爱国爱港爱乡，对20世纪80年代宁波开发开放有着重要的贡献，宁波大学就是由其率先捐资创办的。作为宁大人兼宁波帮研究工作者，本人一直比较关注船王文献史料的搜集与整理。2008年在船王诞辰90周年之际，在宁波市政协的大力支持下，以内地报刊与访谈史料为主汇编而成的《包玉刚与宁波开发开放》一书出版。如今在船王诞辰105周年之际，《船王时代风云录：包玉刚史料选辑》又将付梓出版。对此，本人颇为欣慰。

本书辑录港台部分报刊有关包玉刚的报道与记载并分类而成。依据的报刊主要有香港《大公报》《华侨日报》《工商日报》《工商晚报》《香港文汇报》及台北《宁波同乡》等。本书在整理出版过程中，得到了船王家乡镇海区文化与广电旅游体育局的大力支持与帮助。同时，宁波工程学院马克思主义学院闻文博士对本书的完成也有重要的贡献。在此均表示衷心的感谢。

本书还存在着一些差错与不足，分类也不尽合理，在此也敬请广大读者批评指正。

孙善根于宁波大学宁波帮研究中心

2023年3月30日

图书在版编目(CIP)数据

船王时代风云录：包玉刚史料选辑 / 宁波大学宁波帮研究中心，镇海区文化与广电旅游体育局，上海大学宁波商人研究中心编．—上海：上海辞书出版社，2023

（宁波商人研究丛书 / 李瑊主编）

ISBN 978-7-5326-6074-2

Ⅰ.①船… Ⅱ.①宁… ②镇… ③上… Ⅲ.①包玉刚(1918-1991)－史料－汇编 Ⅳ.①K825.38

中国国家版本馆CIP数据核字(2023)第099867号

宁波商人研究丛书

李　瑊　主编

CHUANWANG SHIDAI FENGYUNLU: BAOYUGANG SHILIAO XUANJI

船王时代风云录：包玉刚史料选辑

宁波大学宁波帮研究中心　镇海区文化与广电旅游体育局
上海大学宁波商人研究中心　编
孙善根　执行主编

责任编辑　杨丽萍
装帧设计　姜　明
责任印制　王亭亭
封底篆刻　蒋　明

出版发行　上海世纪出版集团
上海辞书出版社®（www.cishu.com.cn）
地　　址　上海市闵行区号景路159弄B座（邮编201101）
印　　刷　上海中华印刷有限公司
开　　本　890毫米×1240毫米　1/16
印　　张　20.5
字　　数　355 800
版　　次　2023年7月第1版　2023年7月第1次印刷
书　　号　ISBN 978-7-5326-6074-2/K·1246
定　　价　118.00元

本书如有质量问题，请与承印厂联系。电话：021-69213456